교육의 역사와 철학 시리즈 9

진보주의 교육사상

정창호 저

Pedagogical Progressivism

학지사

● 편집자의 말

편집자는 학지사 김진환 사장의 깊은 이해와 지원으로 '교육의 역사와 철학' 총서 20권을 편집할 수 있었다. 이는 여러 가지로 의미 있는 일로, 김 사장께 진심으로 감사드린다.

편집자의 말을 쓰면서 출판사 사장에게 감사부터 하는 경우는 거의 없다. 그러나 편집자는 이러한 없는 경우를 예외적으로 수용해 본다. 왜냐하면 오늘날처럼 순수한 학술서적의 출판이 어려워진 때도 별로 없기 때문이다. 출판을 기업으로 하는 사람은 필연적으로 이익을 창출하여 함께 데리고 있는 식구를 먹이고 사업도 키워야 한다. 그런데 학술서적의 출판은 최소한의 이익 창출을 보장하지 않고 있다. 그래서 의미를 강조한다. 그러한 서적과 총서의 출판이 우리의 교육학계에 주는 의미가 얼마나 중차대한지를 강조하고, 이러한 출판이 동시에 출판사에 재미도 가져다줄 수 있을 것이라고 전망해 본다. 김진환 사장은 고맙게도 우리의 그러한 주장을 그대로 받아들였다.

우리나라에서 학술서적은 교재와 참고서 중심의 출판으로 이어
져 왔다. 최근에 들어와서 개론의 틀을 벗어난 전문서적들이 활발
하게 출판되고 있으나, 상황은 여전히 어렵다. 교육학계도 예외가
아니다. 그래서 깊고 전문적인 연구의 결과를 단행본으로 출판하
기는 저명한 교수가 아니고는 참으로 어려웠다. 출판의 풍토가 이
렇다 보니 참고서, 총서, 사전류 등이 개론적 서술의 성격을 띠고
있어서 교재로 활용할 수 있도록 기획될 수밖에 없었다.

편집자는 '교육의 역사와 철학' 총서로 이러한 한계를 뛰어넘는
모험을 하였다. 일차적으로 모두 20권으로 기획된 총서는 글자 그
대로 교육의 역사와 철학에서 기초가 되는 사상들을 정선하여, 이
분야에 깊은 조예를 쌓은 학자에게 역사적이고 조직적인 서술을
부탁하였다. 그래서 예를 들면 『인본주의 교육사상』의 집필을 김창
환 박사에게 부탁하였으며, 이 책에서 편집자는 인본의 어원과 개
념에 대한 명쾌한 설명을, 인본주의 교육사상의 역사적이고 조직
적인 전개에 관한 권위 있는 서술을, 오늘에 미친 영향사 및 사상사
적 의미를, 그리고 권위 있게 제시한 이 분야의 참고문헌 목록을 접
하기를 기대하고 있다.

이러한 관점으로 편집자는 하나의 사상을 1,200매 내외의 원고
분량에 최적으로 담을 수 있는, 그 분야에서 가장 조예가 깊다고 알
려져 있는 저자를 찾았으며, 교육학의 기초가 되는 사상과 운동과
개념을 정선하였다.

'교육의 역사와 철학' 총서는 다음과 같다. 제1권 인본주의 교육
사상(김창환), 제2권 자연주의 교육사상(주영흠), 제3권 계몽주의

교육(이상오), 제4권 박애주의 교육사상(오인탁), 제5권 비권위주의 교육사상(박용석), 제6권 실존주의 교육사상(강선보), 제7권 교육인간학(정혜영), 제8권 개혁교육학(최재정), 제9권 진보주의 교육사상(정창호), 제10권 정신과학적 교육학(정영수), 제11권 사회주의 교육사상(심성보), 제12권 비판적 교육과학(황원영), 제13권 분석적 교육철학(유재봉), 제14권 도덕교육사상(남궁 달화), 제15권 평화교육사상(고병헌), 제16권 발도르프 교육학(정윤경), 제17권 대안교육사상(송순재), 제18권 예술교육의 역사와 이론(고경화), 제19권 페미니즘 교육사상(유현옥), 제20권 홀리스틱 교육사상(송민영).

이상의 20권에는 민족주의 교육사상, 현상학적 교육철학, 종교개혁의 교육사상, 포스트모더니즘 같은 중요한 사상과 철학이 많이 빠져 있다. 그래서 편집자는 다만 교육철학과 교육사학의 영역뿐만 아니라, 교육과 교육학에 관심을 가지고 있는 모든 사람이 필연적으로 읽어야 하는 기본도서로 기능할 수 있기를 바라는 마음으로 총서를 지속적으로 보완하여 가려고 한다.

오인탁 · 강선보

● 머리말

　이 책을 쓰는 과정은 길고도 지리(支離)하였다. 오인탁 교수님으로부터 진보주의 교육과 듀이에 관한 책을 써보겠느냐는 제안을 처음 받았을 때, 공부하면서 쓰면 되겠지 하는 소박한 또는 오만한 생각으로 선선히 응했다. 그러나 진보주의 교육사상이라는 주제는 막연히 생각했던 것보다 애매했고, 범위가 넓었고, 수많은 이질적 요소들이 마치 복마전처럼 뒤얽혀 있었다. 그것을 알맞게 재단하고 풀어내면서 입체적으로 그리고 잘 정돈된 형태로 소개하는 일이 나의 능력에 부친다는 사실을 깨닫는 데는 오랜 시간이 걸리지 않았다.

　그렇지만 시작한 일이니 끝을 맺어야 한다는 책임감으로 첫 몇 번의 방학을 이 책을 위한 연구와 글쓰기로 보냈다. 그러나 결과는 시원치 않았고, 과연 책을 완성할 수 있을까 하는 의심에 빠졌다. 설상가상으로 시일이 지나면서 저만치 미루어 두었던, 처리해야만 하는 다른 일들이 밀려 들어왔다. 그래서 그 미완성의 초고는 한동

안 나의 컴퓨터 속에서 잠들어 있어야 했다. 그러나 언제까지 그렇게 모른 척할 수는 없었다. 틈이 날 때, 잠든 파일을 다시 깨워서 내용을 보완하고 형식을 다듬는 일을 간헐적으로 이어갔다.

그런데 재작년 어느 날인가, 한없이 늦어지는 작업에도 불구하고 아무 연락도 하지 않고 인내하시던 학지사 김진환 사장님으로부터 무심한 듯한 안부 문자가 한 통 날아왔다. 그것은 조용하지만 강력한 신호였다. 그래서 이 책은 지금 세상에 나오게 되었다.

이 책의 구성은 크고 작은 변화를 여러 차례 겪으면서 지금의 모습으로 정착되었다. 제1장 서론에서는 진보주의 교육의 개념에 대한 분석을 시도하였고, 그 범위를 20세기 미국의 진보주의 교육으로 한정하였다. 그리고 진보주의 교육은 단지 아동 중심 교육이나 그와 연관된 교수학습 이론과 방법으로 환원되지 않으며, 현실 사회의 문제를 해결하고 사회진보를 이루려는 문제의식과의 내적으로 연관되어 있음을 강조했다. 이런 주제의식은 미국 진보주의 교육의 역사를 정리한 크레민(L. A. Cremin)의 『학교의 변형』에서 가져왔다. 크레민은 진보주의 교육이 진보주의 사회운동의 일환이라는 점을 매우 강조하고 있다.

이런 점에 주목하면서 제2장에서는 진보주의 교육의 배경이 된 미국 진보주의 시대(the progressive era)의 사회적 조건과 상황 그리고 실용주의를 위시하여 그 당시 등장했던 다양한 갈래의 사상을 살펴보았다. 그리고 진보주의 시대라는 공통의 배경에서 진보적 성향을 가진 두 교육운동, 즉 '행정적 진보주의'와 '교육학적 진보주의’가 서로 갈등하면서도 협력했음을 살펴보았다. 양자는 진보주의 시대를 지나면서 점점 명확히 분화, 대립하였다. 우리가 오늘날 통상적으로 진보주의 교육이라고 말하는 것은 ‘교육학적 진보주의’의 발전형태이다.

제3장의 내용은 대부분 크레민의 『학교의 변형』에 나타난 진보주의 교육의 역사를 재구성한 것이며, 그 뒷부분의 역사를 위해서는 심성보 교수님 등이 공역한 헤이즈(W. Heyes)의 『진보주의 교육운동사: 진보주의, 학교개혁에 여전히 유효한가?』를 참고하여 보충하였다. 진보주의 교육의 전개과정은 미국 사회의 정치, 경제, 사회, 문화적 변동과 긴밀히 연관되어 있으며, 거기서 ‘아동 중심’과 ‘사회개혁’이라는 두 개의 이질적이면서도 상호 연관된 요소가 중요한 역할을 한다는 점을 담아내려 하였다.

제4장과 제5장은 모두 존 듀이를 다룬다. 제4장은 듀이의 철학사상을 다루고, 제5장은 교육 사상을 다룬다. 원래는 하나의 장으로 묶었으나 너무 분량이 많아서, 두 개의 장으로 나누었다. 듀이의 철학사상은 『철학의 재구성』의 구성을 그대로 따라가면서 핵심 내용을 필자의 말로 해설하고 재서술하고 보충하는 방식으로 구성하였다. 이 부분을 읽고 더 깊이 듀이를 이해하고 싶은 독자는 직접 『철학의 재구성』을 일독하기를 권한다. 제5장의 내용은 듀이의 교육사상에 대한 체계적인 서술이 아니라, 필자가 교육철학 강의를 통해서 그리고 이 책을 쓰면서 갖게 된 관심사와 의문점들을 중심으로 정리한 것이다.

제6장 맺음말은 미국 진보주의 교육의 역사를 간단히 회고하고,

존 듀이의 다음과 같은 말로 결론을 맺는다. "새로운 교육운동의 앞날을 염려하는 사람들은, 진보주의 운동을 주장하는 사람들까지 포함하여, 교육에 관한 무슨, 무슨 '주의'의 입장에서가 아니라 '진정한 의미의 교육은 무엇인가?' 하는 문제의식을 가지고 교육현실과 교육이론을 검토해야 합니다." 진보주의 교육은 어떤 이론이나 개념의 틀이 아니라, 살아 있는 생생한 교육의 현장에서 출발하여 개인의 성장과 민주적 공동체의 발전을 위해 끊임없이 변화하고 발전하는 교육을 가리키는 이름이다.

나의 천학과 비재를 드러내는 이 책을 감히 세상에 발표하려니 두려움과 부끄러움이 앞선다. 강호제현의 질정을 바라 마지않는다. 그러나 처음에 이 책의 집필을 제안해 주신 오인탁 교수님과의 언약을 지키고, 긴 시간을 인내하며 배려해 주신 학지사 김진환 사장님께 화답하게 되어 다행스러운 마음도 적지 않다. 끝으로 이 책의 초고를 읽고 유익한 논평을 해 주신 마은종 선생님과 몇 번이나 우편으로 교정지를 주고받으며 세세한 부분까지 교정작업을 해 주신 학지사 편집부에 깊이 감사드린다.

2024년 2월
저자 정창호

● 차례

서론

　현대 교육담론에서 '진보주의 교육', '개혁교육', '신교육'은 명확한 구분 없이 서로를 포함하거나 교환 가능한 용어로서 사용되고 있다. 그리고 반드시 그런 것은 아니지만, 대체로 '진보주의 교육'은 미국, '개혁교육'은 독일, '신교육'은 영국과 프랑스 관련 교육학 문헌에서 자주 사용되며, 각각 전체를 대표하는 개념으로 사용되는 경향이 있다.

　예를 들어 독일의 교육학자들은 진보주의 교육을 개혁교육의 한 지류라고 보는 듯하다. 독일 교육학자인 테노르트와 티펠트가 편집한 『교육학 사전』에서는 '진보주의 교육'이 독립적인 항목으로 다루어지지 않고, '개혁교육(Reformpädagogik)'이라는 항목에서 언급된다. 그에 따르면 개혁교육은 "19세기 후반에 전 세계적으로 다양한 주제와 실천 그리고 정치적이고 교육적인—종종 충돌되는—

근거를 제시하였고 또 부분적으로 서로 긴밀하게 소통했던 교육개혁 및 새로운 인간 창조를 위한 활동들을 총칭하는 표현"(Tenorth & Tippelt, 2007)이다.

이렇게 '개혁교육'을 '진보주의 교육' 및 '신교육'을 총괄하는 개념으로 다루는 것은 베너와 욀커스도 마찬가지이다. "국제적으로 그 (개혁교육운동의) 입장들은 신교육, 진보주의적 또는 급진적인 교육으로 …… 표현되었다. 이들은 거의 동시에 다양한 지역에서 발생했고 교육의 이론과 실천의 광범한 쇄신으로 간주된다"(Benner & Oelkers, 2004: 783). 또한 독일의 인격 교육론자인 뵘(Böhm)은 진보주의 교육을 명확히 '개혁교육'의 한 종류로 분류한다. 진보주의 교육은 "개혁교육의 한 변종으로서 미국에서 1930년부터 영향력을 발휘했던 교육운동이며, 개혁교육의 아동 중심과 개성 존중 그리고 교육의 사회적 의미를 강조하고 또 개인적 요구와 사회적 요구를 매개함으로써 학교를 사회개혁의 결정적 수단으로 만들려 했던 교육운동"(Böhm, 1994: 554)이다.

이러한 상황은 진보주의 교육사상을 주제로 다루어야 할 이 책의 서술 범위를 정하는 데서 어려운 문제를 야기한다. 우리는 먼저 진보주의 교육이라는 용어의 범위를 확정할 필요가 있다. 가장 넓게 보면 우리는 '진보주의 교육'이라는 표제 아래서 루소로부터 시작되어 19세기 말부터 유럽과 미국에서 우후죽순처럼 출현했던 대안적인 교육운동들을 모두 다룰 수 있을 것이다. 반면 범위를 대폭 좁힌다면 19세기 말 이래 유럽의 혁신적 교육운동을 제외하고 미국에서 등장하고 발전했던 대안적인 교육만을 다룰 수도 있다. 이 문제에 대해 필자는 '진보주의 교육'의 범위를 미국 교육으로 좁히는 방향을 선택하려 한다. 그 이유는 이 책의 제한된 지면과 저자의 역량에 비추어 볼 때, 미국의 진보주의 교육만을 다루는 데도 벅차기 때문이다. 그리고 실제로 한국의 교육학 담론에서 '진보주의'는 대개 '본질주의', '항존주의', '재건주의'와 나란히 등장하기 때문에 주로 미국의 진보주의 교육을 떠올리게 한다.

그러나 진보주의 교육은 미국 사회의 역사적 변화와 맞물려 오랫동안 변화를 겪었기 때문에 범위를 미국에 한정해도 역시 그 내용을 간단명료하게 확정하기가 어렵다. 19세 말, 20세기 초 미국에서 '진보주의 교육'이라는 용어는 당시 급속하게 발전하던 산업화와 그로 인한 사회적 모순의 심화를 배경으로 하면서, 과거의 낡고 비효율적이고 비인간적인 교육을 개선하려는 다양한 교육적 시도들을 총칭한다. 거기에는 서로 이질적인 요소들이 때로 협력하고 때로 갈등하며 혼재하고 있다(Ravitch, 2000: 54).

20세기 초 미국에서 진보주의 교육의 깃발 아래서 함께 활동했던 사람들은 전통적 교육방식을 철저히 비판하고 대안적 교육을 추구했다는 점에서 일치했지만 그것을 뒷받침하는 철학과 이념 그리고 실현 방법에서는 서로 달랐다. 한편에서는 전통 교육의 문제를 아동의 개성과 자발성을 억압한다는 데서 찾고, 그 대안으로서 아동의 전인적 성장에 초점을 맞추었다. 다른 한편에서는 기존의 교육제도가 비합리적이고 사회적 요구에 대응하지 못함을 비판하고, 그 대안으로서 교육제도를 과학적이고 합리적인 방식으로 개혁하는 데에 초점을 맞추었다.

20세기 초 진보주의 시대에는 양자 사이의 차이와 대립이 분명하게 드러나지 않았다. 그러나 격동의 시기가 지나자 '진보주의 교육'의 깃발 아래에 모였던 교육학자들은 서로의 차이를 점점 더 분명히 인식하게 되었다. 이런 맥락에서 래버리(Labaree)는 미국의 20세기 교육사를 "처음에는 진보(progress)의 기치 아래 공존했던 두 가지 경향의 분리, 대립, 투쟁의 역사"(Labaree, 2005 참조)라고 규정한다. 교육의 제도적 행정적 개혁에 초점을 맞추었던 이론들은 점점 전통적인 교육학의 입장으로 다가갔다. 반면 아동의 개성적 성장에 초점을 맞춘 이론들은 계속해서 전통적 교육학과의 대립을 강화해 갔다. 이 두 이론 경향의 대립을 페레로(Ferrero)는 "100년 전쟁"이라고 부른다.

"사실, 교육의 가장 격렬하고 집요한 갈등은 철학의 차이에서 나왔다. '진보주의자'와 '전통주의자' 간의 100년 전쟁을 생각해 보자. 이미 단순화된 이분법을 더 단순화한다면, 진보주의자는 학생의 흥미에서 출발하는 교육적 접근을 선호하고 물리적, 사회적 환경과의 직접적인 교섭을 강조한다. 반면 전통주의자는 탐구와 인식의 이미 주어진 핵심내용에서 출발하고 단어와 기호로 전달되는 관념과 개념을 강조한다"(Hayes, 2007: xiv에서 재인용).

앞에서 보았듯이, 미국의 진보주의 교육도 다양한 철학적 배경을 지녔고 또 상황에 따라서 강조점을 달리해 왔다. 그러므로 진보주의 교육의 서술 범위를 설정하는 문제는 간단하지 않다. 잠정적으로 필자는 본서에서 다룰 진보주의 교육을 20세기 초 미국에서 교육혁신을 통한 사회진보를 추구했던 교육운동과 그 이후 이 전통을 명시적으로 이어받고 있는 교육학적 흐름들 전체로 정의한다. 이 흐름들 내에는 진보주의와 재건주의처럼 서로 강조점을 달리하는 분파들이 공존하며, 듀이가 의도했던 진보주의 교육과 더불어 듀이가 비판했던 아동 중심적 진보주의 교육도 포함된다.

필자는 미국의 진보주의 교육을 관통하는 문제의식이 교육을 통한 사회의 민주적 개혁과 진보라는 점에 주목할 것이다. 크레민에 따르면, 진보주의 교육은 19세기 말 미국 사회의 급속한 변화와 사회적 갈등에 대처하려 했던 진보주의적 사회운동이 교육의 영역에서 발현된 것 이외의 다른 것이 아니다. 즉, 그는 진보주의 교육을 분명하게 미국 사회의 정치-사회적인 맥락 속에 위치시키고, 그 사회적 문제의 해결에 기여하려 했던 교육운동으로 파악한다. "사실상 진보주의 교육은 미국적 삶의 이상, 즉 국민에 의한, 국민의, 국민을 위한 정부의 이상을 19세기 후반에 나타난 새로운 그러나 당혹스러운 도시 산업 문명에 적용하려는 광범위한 인간적 노력의 일부로서 시작되었다"(Cremin, 1964: viii). 진보주의 교육은 새로운 산업화 시대에서 민주주의를 실현하려는 교육적 이론과 실천이다.

그러므로 미국의 진보주의 시대(progressive era)와 진보주의 운동(progressive movement)을 떠나서 진보주의 교육을 이해하기는 어렵다. 이에 대해서는 본론에서 좀 더 살펴보겠지만, 진보주의 운동은 시민의 상호소통과 의사결정에 기초하는 합리적이고 민주적인 사회를 건설하려는 노력이었다. 『학교의 변형』에서 크레민은 미국 진보주의 교육은 바로 이러한 사회의 건설을 교육의 측면에서 지원하고 실현하려는 시도였다고 평가한다. 그러므로 진보주의 교육은 미국 진보주의 운동의 사회-정치적인 이념 및 실천이라는 맥락 속에서 다룰 때 그 의미가 분명히 드러날 수 있다.

물론 진보주의 교육의 내용과 의미가 단지 사회-정치적 맥락으로 모두 환원되는 것은 아니다. 진보주의 교육은 인격의 실현과 개인의 완성이라는 측면도 무시하지 않는다. 그러나 양측면은 긴밀히 연관되어 있다. 진보주의 교육은 개인과 사회를 하나의 연속적인 상호작용 속에 있는 것으로 바라본다. 개인의 능동적인 자기활동을 장려하는 교육은 민주주의를 촉진하고, 민주주의적 사회질서는 개인의 인격 실현을 가능하게 한다. 개인과 사회 또는 교육과 민주주의 간의 유기적인 상호작용이라는 맥락 속에서 교육의 문제를 바라보아야 한다는 것은 듀이의 교육사상의 제1원칙에 속한다.

여기서 진보주의 교육의 핵심요소를 스케치해 볼 필요가 있다. 먼저 독일의 개혁교육학에 대한 논의를 참고해 보자. 베너와 욀커스에 따르면, 독일의 개혁교육은 대체로 세 가지 차원에서 개혁을 추구하였다. 첫째는 학교를 전통적인 수동적 지식 전달 및 훈육의 장소에서 능동적 학습과 주체적 경험의 장소로 변화시키려고 했다. 둘째는 인간을 칸트가 주장했던 '계몽된 인간' 즉 자기 자신의 이성적 판단에 따라 행동할 줄 아는 자유롭고 개성적인 인간으로 변화시키려 했다. 셋째는 사회를 계급적, 신분적 불평등과 특권이 없이 평등한 개인들이 자유롭게 그리고 협동적으로 각자의 삶을 실현할 수 있는 민주적인 공동체로 변화시키려 했다(Benner & Oelkers, 2004).

이 세 가지 특징은 필자가 서술 대상으로 삼으려 하는 진보주의 교육의 내용으로서도 손색이 없다. 그러나 나라나 지역에 따라서 이 요소들의 상대적인 강도와 비중은 서로 조금씩 다르다. 뵘은 미국의 진보주의 교육을 유럽의 나라들에 비해 세 번째 요소인 민주적 사회개혁의 지향이 가장 강했다고 평가한다. 미국의 진보주의 교육 내에서도 이 세 가지 특징의 상대적 비중은 다르게 나타났다. 예를 들어, 재건주의가 세 번째 특징에 강조점을 두었다면, 재건주의가 비판했던 1920, 1930년대의 진보주의 교육은 첫 번째 특징에 강조점을 두었다고 할 수 있다. 진보주의는 '아동 중심'의 학교개혁에 주목하면서 사회개혁적 지향을 등한히 했다면, 재건주의는 사회개혁적인 지향을 강하게 띠면서 아동 중심의 수업은 부차적이라고 생각했다. 반면 진보주의 교육의 아버지로 간주되는 듀이는 사회의 지속적 진보라는 문제의식에서 위의 세 가지 특징을 항상 통합적으로 유지하려 했다.

필자가 보기에 우리나라에서 진보주의 교육은 대체로 아동 중심 교육, 프로젝트 수업, '활동을 통한 학습(learning by doing)', '흥미와 자발성을 강조하는 교육' 등등과 동의어로 이해되고 있다. 그러나 이것은 진보주의 교육의 내용과 의미를 협소하게 만들 위험을 가지고 있다. 크레민에 따르면, 사회의 진보적-민주주의적 개혁이라는 문제를 방기하고 단지 교육방법이나 내용에만 관심을 제한한 진보주의 교육은 자신의 본질을 배반하게 된다. '진보주의 교육'이라는 개념은 인간의 합리성에 기초한 민주적 사회개혁과 진보라는 관점에서 볼 때 그리고 미국 진보주의 사회운동의 맥락에서 볼 때, 구체성을 획득할 수 있다.[1]

현대의 교육학 담론에서 진보주의 교육은 단지 전통적 교육 방식에 대립하는 학생 중심의 대안적 수업이라는 협소한 영역에 한정되는 경향이 있다. 예를 들면, '학생의 흥미에 기초한 유연한 교육과정을 운영한다. 학생은 자립적인 발견자이며 교사는 학습의 촉진자이다. 고정된 지식을 담은 교과서보다는 개인적, 집단적 경험과 탐구를 가능하게 하는 다양한 자료와 활동을 활용한다' 등등 (Hayes, 2006: xiii)이 있다. 물론 이런 특징들은 이미 진보주의 교육의 사회, 정치적 맥락을 암묵적으로 포함한다. 그러나 진보주의 교육자는 좀 더 명시적으로 사회진보나 정의의 문제를 고려할 필요가 있다.

알피 콘(Alfie Kohn)은 진보주의 교육의 특징을 우선적으로 전인교육과 협력적 문제해결 방식 수업 그리고 내발적 동기에서 찾지만 동시에 "사회 정의 교육이 진보주의 교육의 주요 요소"(한국교육연구네트워크, 2018: 263)라고 강조한다. 사회 정의와 진보의 관점을 외면하고, 단지 교육 영역에 대한 논의에 자신을 제한할 때, 진보주의 교육의 동력은 약화된다. 그리고 거기서 생기는 더 중요한 문제는 진보주의 교육이 몇 가지의 금과옥조 같은 교조나 지침으로 굳어질 위험이 있다는 것이다. 듀이의 실용주의에 입각할 때, 진보주

---

1) 이것은 1937년 진보주의 교육협회의 기관지인 『진보주의 교육』(14권 2호)에 발표된 듀이의 기고문 「교육에 대한 민주주의의 도전」에서도 분명히 드러난다. "민주주의적 생활방식의 풍부함과 충만함이 최대로 촉진되도록 하려면 우리는 학교 교육의 방향을 어떻게 설정해야 할 것인가? 이 물음에 대한 협동적 연구는 내가 볼 때 현재 진보주의 교육의 가장 시급한 과제이다."

의 교육은 사회 현실과의 연관 속에서 지속적으로 변모 발전하는 교육이어야 한다. 진보주의 교육은 결국 인간과 사회의 유기적 상호작용, 문제해결, 성장이라는 이념에 기초할 때 자신의 역동성을 유지할 수 있다. 그럴 때 진보주의 교육은 고정된 원칙이나 가치에 자신을 가두지 않고, 사회적 맥락 속에서 변모하고 발전해 가야 하는 사상이고 실천임이 드러난다. 이것은 이 책에서 우리가 진보주의 교육을 논의하는 데서 중요한 지침이 될 것이다.

필자는 2장에서 진보주의 교육을 탄생시킨 19세기말 미국 사회의 사회적 상황과 사상적인 움직임을 살펴보고, 그 시대의 문제에 대한 교육적 대응이라고 할 수 있는 '진보주의 교육'의 원형적인 형태는 무엇이었는가를 살펴볼 것이다. 제3장에서는 크레민의『학교의 변형』과 헤이즈의『진보주의 교육운동사』등을 참고하여 진보주의 교육이 처음에 어떻게 발생하고, 발전하고 또 부침했는가를 현대에 이르기까지 간략하게 요약할 것이다. 4장에서는 듀이의 철학과 교육사상을 소개할 것이다. 먼저『철학의 재구성』을 중심으로 그의 실용주의 철학의 전체적인 개요, 즉 자연주의적 일원론, 경험이론, 인식론, 사회철학, 윤리학 등을 살펴본 이후에 듀이의 진보주의 교육사상의 중요한 측면 몇 가지를 선별적으로 살펴볼 것이다.

결론에서는 모든 선입견과 이념을 떠나서 "진정한 의미의 교육"으로 되돌아가라는 듀이의 주장을 되새겨 볼 것이다. 앞으로 진보주의 교육은 현대의 새로운 산업, 문화적 상황에서 가능한 민주주의적 공동체의 모습은 무엇이며 그것이 어떻게 실현될 수 있는가 그리고 교육은 거기서 어떻게 기여할 수 있는가를 모색하고 실천해 나가야 한다. 크레민이 지적하고 있듯이 진보주의 교육의 정신적인 요체는 참여 민주주의이다. 진보주의 시대에 요청된 미국 민주주의의 핵심은 다음과 같은 애덤스(J. Addams)의 말에 담겨 있다. "우리는 선(善)이 어떤 사람이나 어떤 계급에 의해 획득될 수 있기 이전에 사회 전체로 확대되어야 한다는 것을 이미 배웠다. 그러나 우리는 모든 사람과 계층이 어떤 선에 기여하지 않는다면 그것이 가질 만한 선인가를 도저히 확신할 수 없다는 명제를 아직도 거기에 추가하지 못했다"(Cremin, 1964: ix에서 재인용).

참여 민주주의의 실현을 요체로 하는 진보주의 교육은 아동이 사회적 삶 속에서 주체적으로 자기를 실현하도록 하는 것을 모토로 삼아야 할 것이다. 그러므로 진보주의 교육운동을 단시 교육 실제라는 협소한 영역에 제한해서 보는 것은 "현재의 넌센스(contemporary nonsense)"(Cremin, 1964: ix)이다. 진보주의 교육은 '아동 중심 또는 교사 중심', '자율성과 책무성', '개인과 사회' 등의 이분법에서 벗어나서, 민주주의의 유지와 지속적 사회적 진보를 위한 인격적으로 성숙한 시민의 양성이라는 교육 본연의 목표 아래서 자신의 목적과 방법을 새롭게 찾아가야 한다. 이것이 바로 이 책에서 논증하고자 하는 핵심 테제이다.

진보주의 교육의 배경

1. 진보주의 시대의 사회적 요구

1890년대에서 1920년대에 걸쳐 미국에서는 사회−정치적 개혁에 대한 열망이 고조되었다. 미국인들은 급속한 산업화와 도시화가 초래한 정치적 부패와 빈곤 문제를 해결하려고 시도했다. 이 시기를 역사가들은 진보주의 시대라고 부른다. 그리고 이 시대는 진보주의 교육운동이 발전했던 시기와 겹친다. 양자는 단지 우연적으로 동시에 출현한 것이 아니다. '진보주의 시대'로 표현되는 사회 상황은 진보주의 교육운동의 직접적인 배경과 원인이 되었다. 그러므로 여기서 미국의 진보주의 시대가 어떤 시대이며 어떤 특징을 갖고 있는지 종합적으로 살펴볼 필요가 있다.

'진보주의 시대'에 이르러 비로소 미국은 급속한 산업혁명과 서

부개척 그리고 남북전쟁을 거치면서 산업화된 근대 국가의 면모를 갖추기 시작했다. 그러나 그와 동시에 미국인의 삶은 거대한 경제, 사회, 정치적 변화의 소용돌이 속으로 빨려 들었고 모든 영역에서 급속한 사회적 변화를 겪는다. 이 과정에서 전례 없는 심각한 문제들이 생겨났다. 이때부터 이 문제를 해결하기 위해서 정부가 보다 적극적으로 개입해야 한다고 생각하는 사람들이 등장했는데, 이들이 바로 '진보주의자'로 불리게 되는 사람들이다. 그리고 국민 대중의 삶을 개선하기 위해서는 정부가 의도적 계획적으로 경제, 사회, 정치적으로 개입해야 한다는 주장 및 이 주장에 근거해서 수행된 사회운동이 바로 '진보주의'이다. 진보주의는 대중의 정치적 자각과 권리 행사 그리고 그에 기초한 정부의 개입을 통해서 사회를 개혁하고 대중의 삶을 개선하려는 정치적 태도라고 할 수 있다.

레오나르드(Leonard)는 미국 진보주의자들의 신조를 다음과 같이 정식화한다. "진보주의자들은 강력한 국민국가를 신봉했고, 정부가 사회적 선을 촉진하고, (고전적인) 자유주의의 개인주의를 거부할 최선의 수단이라고 보았다. 그들은 사회적 효율성을 중요하게 생각하고 과학의 인식론적이고 도덕적인 권위를 믿었다. 그리고 생물학이 인간의 유전을 설명하고 통제할 수 있으며, 아직 미발달한 상태이지만, 사회과학은 사회경제적인 병폐의 원인을 설명하고 해결하는 믿음직한 수단이 될 수 있다고 믿었다. 또한 지성인이 사회적 경제적 진보를 이끌어야 한다고 믿었다. 왜냐하면 한편으로 전문가들은 사심이 없고 부패하지 않으며, 자신이 구상한 관리적인 정부를 운영할 것이라고 그리고 다른 한편으로 전문가의 견해는 사회적 선에 봉사할 뿐 아니라 사회적 선을 찾아낼 수 있다고 생각했기 때문이다. 그리고 독점에 대해서는 반대했지만, 증가하는 기업 합병은 불가피하며 바람직하고 계획, 조직화 그리고 통제에 대한 자신들의 신념과 합치한다고 생각했다"(Leonard, 2011: 429f).

미국의 진보주의는 하나의 동질적인 흐름이라기보다는 다양한 이해관계를 가진 집단들이 각기 자기 나름의 시각과 방법으로 당시 직면했던 사회적 이슈들을 해결해 나가려 했던 이질적인 움직임을 포괄하는 것이다. 어떤 진보주의자들은 보통 사람들의 정치적 영향력과 통제력을 증가시키기를 원한 반면 다른 진보주의자들은 전문가들의 권위에 더 치중하기를 원했다. 개혁가들은 대기업의 성장과 횡포를 막는 데에 관심을 기울였지만, 다른 사람들은 경제적인 효율성을 근거로 기업의 거대한 규모를 인정하기도 하였다. 어떤 진보주의들은 남동부 유럽에서 들어온 새 이민자들의 복지에 진지한 관심을 기울였고, 반면 다른 진보주의자들은 이들을 '미국화' 시키거나 아니면 주류 집단으로부터 배제하려는 입장을 택했다. 모두가 삶의 개선과 사회 안정을 추구했지만, 개선과 안정의 의미는 집단에 따라 달랐다(Link & McCormick, 1983 참조). 하지만 다양한 흐름에도 불구하고 진보주의는 '미국의 사회적 정치적 조건들을 개선하고 시민들에게 더 많은 민주주의적 권리를 부여함으로써 사회와 국가의 안정과 발전을 도모한다는 동일한 목적을 공유하였다.

이하에서 진보주의 교육의 직접적 배경이 되었던 미국 진보주의 운동의 기본 특징을 경제, 정치, 사회의 세 측면에서 개략적으로 확인해 보자.

1) 경제적인 측면: 주체적 자유

경제적인 측면에서 보면 진보주의자들의 첫 번째 개혁 대상은 거대기업이었다. 19세기 후반의 산업발전과 더불어 미국 기업들의 부와 권력은 급속도로 증대하였다. 많은 대기업들은 자기 영역에서 독점적 지위를 누렸고 종종 한 산업 전체를 좌지우지 할 수 있었다. 그 대표적인 것 중 하나는 철도산업이었다. 당시 주된 수송수단이었던 철도를 독점적으로 장악한 기업은 전체 대중의 삶에 대해서 막강한 영향력을 행사하였다. 그러나 거대기업의 막강한 영향력이 단지 사적인 이윤 추구의 동기에 기초해서 자의적으로 행사되는 것은 당시에 이미 커다란 사회적 문제로 등장했다. 그리하여 1887년 미국의 주 정부들은「주 상호 간 통상법(Interstate Commerce Act)」을 제정하여 철도회사들을 연방 정부의 관리 아래 놓았다. 이 법에는 연방 정부가 철도요금을 직접 결정할 권리를 부여하지는 않았지만, 적어도 '합리적이고 정당한 선'에서 책정되어야 한다고 규정되어 있다. 사적인 기업 활동을 정부의 규제 아래 두는 전통은 이때부터 비로소 만들어지기 시작했다.

대기업의 횡포에 대항한 또 하나의 주요한 개혁은 1890년의「셔먼 반(反)트러스트 법(Sherman Antitrust Act)」이었다. '트러스트'는 여러 회사들이 가격 담합을 통하여 자유 경쟁을 파괴하는 행위를 말한다. '트러스트'의 근본적인 문제는 미국의 건국 이념인 자유와 평등, 균등한 자아실현의 권리를 위협한다는 데 있었다. '트러스트'를 금지하는 이 법은 미국 의회가 법 제정에 의해 사기업의 활동을 규제한 최초의 사례이다. 경쟁을 회피하기 위한 담합과 시장을 독점하려는 일방적인 행위 일체를 금지하는 이 법은 처음에는 유명무실했으나 20세기 초 루스벨트 대통령의 재임 기간에 벌어진 '트러스트 해체 운동'을 통해서 실질적인 효력을 발휘하였다.

거대기업과 트러스트의 등장은 과거에는 존재하지 않았던 새로운 형태의 불안감을 대중들에게 주었다. 대중은 자신의 운명이 보이지도, 이해할 수도 없는 따라서 통제할 수도 없는 어떤 외적 힘들에 의해서 결정되고 있다는 느낌을 가졌다. "캔자스의 철도 요금, 조지아의 소고기 가격, 캘리포니아의 노동임금 등은 모두 런던, 뉴욕, 시카고 등 멀리 떨어진 곳에서 내려진 결정에 의존했다"(Link & McCormick, 1983: 11). 거대기업의 '이사회'에서 몇몇 거물들이 내린 결정들의 영향력은 너무 막강한 것이었다. 대중의 삶은 이렇게 전혀 알 수 없는 곳에서 이루어진 바로 그 결정에 무방비로 노출되었다. 자신의 일상이 알지 못하는 자의적인 힘들에 맡겨져 있다는 대중의 불안감은 진보주의 운동의 저변에 짙게 깔려 있었다.

당시의 미국인들은 이러한 상황을 순순히 받아들이려 하지 않았다. 그것은 건국의 아버지들이 꿈꾸었던 아메리카 합중국의 모습과는 배치되는 것이었기 때문이다. 그래서 많은 미국인들은 자신의 삶에 대한 민주적인 결정권과 통제력을 회복하려고 나섰는데, 이것이 곧 진보주의 운동으로서 표출되었다.

2) 정치 및 제도의 측면: 합리성과 효율성

진보주의가 개혁하려 했던 또 하나의 대상은 정치와 행정제도의
영역이었다. 1890년대까지도 미국은 급속한 산업화의 문제와 정
치적 지형 변화에도 불구하고 종래의 정치 및 정부 형태에서 크게
벗어나지 못했다(Link & McCormick, 1983: 26f). 1890년대에 불거지
기 시작한 노동운동과 노사 간의 계급갈등은 미국 사회에 큰 충격
을 주었다. 정부가 계층 간의 차이와 경제적 불평등을 감소시키기
위해서 적극적으로 개입해야 한다는 여론이 강화되었다. 트러스트
해체 문제는 여전히 해결되지 못한 채 존속했지만, 반면 노동자들
의 조직화가 급속도로 이루어졌고 그 밖에도 경제적 이익, 문화적
관심 그리고 때로는 넓은 의미의 '개혁'의 이념을 중심으로 모인 시
민 단체들이 우후죽순으로 생겨났다.

이러한 상황은 정치적 참여에 대한 미국인들의 전통적 관점을
변화시켰다(Link & McCormick, 1983: 27). 그때까지 미국인들은 자
신이 지지하는 정당과 그 대표자에게 정기적으로 한 표를 던짐으
로써 시민으로서의 권리와 의무를 다했다고 생각했고, 정치제도
자체에 대한 문제제기는 별로 없었다. 그러나 1900년대 초부터 사
람들은 기존의 정치 및 국가 제도가 비효율적이며, 급속히 도시화
되고 산업화된 새로운 사회의 요구에 제대로 부응하지 못한다고
생각하게 되었다. 이것은 정치 및 제도 개혁에 대한 관심을 불러 일
으켰다. 그러나 정치적 개혁으로 가는 과정에는 만만치 않은 장애
물들이 놓여 있었다. 그중에서도 약한 정부 및 지방 분권을 선호하

는 미국의 전통과 기존 정당에 대한 강한 충성은 새로운 상황에 부응하는 정치 제도의 개혁을 가로막았다. 진보주의자들은 이러한 장애물과 싸우면서 정치적, 제도적 개혁을 추진해야 했다.

그러면 이 당시 미국 진보주의자들의 정치개혁 운동에서 주된 의제가 되었던 것들에 대해서 간략히 살펴보자(Link & McCormick, 1983: 60-62).

먼저 진보주의자들은 입법부 특히 연방정부의 입법부를 개혁의 대상으로 삼았다. 그들이 보기에 입법부, 즉 의회는 정부 기구 중에서 가장 무능하고 부패한 집단이어서 일정한 제한을 가지지 않으면 안 되었다. 그리하여 입법부의 권한을 제한하기 위한 헌법 개정이 추진되었다. 공직 관련 조례들을 새로 마련하여 의회의 임면권을 제한했으며, 국민 발안이나 국민 투표 제도의 도입을 통해 의회의 입법권 중 일부를 국민에게 넘겼다. 또한 제17차 연방헌법 개정을 통해서 상원을 과거처럼 입법부가 아니라 국민들이 직접 선출하게 되었다. 이것은 정치권의 부패와 무능력에 대한 국민들의 불만을 반영한 것이었다.

두 번째, 진보주의자들은 국가에 새로운 기능을 부여해야 할 필요가 있을 경우에 그것을 행정부에 부여하려 했다. 입법부가 갈등하는 정당들로 분열되어 정쟁을 일삼는 곳인 반면, 행정부는 다양한 이해관계들을 통합할 수 있는 효과적인 기관으로 간주되었기 때문이다. 특히 미국의 진보주의자 중 한 사람으로 진보주의 운동에 지대한 기여를 했던 루스벨트(Theodore Roosevelt, 1858~1919) 대통령은 바로 이러한 통합적 행정가의 모범을 보여 주었다. 그는

자신이 속한 정당의 입장이나 당파적인 이해관계를 넘어선 진정한
진보적 정치가의 모습을 보여 주었다. 진보주의자들의 개혁 노력
은 주로 행정부의 권한을 강화하는 쪽으로 전개되었다. 관료를 임
명하고, 예산집행을 통제하며 법안을 발의할 수 있는 행정부의 권
한이 확대되었다. 진보주의자들은 증대하는 산업의 영향력을 규제
하고 노동계급을 보호하기 위해서 강한 정부의 필요성을 주장하였
다. 루스벨트의 진보당은 상원의 직선, 최저임금법, 아동노동 금지
법, 대기업에 대한 정부규제, 여성투표권 등등을 주요 정책으로서
제안했다.

　세 번째로 진보주의적인 개혁에서 특징적이었던 것은 새로운 유
형의 행정 기관, 즉 '위원회'를 만들어 냈다는 데 있다. 즉, 해당 분야
전문가와 정치적으로 중립적인 조사관들로 이루어진 다양한 '위원
회'들이 많이 생겨났다. 이 기구는 과거 입법부가 수행했던 기능을
일부 흡수하였을 뿐 아니라, 그 외의 새로운 임무들을 부여받았다.
사회적으로 큰 영향력을 갖는 기업들은 각 영역별로 해당 위원회의
감독을 받게 되었다. 그 밖에도 진보주의자들은 비정부기구(NGO)
를 활용하여 기업, 보건, 교육, 노동, 조세, 교정 그리고 자연자원 보
호 등의 영역에서 정책을 제안하고 요구하였다.

　이러한 행정부의 권한 강화와 구조 혁신의 근저에는 공동체와 공
권력의 의미에 대한 진보주의자들의 새로운 이해방식이 전제되어
있었다. 19세기까지 미국에서는 사회 내에 계층적 갈등이 존재한다
는 사실을 부인하거나 은폐하는 경향이 강했다. 이에 반해 19세기
말 20세기 초의 진보주의자들은 계층 간의 갈등을 인정하였고, 정

부는 바로 이러한 분열과 차이를 감소시키고 조정할 의무가 있다고 생각했다. 그리고 그러기 위해서는 공평무사한 전문가들을 동원하여 과학적인 방법에 의거하여 사실을 수집, 분석하게 하고 그 결과에 기초해서 합리적 결정을 내리게 해야 한다고 믿었다. 그리고 이렇게 합리적으로 내려진 행정적 결정만이 모든 이해관계들을 고려할 수 있고 그리하여 적어도 이해 집단 간의 폭력적인 갈등을 감소시킬 수 있다고 생각했다.

결국 정치적인 영역에서 미국의 진보주의는 인간의 합리성과 과학적 방법론에 기초하여 사회적 갈등을 조정하고 조화시킬 수 있다는 낙관적인 신념에 기초했다. 더 나아가 이 신념은 산업사회의 계급적 갈등은 근원적인 측면에서 정확하게 객관적으로 분석해 볼 때, 서로 조화될 수 있을 것이라는 낙관적인 전제에 기초하고 있다. 듀이도 공유하고 있는 이러한 낙관이 과연 타당한 것인 것인가는 복잡한 논의가 필요할 것이다. 여기서 우리는 다만 미국 진보주의의 사상적 뿌리 중 하나는 인간 이성과 과학적 합리성이 점진적으로 산업사회의 문제들을 해결할 수 있다는 확신이라는 점을 확인하고 넘어가자.

3) 사회적인 측면: 불평등의 심화와 사회 정의의 실현

미국 진보주의의 배경을 이루는 또 하나의 요소는 당시 미국 사회의 비효율적이고 불합리하고 비인간적인 상황들이다. 물론 이것은 앞에서 본 정치적, 경제적인 측면들과 분리된 것이 아니라, 그것

들과 긴밀하게 관련되어 있는 것이다. 본서의 주된 관심사인 교육
의 문제는 이러한 사회적 측면에 속한 것으로 분류될 수 있을 것이
다. 그리고 결국 모든 실천적 운동은 궁극적으로 사회적 삶의 개선
으로 나타나야 한다는 점에서 이 세 번째 측면도 진보주의를 이해
하는 데 중요한 의미를 갖는다. 미국의 진보주의는 경제적, 정치적
개혁을 통해서 사회적 삶의 개선을 추구했던 운동이다.

　19세기 말 특히 그 마지막 10년 동안 미국의 사회적 상황은 '위
기'라는 한마디로 요약될 수 있다. 1880년대 말까지 미국의 산업은
급속도로 성장하였다. 거대한 건물들이 속속 지어졌고, 철로는 전
국 방방곡곡으로 퍼져 나갔으며 희망의 땅을 미국을 찾는 이민자
들이 전 세계로부터 뉴욕, 필라델피아, 볼티모어, 뉴올리언스로 밀
려들어 왔다. 한편 서부 개척이 급속도로 진행되었고 산업화와 도
시화가 신속하게 진행되었다. 이와 더불어 인구도 폭발적으로 증
가했다. 1890년 미국의 인구는 6,300만 명인데, 이는 30년 전인 남
북전쟁 직전에 비해 두 배에 해당한다(Nugent, 2010: 16f). 물론 이
러한 산업화의 와중에서 독점방지를 위한 반 트러스트 법등 개혁
을 위한 시도와 노력들이 등장했지만, 당면한 문제의 심각성을 따
라가기에는 턱없이 부족한 것들이었다(Nugent, 2010: 17f).

　그리하여 1880년대의 경제적 번영의 성과는 사실상 소수 상층계
층에게 돌아갔고, 일반 대중은 번영과 성과에서 소외된 채 오히려
더 깊은 빈곤의 나락으로 떨어졌다. 월스트리트의 갑부들과 철도
재벌들은 저명한 건축가들을 고용하여 거대한 저택을 시골과 도시
외곽 지역에 지었다. 초라한 농가와 이들 저택 간의 극명한 대조는

미국 사회의 불평등을 웅변으로 보여 주었다. 한편 대도시에도 극빈
의 삶을 이어가는 사람들이 눈에 띄게 늘어났다. 미국 최초의 '세틀
먼트(settlement)'인 제인 애덤스(Jane Addams)의 헐−하우스가 빈민
지역에 세워진 것이 1889년이었다.[1] 그 후 수많은 세틀먼트의 설립
을 통하여 도시 빈민을 위한 민간의 활동들이 확대되기 시작했다.

1900년대 초에 이르러 미국인들은 당시 급속한 경제적 발전이 오
히려 "심각한 사회적 긴장과 광범위한 비참함"(Link & McCormick,
1983: 67)을 초래하고 있다는 자각에 도달했다. 부족한 생계비를 벌
기 위해 직장으로 내몰린 대다수 부녀자들은 혼자 입에 풀칠하기

---

1) 'settlement'는 연구자에 따라 '세틀먼트'라고 쓰거나 아니면 '인보관(隣保館)' 또는 '사
회복지관' 등으로 번역되고 있다. 합의된 번역어는 없다. 여기서는 일단 '인보관'으로
번역한다. 본래 인보관 운동은 19세기말 영국에서 일종의 빈곤구제 운동으로 시작되
었다. 주지하듯이 19세기말의 영국은 산업혁명이 초래된 심각한 '사회적 문제들'에
직면하게 되었다. 급증하는 공장 노동자와 도시화 그리고 농촌의 붕괴는 기존의 가
치관과 공동체적 질서를 무너뜨리고 심각한 사회적 갈등과 분열을 낳았다. 특히 초
기 산업자본주의의 무제한한 이윤추구는 노동자들의 절대빈곤과 비참한 삶을 초래
하였다. 이에 뜻있는 지식인과 학자들은 물질과 경제의 맹목적인 힘이 인간의 삶을
좌지우지하고 공동체적 삶을 황폐하게 만드는 데에 대해 큰 우려를 하게 되었다. 이
들의 화두는 '빈곤 퇴치'의 문제이자 '공동체 회복'의 문제였고 또 어떻게 하면 자본
주의의 맹목적인 힘을 인간적 가치에 의해 통제할 수 있는가의 문제였다. 영국에서
시작된 인보관 운동은 곧 미국으로 전파되었고 미국에서 훨씬 더 큰 반향을 불러일
으켰다. 1911년 미국에서 'National Federation of Settlements and Neighbourhood
Centers'가 발족했을 때 무려 400여 개의 인보관이 존재하고 있었다. 미국의 인보관
운동은 당시 미국의 진보주의 운동과 맞물려 커다란 사회적인 반향을 불러일으켰고
그 속에서 수많은 사회적, 교육적 실험적인 시도들이 이루어졌다. 시카고 대학에 근
무하던 젊은 시절의 듀이도 바로 이 헐−하우스에서 처음으로 빈민들과 만나고 가르
치고 교류했으며 제인 애덤스의 교육사상으로부터도 많은 영향을 받았다.

도 힘든 푼돈을 벌기 위해서 열악한 환경의 작업장에서 장시간 일
해야 했다. 바로 그 옆에는 12살밖에 안 된 어린아이들이 작업하
고 있었다. 수많은 노동자가 사고로 불구가 되었다. 범죄가 들끓었
고, 빈민가의 위생은 바닥이었다. 농촌의 삶은 가난, 무지, 고립이
일상적이었다. 또 성병, 결핵, 알코올 중독, 정신병이 증가하였다.
대다수 아이들은 해로운 환경에 무방비로 내맡겨져 있었다(Link &
McCormick, 1983: 67f).

　이런 상황에서 미국의 빈민층은 생존을 위해 그리고 삶을 개선
하기 위해서 몸부림쳤다. 그런데 20세기 초 미국에서 특이했던 것
은 이런 사람들의 운명에 공감하고 그들의 고통에 공감하는 중산
층 및 상류층 출신의 개혁가들이 대거 등장했다는 사실이다. 이 개
혁가들은 때로는 복음주의 개신교의 신앙에 기초해서 또는 사회적
정의감에 기초해서 또는 사회운동가로서의 명성을 얻기 위해서 발
벗고 나섰다. 미국 사회의 불평등과 인간성의 침해에 대해서 걱정
했고, 계급갈등을 완화하기 위해서 나섰던 이 사람들이 바로 진보
주의자들이다.

　여기서 진보주의자들의 중요한 전제는 개인의 가난, 질병, 폭력
등은 개인의 책임이 아니라 사회적 환경에 기인하는 것이라는 생
각이었다. "이 결론은 단순하지만, 결정적으로 중요한 것이다"(Link
& McCormick, 1983: 69). 진보주의자들은 사회에 만연한 사회적 병
폐들이 개인의 노력으로 해결될 수 있는 것이 아니라, 공공적인 사
회 통제와 개입을 통해 비로소 해결될 수 있다는 결론에 도달했다.
이들은 산업사회에서의 사회 정의는 정부와 사회단체들이 의식적

으로 개인의 삶에 개입할 때, 그리고 그들의 일탈과 오류를 관리할 때 가능하다고 생각하였다(Link & McCormick, 1983: 69). 물론 이러한 통제의 범위가 어디까지여야 하는지에 대해서 그리고 사회적 통제가 억압을 초래할 위험은 없는가에 대해서 이견과 논쟁이 있었다. 그러나 그들은 대체로 산업사회에서 조화와 정의를 이루기 위해서는 사회적 계획과 통제 이외에는 다른 방법이 없다고 생각했다(Link & McCormick, 1983: 70).

미국의 진보주의자들은 사회를 바람직한 방향으로 통제하고, 사회 정의를 실현하기 위해서 다음과 같은 방법을 취한다. "그들은 보통 자발적인 연합체를 형성하는 데서 시작한다. 다음으로 어떤 문제를 탐구하고 이에 대한 방대한 자료를 모으고 마지막으로 새로운 사회과학의 지침에 입각해서 그 문제를 분석한다. 이러한 분석으로부터 어떤 해결책이 제안될 것이고, 이것을 교육과 도덕적 설득의 운동을 통해서 대중에게 전파한다. 그리고 자주 있는 일은 아니겠지만 그것이 지방 또는 중앙정부 차원에서 공적인 제도로 실현된다"(Link & McCormick, 1983: 70). 여기서 민주적 공동체 형성, 과학 그리고 교육이 사회 정의를 실현하는 데 핵심적인 고리임이 드러난다.

2. 진보주의 시대의 사상적 배경

앞에서 우리는 미국 진보주의 시대의 정치, 경제, 사회적인 상황에 대해서 살펴보았다. 이러한 정치, 경제, 사회적 맥락은 물론 미국의 진보주의 교육을 성립시킨 중요한 배경이며 동력이었다. 하지만 하나의 교육운동이 탄생하기 위해서는 동시에 그것을 직접적으로 뒷받침하는 학문적, 이론적인 토대가 존재해야 한다. 그러므로 여기서는 진보주의 시대 미국의 학문적, 사상적인 흐름에 대해 살펴보려 한다.

진보주의 시대에 미국인들은 학문적, 지적인 측면에서도 혁명적인 변화를 겪었다. 즉 세계관, 자연관, 인간론, 지식론 그리고 교육론 등등 모든 측면에서 근본적인 지각변동이 일어났다. 이러한 포괄적인 변화는 그 당시 물리학과 생물학의 획기적인 발전을 반영하였다. 특히 다윈의 진화론은 객관적이고 불변적인 실체가 존재한다는 서구 형이상학의 최후 보루를 무너뜨렸다. 그것은 철학, 심리학 및 여타 사회과학에서 근본적 관점전환을 일으켰다.

다윈의 진화론은 과학의 이름 아래서 무엇보다도 전통적 종교의 토대를 위협했다. 궁지에 몰린 종교계는 격하게 반발했다. 과학과 종교 간의 격렬한 논쟁이 벌어졌고, 인간의 초월적, 신적인 기원과 운명, 섭리에 대한 독단적인 신앙은 무차별 공격에 노출되었다. 삶의 근본적인 비밀을 풀기 위해서 계시, 신학, 형이상학에 의존했던 사람들은 이제 진화론으로부터의 강력한 지적 도전에 직면했다. 진화론은 퍼스, 제임스, 듀이의 실용주의뿐 아니라 미국 진보주의 교육사상의 결정적인 요소가 되었다.

다윈의 진화론은 19세기 후반의 미국 (그리고 유럽) 지성계에 가장 강력한 충격을 주었던 지적 사건이다. 진화론이 나오기 이전까지 사람들은 여전히 성서와 기독교 교회의 권위 아래서 살았다. 즉, 신이 세계를 무로부터 창조했으며 인간을 포함한 모든 생물을 만들어 냈는데, 이들은 창조된 이래 아무런 본질적 변화 없이 대를 이어 가며 종(種)을 유지해 왔다. 특히 신은 인간만을 특별한 존재로 창조하여 다른 피조물에는 없는 영혼과 양심이라는 정신적, 초월적인 특징을 부여했다. 이러한 기본적 믿음은 1859년 다윈이 종의 기원을 발표함으로써 토대로부터 흔들리기 시작했다.

세계는 창세기처럼 며칠 사이에 단번에 창조된 것이 아니었다. 거기에는 억겁의 시간이 필요했다. 또 인간을 포함해 모든 생물체들도 어떤 특정한 시점에 갑자기 초자연적 힘으로 생긴 것이 아니었다. 그들은 단순한 유기물이 환경과 상호작용하는 자연적 과정에서 처음 생겨났고, 오랜 적응과 자연선택 속에서 점점 더 복잡한 형태를 획득하여 지금에 이르렀다. 따라서 진화론에 따를 때 생물 종은 고정된 것도 불변하는 것도 아니다. 그것은 환경의 변화와 더불어 세대에서 세대로 계속 변화하고 있다. 인간은 이러한 진화의 정점에 서 있는 자연적인 존재일 뿐이다. 원칙적으로 인간이 향후 진화의 과정에서 자신의 특권적 지위를 다른 종에게 내줘야 할 가능성은 존재한다.

인간의 육체적 형태뿐 아니라 정신과 이성도 신의 창조물 또는 선물이 아니라 하나의 유기체가 환경의 상호작용 속에서 획득된 것이다. 이러한 과정을 다윈은 변화된 환경에 맞게 변화된 유기체만이 살아남는다는 "적자생존"과 "자연선택"의 이론에 의해 설명했다. 진화론은 19세기 후반의 모든 사고 영역으로 확대되었다.

인간을 포함한 전체 자연의 본질이 실체가 아니라, 시종일관 지
속적으로 변화 발전하는 과정이라는 생각은 인류의 지성사에서 큰
전환점을 만들어 냈다. 그것은 생물 종들은 영원히 불변하며, 인간
은 이성을 가지고 있기 때문에 동물과 다르다는 오래된 관념을 무
너뜨렸다. 진화론은 당시의 학자와 지성인들에게 '인간이란 무엇
인가'에 대한 물음을 제기했다. 그리고 찬성하든 반대하든 아니면
제3의 태도를 택하든, 진화론을 도외시하고 '인간관'을 제시하는 일
은 불가능해졌다. 그러므로 당시 '인간'에 대한 이해는 진화론에 대
하여 어떤 입장을 취했는가에 따라 분류될 수 있다. 버츠와 크레민
(Butts & Cremin, 1953)에 따르면, 진화론에 대한 미국 지성계의 대
응은 크게 세 가지로 요약된다.

첫 번째 입장은 진화론에 정면으로 반대하여 여전히 신의 영적
인 권위를 강조하고 인간을 신의 모상(模像)으로 이해하려 하였다.
두 번째 입장은 자연과학을 신봉하여 진화론을 전폭적으로 수용함
으로써 인간을 자연 세계의 한 부분으로 이해하려 하였다. 이에 비
해 세 번째 입장은 진화론을 수용하면서도 인간은 동물과 달리 사
회적이며 문화적인 존재라는 사실에 주목했다. 이 세 입장을 좀 더
자세히 살펴보면 다음과 같다.[2]

----

2) 이하의 내용은 『미국문화에서의 교육의 역사(A History of Education in American
   Mind)』(Butts & Cremin, 1953)의 제10장 "미국의 마음의 재형성" 부분을 요약, 정리
   한 것이다.

2. 진보주의 시대의 사상적 배경   39

1) 종교적-영적인 접근: 관념론적 입장

새로운 지질학적 증거와 인간의 기원에 대한 새로운 생물학적 증거에도 불구하고 대다수의 미국인은 창조와 인간성에 대한 전통적인 견해를 고수했다. 특히 미국의 학교와 대학에서는 이러한 경향이 강했다. 초자연주의적인 종교의 영향력은 부분적으로 약화했지만, 많은 교육자는 여전히 인간은 신의 피조물이며, 또 영적인 존재로서 다른 자연물들과는 전적으로 다른 특별한 지위를 갖는다는 생각을 유지했다. 이렇게 인간의 영적인 측면을 강조하는 입장은 그 내부에서 다시 분화된다. 버츠와 크레민에 따르면, 그것은 크게 4가지로 구분될 수 있다.

첫째는 기독교 근본주의이다. 기독교 근본주의는 전통적 신관과 인간관을 그대로 고수한다. 이 입장은 진화론을 전적으로 거부했고 성서만이 세계와 인간의 기원에 대한 참된 설명을 준다고 보았다. 세계와 인간은 전지전능한 존재인 신에 의해 어느 시점에서 창조되었다. 인간은 육체적으로는 자연과 연결되어 있지만, 영적으로는 신과 연결되어 있다는 점에서 다른 자연적 존재와 명확히 구분된다. 그리고 이렇게 신에 의해 창조된 세계와 인간 그리고 신이 부여한 도덕법칙의 본성은 변화하거나 발전할 수 없는 영속적인 것일 수밖에 없다. 기독교 근본주의는 종파에 따라 약간씩 다른 모습을 취했지만 모두 대중적으로 적지 않은 호응을 얻을 수 있었다. 당시 미국 학교의 교과서들에서는 종파적인 편향성이 줄어들었지만, 전통적인 신관을 기본적으로 유지하였다. 국어 교과서는 주로

신과 인간의 영혼에 관한 이야기를 담았고, 과학 교과서는 신을 자연법칙의 인도자로 간주하였다(Butts & Cremin, 1953: 326). 진보주의 시대의 기독교 근본주의는 "신의 섭리가 자유 시장 경제를 통해서 만인의 복지를 촉진"(Lonard, 2011: 430)한다는 기독교의 전통적 입장을 옹호하여 결과적으로 미국 사회의 개혁에 저항했다고 할 수 있다.

둘째는 **자유주의적 신학**이다. 자유주의 신학은 새로운 과학 및 진화론의 성과를 전통적인 기독교 신관과 화해시키려 하였다. 다니엘 윌리엄스는 '자유주의 신학'을 "기독교의 교의를 19세기의 과학적 지식, 진화적 세계관 그리고 윤리적, 사회적 재건 운동과 유기적으로 연관시키려는 운동"(Williams, 1945: 168)이라고 정의하였다.[3] 자유주의 기독교 신학자들은 증대하는 과학적 탐구의 정당성을 단순히 부인하는 것이 능사는 아님을 깨달았다. 그래서 성서에 포함된 세계의 기원에 관한 이야기가 사실이라는 주장을 철회하거나 아니면 어떤 방식으로든 기독교의 이론을 성장과 진화의 이야기와 조화시키려고 하였다. 이들은 주로 두 가지 방향에서 과학과 종교

---

3) 넓은 의미에서의 '자유주의 신학'은 이성과 신앙을 조화시키려 시도했던 계몽주의자 칸트에게까지 소급될 수 있다. 칸트는 신 존재 증명을 거부했고, 인간은 지성과는 구분되는 '이성'을 통해서 신을 알 수 있다고 보았다. 또한 슐라이어마허는 종교에서 "느낌"을 강조하면서 종교는 교의나 신조가 아니라 "절대적 의존"의 느낌에 기초한다고 주장함으로써 근대적 사유와 신학 간의 갈등을 해결하려 했다. 한편 헤겔의 철학은 변증법적 발전의 과정을 통해서 절대자와 이성적 사유의 종합을 시도했던 자유주의 신학의 한 형태로 해석 가능하다. 자유주의 신학자들은 성서나 종교적 신념도 인간 이성과 경험 및 과학의 검토를 거쳐서 받아들이려는 태도를 취한다.

의 화해를 시도했다.

한편으로 이들은 성서의 기원에 대한 역사적인 연구에 주목하기 시작했다. 역사적, 문헌학적 연구에 따르면, 성서는 직접 신의 목소리를 들은 특별한 인물이 어떤 순간에 혼자서 쓴 기록이 아니다. 그것은 오랫동안 여러 사람이 영적인 경험과 활동을 하는 과정에서 공동으로 만들어 낸 결과이다. 여기에 주목할 때, 성서가 신의 말씀을 사실 그대로 기록한 것이라는 근본주의자들의 주장은 철회되어야 했다. 성서의 내용이 역사적 사실(fact)이 아니라 믿음에 대한 검증된 해석들이라면, 성서와 기독교는 새로운 해석의 가능성에 열려 있다.

다른 한편 자유주의 신학자들은 진화론과 기독교 간에 본질적 갈등이 없다는 주장 아래 진화론의 주장을 기독교 신학 속으로 통합하려 하였다. 말하자면, 신은 창조의 활동에서 진화의 과정을 활용하였다는 것이다. 그러므로 진화론의 발견들은 창조주인 신의 사고와 행위를 드러내는 증거로 해석된다. 이에 따르면 진화는 자신의 신성한 목적을 달성하기 위한 신의 계획이었다. 세계는 태초에 신이 창조한 것도 아니고 기계적 자연법칙에 따르는 것도 아니다. 그것은 움직이고 진보하는 유기체이다. 신은 이러한 과정을 추동하는 무한한 동력이자 에너지이며, 동시에 자연의 진화과정 및 인간 의식의 영적인 완성 과정을 통해서 자신을 드러낸다. 그러므로 이들은 인간은 교육을 통해서 자유롭게 자신을 발전시켜 나갈 수 있는 존재라고 확신했다.

셋째는 **관념론적 철학**이다. 피히테, 셸링, 헤겔 등의 독일 관념론 철학은 이미 19세기의 전반기부터 미국의 초월주의자들로부터 주목을 받고 있었다. 그런데 남북전쟁 이후 초월주의에 대한 관심은 감소했고, 반면 관념론 철학에 대한 관심은 폭발적으로 증가했다. 관념론 철학은 19세기 후반 및 20세기 초반에 걸쳐 미국 대학에서 가장 영향력이 있었다. 관념론 철학은 미국 대학들이 자신의 기독교 종파적 성향을 극복하여 보편적 영성을 갖도록 영향을 주었다. 즉, 19세기 말부터 미국 대학들은 교회와 교파의 직접적 영향력에서 벗어나서 기독교 영성을 표방하기 시작했다. 이것은 미국의 교육에 큰 영향을 미친 지적인 혁명이었다. 그로 인해 종교에 대한 일반적 관심은 강하게 유지되면서도 교육에 대한 종파적 개입이 대폭 약화되었기 때문이다.

관념론의 핵심은 세계의 본질이 물질적인 것이 아니라 영적인 것, 정신적인 것이라는 데 있다. 전체 우주는 기계적인 자연법칙이 아니라 정신에 의해서 움직이고 있다. 이 정신을 신, 무한자, 절대자 등등으로 부르는 것은 각자의 자유이지만 적어도 그것이 물질적인 것이 아니라 영적인 것이라는 점을 부인해서는 안 된다. 참된 실재는 물리적인 것이 아니라 정신적인 것이기 때문이다. 경험되는 세계와 물리적 사물은 어떤 정신이나 관념의 표현이 아니고는 전혀 존립할 수 없다. 그러므로 "세계는 단지 신의 마음의 표현이다. 따라서 세계와 우주의 전 운동은 신 또는 무한한 정신 또는 절대정신의 도덕적이고 정신적인 목적에 의해서 형성된 것이다"(Butts & Cremin, 1953: 329).

이것은 인간에게도 마찬가지로 적용된다. 인간의 본질은 육체가 아니라 정신에 있다. 중요한 것은 정신적 자아나 인격이지 육체가 아니다. 그리고 인간은 무한한 정신에 의존하는 유한한 정신이다. 나아가 관념론자들은 세계와 인간 정신 속에 진화적 관념을 포함시킴으로써, 세계의 전체 운동을 신의 정신의 진화적 실현 과정으로 간주하고 또 인간의 정신적 본성도 이와 마찬가지로 진화하고 성장한다고 보았다. 이런 생각은 아동의 자아와 인격을 존중하고 그것의 성장을 촉진하는 조건을 마련해 주어야 한다는 교육학적 태도로 연결되었다. 이러한 태도는 19세기 후반 미국에서 큰 영향력을 발휘했던 페스탈로치나 프뢰벨의 교육사상과 연결되었다 (Butts & Cremin, 1953: 330 참조).

미국 지성계와 대학들을 중심으로 하여 다양한 형태로 발전되었던 관념론은 미국 교육에 큰 영향을 남겼다. 예를 들면, "목적 그 자체로서의 인격에 대한 강조, 아동의 인격 성장과 발달을 존중하는 교육방법의 중시, 개인은 사회적이고 정신적인 공동체에서 다른 개인과 불가분하게 연결되어 있다는 견해"(Butts & Cremin, 1953: 331) 등은 나중에 미국 진보주의 교육철학의 핵심적인 요소로 자리 잡게 된다.[4]

넷째는 고전적 인문주의이다. 고전적 인문주의는 위의 관념론 철학과 전통적 능력 심리학(faculty theory of psychology)에 기초하여 또 다른 독자적인 입장을 제시하였다. 이들은 과학, 산업, 자연주

---

4) 한때 헤겔의 절대적 관념론을 받아들였던 듀이는 도구주의로 전환한 이후에도 이러한 관념론적인 견해들을 간직했다.

의의 급속한 부상에 대항하여 인간은 근본적으로 정신적, 관념적 존재로서 자연이나 물질과는 전혀 다른 차원을 지닌다는 점을 강조했다. 즉, 이들은 인간과 자연, 인간의 정신적 본성과 자연의 물질적 본성을 단적으로 분리시켰다. 그리고 이에 뒤따르는 당연한 귀결로서 연속성, 변화, 성장 같은 진화적 특성을 물질과 자연에 제한하고, 대신에 정신적 가치, 지식, 진리는 영구불변하다고 생각했다. 그러므로 진정한 의미의 학습은 외적 세계 경험으로부터 얻은 감각지각을 통해서가 아니라, 고전을 통해서 지적인 능력들을 훈련하고 마음의 도덕적, 정신적, 미적인 능력을 계발함으로써 달성된다고 보았다. 이를 위해서 고전어와 고전문학, 수학, 철학, 종교 그리고 예술, 즉 인문학 교육을 강조했다. 반면 직업교육에 대해서 강한 거부감을 가졌다.[5]

2) 생물학적 접근: 실재론적 입장

앞에서 본 종교적–관념론적인 견해의 저항에도 불구하고 진화론으로 촉발된 새로운 과학은 인간 본성, 정신, 학습 과정 및 교육에 대한 새로운 관점을 만들어 내기 시작했다. 이제 인간은 과학적 방법으로 파악될 수 있는 자연적 세계의 일부로 생각되었다. 이것은 필연적으로 인간 정신과 학습을 생물학적 관점에서 바라보는

---

5) 미국 교육철학의 한 흐름인 영원주의(또는 항존주의)는 바로 이러한 고전적 인문주의의 전통에서 나온 것이라고 할 수 있다.

태도를 촉발하였다. 인간은 자연의 한 부분이며, 그의 지적이고 도
덕적인 성취 역시 자연적, 사회적 환경에 대한 생물학적 적응과 조
정의 과정에서 발전된 것이라는 견해가 등장했다. 이렇게 인간이
철저히 자연의 일부이기 때문에 육체는 말할 것도 없고 정신 역시
역사적 과정에 발생, 발전되어 온 것이다. 그러므로 인간의 정신과
육체는 과학으로 설명될 수 있으며, 신학적 또는 초자연적인 설명
은 이제 필요 없게 된다. 생물학적 관점은 미국 진보주의 교육 내의
과학주의적 경향으로 연결된다.

이러한 과학적 입장과 생물학의 발견에 기초해서, 다양한 철학
적, 심리학적 이론이 19세기 말과 20세기 초에 발전했다. 그리고
거기서 탐구된 인간의 생물학적 본성과 구조는 진보주의 교육의
원리를 마련하는 데 도움을 주었다. 미릭(George A. Mirick)은 생물
학적 연구 결과로부터 도출되는 교육의 기본 원리를 다음 세 가지
로 정리한다. "a) 모든 교육은 자기 교육이다. b) 모든 교육은 원칙
적으로 자료의 제시보다는 충동과 욕망에 기초해야 한다. c) 교사
의 과제는 학생들의 활동을 지도하여 학생들이 학교에서 자기-계
발하는 인격체가 되고 그리하여 학교 밖에서도 스스로 그렇게 살
아갈 수 있도록 하는 것이다"(Mirick, 1923: 45).

진화론에 기초한 생물학적 접근은 인간 정신, 지식론, 심리학 등
의 영역에서 새로운 지적 흐름을 낳았다.

첫째, 경험주의적인 정신관의 본격적인 등장이다. 사실 이미 미국
독립전쟁 이후부터 정신을 초월적 실체라기보다는 경험적인 과정
이나 부수적 기능으로 보는 철학자들이 등장하기 시작했다. 이들

은 정신적 활동은―관념론이 주장하듯―신체와 독립된 것이 아니라, 인간 신체가 수행하는 어떤 기능인데, 이 기능은 기본적으로 유기체로서의 인간이 환경에 효과적으로 적응하도록 돕는 것이라고 보았다. 정신이 있기에 인간은 동물보다 더 효과적으로 환경에 적응 또는 대처할 수 있다는 것이다.

경험주의적 정신관은 1890년대에 실용주의자 윌리엄 제임스가 인간의 사고와 행동을 생물학적 본격적으로 진화론의 관점에서 해명하기 시작했을 때 비로소 지배적인 영향을 미치기 시작했다. 제임스는 정신은 변화하는 세계에 효과적으로 적응하기 위한 오랜 시행착오의 과정에서 발전해 나온 인간의 독특한 기능이라고 주장했다. 그러므로 정신은 단지 대상 인식과 이해를 넘어서는 적극적인 인간 활동의 일부이며, 정서나 감각 또는 의지와 불가분하게 연관되어 있다. 따라서 능력 심리학처럼 정신을 사고, 감정, 의지, 판단 등등 여러 영역으로 분할하는 것은 부당하다. 정신은 실제의 환경과 대결하며 살아가는 인간 유기체의 통합적 행동 양식으로 생각돼야 한다. 경험주의적 정신관은 듀이를 비롯한 당시의 지성인과 학자들에게 큰 영향을 주었다.[6]

---

6) 손다이크와 듀이가 공히 윌리엄 제임스의 경험적 심리학에서 큰 영향을 받았다는 사실은 흥미롭다(Koschmann, 2000: 314f). 또 듀이와 손다이크는 35년 동안 컬럼비아 대학교에서 같이 교수로서 봉직했으며 서로 지향점은 달랐지만 래저맨(Lagemann, 1989)이 말한 "진보주의적인 관용구(progressive idiom)"를 사용했다. 후대의 학자들도 듀이를 교육적 진보주의로, 손다이크를 과학적 또는 행정적 진보주의라고 규정함으로써 두 사람을 모두 진보주의 교육자로 규정하기도 한다. 그러나 실제적으로 양자는 20세기 미국 교육의 두 대립적 경향을 각기 대변하고 있다.

둘째, 실재론적 지식관이 등장했다. 이것은 엄격한 과학적 관점에서 지식의 문제를 살펴보는 태도이다. 20세기 미국 실재론의 등장에서도 윌리엄 제임스의 역할은 결정적이었다. 1904년 그는 "의식은 실제로 존재하는가?"라는 논문을 발표했다. 이후 미국 실재론 철학은 당시의 대표적 관념론자였던 로이스(J. Royce)의 절대적 관념론을 정교한 형태로 비판하기 시작했다. 버츠와 크레민(Butts & Cremin, 1953: 335f 참조)은 이 실재론 철학의 주요 내용을 다음과 같이 요약한다.

실재론자들은 관념론의 기본 가정들을 뒤엎는다. 물리학이 연구하는 대상은 정신적 대상이나 단순한 관념이 아니다. 물리적 대상은 그 자체로 실재하는 것이지 의식적 존재가 인식하기 때문에 비로소 실존하는 것이 아니다. 사물들의 관계도 의식에서 독립적이고 그래서 과학의 경험적 방법으로 확인된다. 그것은 관찰자나 과학자에 의해 지각되는 과정에서 자의적으로 변환되는 것이 아니다. 지식은 대상을 객관적으로 파악한다.

그러므로 실재론적 지식관은 외적인 대상 세계의 가치를 전적으로 인정하며, 자연의 서술에서 과학적 방법의 권위를 강조한다. 반면 정신과 정신적 실체에 대한 관념론적 사색에서는 별로 얻을 것이 없다고 주장한다. 과학적 수단에 의한 연구와 분석만이 우리에게 정확하고 믿을 만한 지식을 줄 수 있다. 사물 세계는 법칙에 따라 질서 있게 움직이며, 우리가 할 일은 이 법칙들을 발견해 내는 것이다. 이러한 발견들을 체계적 형식으로 조직화한 지식의 체계가 바로 학생들에게 전수해야 할 진정한 교육내용이 된다(Butts &

Cremin, 1953: 336 참조). 그러므로 교육의 핵심은 검증된 지식의 전
달을 통해 학생들이 적대적인 세계에서 생존할 수 있도록 실제적
능력을 길러 주는 데 있다.

셋째, **객관적 심리학**(objective psychology)의 등장이다. 객관적 심
리학은 심리의 내적인 체험을 직접적으로 다루는 '주관적 심리학'
과 달리 오로지 "객관적으로 확인 가능한 현상"(Haecher & Stapf,
2009: 697)에만 기초해서 인간 심리를 해명하는 심리학이다. 현대
의 용어로 하면 행동주의 심리학이라고 할 수 있다. 객관적 심리학
자들은 특히 인간 본성과 학습 메커니즘을 직접적 관찰과 실험으
로 연구했다. 인간 행동에 대한 이러한 객관적인 연구 경향 중 가장
두드러진 것은 손다이크와 우드워스(R. S. Woodworth)가 제시했던
'연결이론(connectionism)'[7] 또는 자극-반응 심리학이었다.

객관적 심리학은 진화론적, 생물학적 정신론과 근대 과학적 실
재론 그리고 로크에서 시작해서 흄, 밀, 스펜서로 이어지는 '연상이
론(associationism)'에서 큰 영향을 받았다. 연상이론에 따르면 정신
적 과정은 한 정신적 상태와 그 뒤를 잇는 정신적 상태 간의 연상을
통해서 작동하는 것이다. 연상이론에 따르면, 관념과 감각의 연결
은 새것일수록 그리고 자주 반복적으로 일어날수록 오래 지속하며
마음에 기억된다.[8]

---

7) 'connectionism'은 우리나라에서 결합설 또는 연결주의로 번역된다. 연결주의의 기
   본 원리들은 이미 윌리엄 제임스의 심리학에 의해 제시되었고, 이어서 손다이크 등에
   의해서 학습이론으로 발전되었다.
8) 연상주의 심리학을 통해서 교육심리학의 기초를 세웠던 대표적인 사람은 헤르바르트

유럽에서 건너온 생리학, 신경학, 유전학 분야의 실험적 연구들도 객관적 심리학의 발전에 이바지했다. 19세기 말부터 유럽의 과학자들은 '의식'을 실험적으로 통제된 상황에서 다루기 시작했다. 감각신경과 운동신경이 측정되었고, 오감이 다양한 자극에 어떻게 반응하는지가 실험적으로 연구되었다. 또 눈, 귀, 촉각 그리고 언어 그리고 모든 신체적 반사운동이 검사되었다. 실험심리학의 선구자인 분트(Wundt)는 지각을 분석하였고, 골턴(Francis Galton)은 유전학에서 유전적 요인들을 연구했다. 러시아의 파블로프(Pavlov)는 조건반사 이론을 기본적인 학습이론으로 제시하였다. 프랑스의 비네(Vinet)는 정상적 지능 수준의 관점에서 연상 능력, 기억력, 운동 기술, 주의력 등의 기능을 검사했다. 이로부터 표준화된 지능검사의 이론적 기초가 마련되었다.

이런 영향 아래서 거의 모든 미국 심리학자들은 객관적인 교육심리학을 마련하는 일에 뛰어 들었다. 대표적인 예가 손다이크, 스탠리 홀 등이었다. 손다이크는 새로운 학습 이론에 기초해서 기존의 정신도야 이론 전체, 특히 고전을 강조하는 미국 교육의 전통을 비판했다. 손다이크는 어떤 교육내용도 그 자체로 마음의 발달에 대한 특권적 지위를 가질 수는 없다고 주장했다. 대신에 "교육내용의 지적인 가치는 그것이 분명하게 산출하는 특별한 정보, 습관, 흥미, 태도 그리고 이념에 의해 결정"(Thorndike, 1924: 98; Butts

----

이다. 헤르바르트가 19세말 미국 학계에 미쳤던 영향력을 고려할 때 미국에서 연결주의 심리학의 발달은 헤르바르트의 심리학에서 영향을 받았을 것이다.

& Cremin, 1953: 338에서 재인용)된다고 주장했다. 물론 고전 학습에 기초한 정신 도야의 결과도 현실의 삶으로 전이될 수 있지만, 그것은 고전의 내재적 가치 때문이 아니라, 원하는 활동에 맞는 내용이나 방법이 우연히 거기에 포함되어 있기 때문이다. 그러므로 학생들이 어떤 특수한 행동이나 목표를 위해 준비해야 한다면, 그들은 이러한 목표에 직접 관련된 내용을 배워야 한다.

객관적 심리학은 학교, 특히 대학에서 과학, 사회과학 그리고 기술을 가르쳐야 한다는 ―당시 사회 경제적 필요성에 의해서 이미 제기되고 있던― 주장을 심리학적으로 정당화하는 역할을 했다. 또한 심리학자들은 연결이론에 기초해서 교육과정의 모든 교과를 검토하였고, 그것을 가르치는 가장 효과적인 교수방법은 무엇인지를 연구하였다. 그 결과 읽기, 철자법, 수학, 작문 그리고 다른 교과들을 가르치는 방법에서 커다란 진보가 이루어졌다.

3) 사회학적 접근: 사회심리학과 실용주의

진화론의 영향 아래서 인간을 새롭게 이해하려는 세 번째의 지적인 경향은 인간 본성, 사고, 학습에 대해서 사회학적 관점을 취했다. 앞에서 보았듯이 관념론 철학은 인간의 고유한 특성이 정신 또는 관념에 있다고 보았고, 객관적 심리학은 그것이 인간의 생물학적 행동체계에 있다고 보았다. 이 두 입장을 모두 거부했던 학자들은 인간의 본성을 사회적 관계에서 찾기 시작했다. 사회학적 관점은 인간의 정신적, 육체적 삶은 타인과의 사회적 관계 속에서만 정상적으로 발달할 수 있다고 본다. 즉, 인간의 정신은 사회적 연대 속에서 생겨나며 사회적 삶에서 생겨나는 문제를 해결하는 과정에서 발전한다.

당시의 한 심리학자의 입에서 나온 다음과 같은 주장은 사회학적 관점의 출발점을 잘 보여 준다. "정신적 삶의 발달 정도가 어린 시절의 사회적 영향에 의존한다는 것은 인간적 환경에서 고립되어 성장한 아이들의 사례에서 알 수 있다. 사회적 교섭이 거의 없는 상태에서 성장한 것이 분명한 카스파 하우저(Kaspar Hauser)[9]의 사례를 보면 알 수 있듯이, 사회적 교섭이 배제될 때 지적인 발달은 지속적으로 중단된다"(Warren, 1919: 398). 헬렌 켈러나 늑대 소년의 사례들도 사회적 관계가 인간 형성에서 얼마나 결정적인 역할을 하는지 잘 보여 준다. 그리고 사회적 관계의 핵심은 개인의 욕망과 전체의 복지를 조화시키는 데에 놓여 있다.

이러한 인간관에서 뒤따라 나오는 교육적 원리는 다음 몇 가지로 간추릴 수 있다. 첫째, 학교는 사회적 관계의 요소를 풍부히 지녀야 하고, 아이들은 학교 사회를 조직하는 일에 참여해야 한다. 둘째, 사회는 어떤 관념적인 이상에 따라서가 아니라 개인들의 욕망의 상호 조정에 기초해서 변화한다. 따라서 학교를 어떤 추상적 가치에 따라서 조직하기보다는 학생들이 각자의 요구와 이해를 협동과 상호이해를 통해서 달성하도록 허용해야 한다. 그러므로 교육

---

9) 이에 대해서는 몰렌하우어(K. Mollenhauer)의 『가르치지 힘든 시대의 교육(원제: 잊혀진 연관)』(정창호 역, 2005)를 참조하라.

은 건전한 민주주의의 프로그램과 조화를 이루어야 한다(Warren, 1919: 58-59 참조).

이 당시 인간을 사회학적 관점에서 이해했던 지적인 경향으로는 사회심리학과 실용주의를 들 수 있다.

사회심리학은 자아와 정신에 대해 사회적 관점을 취한다. 19세기 후반부터 몇몇 학자들은 진화론의 틀을 개인뿐 아니라 사회 전체의 성장과 변화에 대해서 적용하려 시도하였다. 사회학자와 철학자들은 이를 위해 필요한 이론과 개념들을 찾아 나갔다. 그러나 적용의 방향은 크게 두 가지로 갈라졌다. 한편으로 허버트 스펜서는 다윈의 진화론을 사회에 직접 적용함으로써, 개인과 사회의 관계에 대한 연구를 활성화했다. 예일대학교 섬너(Sumner) 교수는 스펜서의 사회진화론에 기초해서 미국 사회학의 기초를 놓았다.[10] 그는 다윈의 적자생존 이론이 자유방임적 자본주의의 경제적 정치적 제도들에서도 똑같이 관찰된다는 것을 보여 주었다. 반면 이에 반대하는 학자들은 사회 제도를 인간학적 관점에서 탐구함으로써, 동물 세계에서 보이는 경쟁과 다른 사회적 협동이 인간 사회의 특징임을 보여 주려 하였다(Butts & Cremin, 1953: 340 참조). 이들은 인간 개인과 사회의 상호작용은 생물적 유기체와 물리적 환경 간의 관계에서 나오는 적응과는 질적으로 다르다는 사실에 주목했다.

그중 가장 영향력이 컸던 것은 미드(George M. Mead)의 사회적

---

10) 이에 대해서는 섬너(Sumner)의 『습속: 용례, 매너, 관습, 모레스 그리고 도덕의 사회학적 중요성』(김성한, 정창호 역, 2019)을 참조하라.

자아론이었다. 미드는 인간의 자아를 이미 완결된 정신적인 실체로 보는 입장(관념론)과 인간적 내적 자아보다는 단지 유전된 생물학적 행동체계에 관심을 보이는 입장(실재론)을 모두 거부한다. 그는 자아와 정신이 사회적 상호작용의 산물이라고 생각했다. 신생아가 처음부터 자아나 '정신'을 갖고 태어난 것은 아니다. 타인과 의사소통을 하는 법을 배우면서 비로소 자아가 형성된다. 즉, 자아가 처음부터 먼저 존재하고, 그 후 다른 자아와 관계 맺는 것이 아니다. 자아는 개인이 자신과 타자 구별하기를 배울 때 그리고 그가 공통의 태도와 타인의 관점을 취할 때 출현한다.

다시 말해 개인은 타자와 공유하는 의사소통의 도구, 즉 기호를 사용할 수 있게 되면서 비로소 '자아' 또는 '정신'을 발전시킨다. 정신은 기능하는 유의미한 기호들의 집합으로서 존재한다. 갓난아기는 자신과 타인을 구분하지 못한다. 즉, 아기는 자기 신체는 자신에게만 속하며, 타인의 신체는 타인에게만 속한다는 것을 인지하지 못한다. 그가 동작, 기호, 상징 등에 의해 자신에 속하는 것과 타인에게 속하는 것을 구분할 수 있게 될 때, 비로소 아기는 '자기'에 대한 의식을 발전시킨다. 이제 아기는 이것은 내 것이고 저것은 남의 것임을 안다. 더 나아가 타자가 자신에게 요구하는 것이 무엇인지를 이해하고 거기에 대해 스스로 반응할 수 있게 된다(Butts & Cremin, 1953: 341 참조).

따라서 '자아'는 아기가 유의미한 기호를 습득하여 타인과 공통의 의미를 달성함으로써 성립한다. 기호는 둘 또는 그 이상의 사람들 사이에 공통의 의미를 갖는 단어 또는 신호이다. 어떤 개인이 다

른 사람에게 지금 자기가 의도하는 그런 반응(생각)을 타인에게 일
으키려는 의도를 가지고 어떤 기호를 사용할 때 그는 유의미한 기
호를 사용하고 있다. 그리고 바로 그때 그는 정신을 발전시키고 있
는 것이다.

기호는 내 앞에 현전하지 않는 어떤 것을 지칭하는 기능을 한다.
'개'라는 단어는 개 자체가 아니라 그 개를 대신하는 기호이다. 어
떤 아이가 개를 지시하기 위해서 '개'라는 단어를 사용할 때, 그리
고 개를 생각한다는 것을 엄마에게 알리려는 의도를 가지고 사용
할 때, 아이와 엄마는 그 기호를 공유하게 된다. 즉, 그들은 서로를
이해하며 의미를 공유한다. 어떤 사태가 일어나기 전이나 이미 지
나가 버린 이후에 그 사태를 언급하기 위해서 기호를 사용할 때, 아
이는 이미 자아와 정신을 발전시키고 있고, 사고라는 과업을 수행
하고 있다.

유의미한 기호는 사회적 학습을 통해 얻어지며, 따라서 정신은
사회적 학습(의 산물)이다. 개인은 '자아'로 되기 위해서는 반드시
기호를 공유하는 사회집단의 구성원이어야만 한다. 인간은 이러한
유의미한 기호를 광범하게 발전시킨 그리고 그것도 특히 언어라는
매체를 통해서 발전시킨 유일한 동물이다. 인간을 동물로부터 구
분하는 것은 유의미한 기호를 통한 의사소통과 사회적 활동이다.
의사소통은 공동체의 핵심을 이룬다.

개인으로서의 인간은 자연적, 사회적 환경에 대해서 무력한 존
재이다. 환경에 대한 통제는 인간이 개인이 아니라 사회적 존재, 즉
사회적 언어와 사상, 제도를 달성할 수 있는 존재이기 때문에 가능

하다. 이렇게 사회적 환경의 통제를 강조함으로써 미드는 사유나 지성을 환경에 적응하는 소극적 수단으로뿐 아니라 환경을 자신에 맞게 바꾸는 적극적 수단으로 간주한다. 그래서 사회적 과정으로서의 정신이라는 사상은 사회적 실천과 개혁이라는 입장으로 나아가게 된다. 이러한 인간관이 교육을 이해하는 데에 큰 영향을 미친다는 것은 두 말할 필요가 없다.

실용주의(pragmatism)는 20세기 초 미국의 철학자인 찰스 퍼스(1839~1914), 윌리엄 제임스(18420~1910), 존 듀이 등에 의해 발전된 사상이다. 그 명칭에서 알 수 있듯이 실용주의는 사고를 행위 또는 실제(pragma)와 분리시키지 않으려는 철학적 입장을 말한다. 사고와 행위의 내적인 연관성을 인정한 것은 일견 상식적인 태도인 것처럼 보이지만 플라톤에서부터 근대철학에 면면히 이어진 철학적 전통에 대한 근본적인 부정을 내포하고 있다.

실용주의는 "전통적으로 이분화되어 왔던 사고와 행위의 통합"을 추구하는 철학이며, "17세기 이후 과학의 발달로 인해 빚어진 근대적 사고방식의 병폐라고 불리어지는 과학적 지식과 도덕적 가치의 분리 현상"에 대한 비판이고, "지식에 대한 윤리적 평가는 외면한 채 오직 많은 지식의 획득을 목적으로 삼아 온 지성주의에 대한 비판"이다(임현식, 1998: 61f). 프래그머티즘은 우리의 개념이나 판단들이 실천적 삶과 연결될 수 있고 그리하여 어떤 유의미한 변화나 결과를 낳을 수 있는 경우에만 참된 것일 수 있다고 주장한다.

실용주의에 따르면, 아무리 정교한 이론이나 개념이라도 현실적 변화를 끌어낼 수 없는 것은 무의미한 것 또는 무용한 것이다. 그러

므로 실용주의 철학자는 관념(생각)들을 경험 속에서 검토하는 일,
즉 그것을 실천적으로 적용하고 응용하는 일을 강조한다. 어떤 관
념의 의미나 진위를 경험적으로 검토한다는 것은 '그것이 현실 속
에서 어떤 효과를 낳는가?' 그리고 '우리가 그 관념에 따라서 행위
할 때 실제로 거기에 함축되어 있었던 결과가 나타나는가?'를 묻는
것이다.[11]

이렇게 볼 때, 우리의 모든 관념은 다양한 삶의 문제를 해결하
기 위한 수단, 즉 가설, 추측, 계획과 같은 것으로 취급된다. 이
런 수많은 관념 중에서 특별히 지식이라고 불리는 것은 우리의 집
단적 탐구의 과정을 통해서 일단 '보장된 언명 가능성(guaranteed
assertability)'을 획득한 관념들이다. 따라서 지식은 어떤 영원한 것
에 대한 특별하고 신성한 앎을 말하는 것이 아니다. 그것은 성공적

---

11) 이와 연관하여 러셀은 실용주의를 다음과 같이 비판하였다. "(실용주의에 따르면)
믿음이 좋은 믿음이냐 나쁜 믿음이냐는, 믿음을 받아들인 유기체 안에 일으킨 활동
이 유기체에게 만족스러운 결과를 가져오는지 불만족스러운 결과를 가져오는지에
의존한다. 따라서 과거에 일어났던 어떤 사건에 대한 믿음은 사건이 실제로 일어났
느냐가 아니라 믿음이 미래에 일으킬 결과에 따라 '좋은' 믿음이나 '나쁜' 믿음으로
분류해야 한다. 결과는 복잡하고 미묘하다. 누가 내게 이렇게 말한다고 가정해보
자. '오늘 아침 식사 때 커피 마셨소?' 평범한 사람이라면 나는 기억해 내려 할 것이
다. 그러나 듀이 박사의 제자라면 나는 이렇게 말해야 한다. '잠시 기다려 보게. 말
하기 전에 두 가지 실험을 해 보아야 한다네.' 나는 먼저 자신에게 커피를 마셨다고
믿게 하고, 그러면 어떤 결과가 생기는지 관찰해야 한다. 다음에 나는 커피를 마시
지 않았다고 믿게 하고, 그러면 어떤 결과가 생기는지 다시 한번 관찰해야 한다. 그
다음에 두 가지 결과를 비교해서 더 만족스러운 결과를 알아내야 한다. 한쪽 결과가
우세하면 그쪽으로 대답하기로 결정하고, 그렇지 않으면 질문에 대답할 수 없다고
고백해야 한다"(러셀, 2009: 1026).

인 삶의 유지와 발전을 위해서 믿고 사용할 수 있다고 사회적으로 승인된 관념이며, 단지 '잠정적인 타당성을 갖는 관념'일 뿐이다. 시간적, 공간적 변화에 따라서 그것은 언제라도 지식이 아닌 것으로 될 수 있기 때문이다. 그러므로 지식은 삶의 영위를 위한 유용한 도구이지 지식 그 자체가 우리의 탐구와 활동의 최종 목적은 아니다.

　이러한 도구주의(instrumentalism) 지식관은 인간을 환경과 상호작용하면서 살아가는 유기체로 보는 진화적 인간관과 직결된다. 이에 따르면, 인간은 전적으로 자연과 환경 세계의 일부이다. 물론 인간은 진화의 과정에서 고도로 발달된 뇌와 신경조직을 지니게 되고 또 엄지와 검지를 정교하게 사용할 줄 알게 된 '특별한' 동물이다. 더 나아가 인간은 언어를 사용하여 사고하고 타인과 의사소통하며 '자아'와 '정신'을 형성한다. 정신을 갖기 때문에 인간은 자연의 일부이면서 자연을 재구성하고, 더 나아가 새로운 가치에 입각해서 합목적적으로 자연을 구성할 수 있다. 그러므로 인간이 등장하기 이전의 자연과 인간이 등장한 이후의 자연은 전혀 다른 차원에 속하는 것이다. 전자는 순전한 필연성의 세계이지만, 후자의 세계에는 의미와 목적이 존재한다.

　이러한 인간 이해에서 출발하기 때문에, 실용주의는 영속적인 진리를 찾아 헤매는 대신에 생존을 둘러싼 인간과 환경의 상호작용이라는 실제적 영역에 관심을 집중한다. 인간은 언제나 환경과의 상호작용 속에서 자신의 생존과 성장을 위해서 반드시 해결해야 할 수많은 문제에 직면한다. 태어나서 죽을 때까지, 역사의 시작에서 종말에 이르기까지 인간의 삶은 끊임없는 문제해결의 과정에 다름 아니다. 그래서 실용주의는 변화하는 환경에서 계속 문제를 해결하며 살아가는 데 필요한 실제적 방법과 능력을 중요시한다.

실용주의 철학자들은 전통적인 형이상학적 탐구는 이원론에 사로잡힌 철학자들이 행하는 일종의 '정신적 유희'에 불과하다고 본다. 경험을 떠난 사변적 사유는 우리에게 어떤 유의미한 견해도 제시할 수 없기 때문이다. 현상과 질적으로 구분되며, 현실의 배후에 있다고 추정되는 궁극적 실체에 대해 지적인 관심을 갖는 것은 철학자의 자유에 속하는 일일 수 있다. 그러나 그런 철학은 결국 우리의 관심을 현실로부터 돌려놓음으로써 현실 사회의 문제들을 해결하고 개선해 나가는 과정을 가로막는다.

그러므로 앞으로 철학의 과제는 본질과 현상의 이원론에서 벗어나서 현실적 삶에서 부딪히는 실제 문제들을 다루며 동시에 거기서 실제적인 효과나 변화를 일으키는 것이다.[12] 불변하는 진리가 있다는 생각은 환상이다. 우리가 사는 세계는 끝없이 유동하고 변화하는 헤라클레이토스적인 세계이다.

실용주의는 가치의 영역에서도 어떤 불변적인 선험적 원리가 있다는 것을 부인한다. 무엇이 선하고, 옳고, 아름다운 것인가의 문

---

12) "우리에게 제시되는 어떤 철학의 가치에 대한 최선의 검증은 다음과 같은 질문으로 이루어진다고 나는 생각한다. 그 철학의 결론들이 일상적인 생활경험들과 이에서 파생되는 곤란에 적용되었을 때, 우리들에게 더욱 의미가 있고 더욱 빛을 발하고 우리들이 그 결론들을 취급할 때 더욱 결실을 맺게 되는가? 그렇지 않으면 철학이 일상생활의 대상들이 이전보다 더욱 모호하게 되고 그것들이 이전에 가지고 있던 중요성까지도 '실제로' 갖지 못하게 하는 것으로 끝나는가?"(Dewey, 1958).

제는 신적인 섭리나 절대 이성에 따라 영원히 결정되어 있는 것이 아니다. 그 문제 역시 인간의 계속적인 경험 과정에서 해결되어야 할 문제들이다. 인간의 경험은 언제나 특별하고 구체적인 사건이나 상황 속에서 생겨나기 때문에, 그러한 경험에서 드러나는 가치들도 특별한 상황 또는 거기서 사는 사람들에 따라 상대적이다. 그러므로 실용주의는 윤리적, 도덕적 상대주의의 입장에 선다. 도덕적 가치 또는 규범은 보편적 객관적으로 존재하는 것이 아니다. 그것은 어떤 주어진 상황에서 우리의 경험과 삶을 풍부하게 만들기 위해 찾아낸 삶의 방식과 규칙 이외의 다른 것이 아니다.[13] 이렇게 볼 때, 교육은 이미 통용되는 고정된 가치의 전수가 아니라 학생들 자신이 스스로 가치들을 검토하고 명료하게 하도록 돕는 데에 치중해야 한다.

요약하면, 전통적으로 철학이 질서, 궁극 목적, 포괄성을 강조하고 진리를 영원한 고정된 것으로 보았던 데 반해서 미국의 실용주의는 불완전성, 우연성, 새로움, 변화를 세계, 자연, 인간의 참된 특성으로 강조하기 시작했다. 실용주의는 관념론과 충돌했을 뿐 아

----

13) 실용주의에서 가치는 언제나 개별적–사회적 행위와 연관해서만 존재한다. 즉, 가치는 인간이라는 특수한 자연적 유기체가 물리적–개별적–사회적 사건의 흐름 속에서 어떤 능동적 기능을 할 수 있게 되면서 비로소 생겨난 것이다. 그러므로 인간에 앞서서 이미 완전하고 영속적인 형태로 존재하는 가치 따위는 없다. 우리가 윤리적 가치를 발견하게 되는 것은 다음과 같은 방식을 통해서이다. 어떤 불확실한 상황 속에 있는 사람들이 그 불확실한 현재 상황을 만족스럽게 해결할 뿐 아니라 동시에 거기서 초래되는 후속 상황에 대해서도 가장 만족스런 통제를 가능하게 하는 행동방식을 찾아낼 때 비로소 거기서 윤리적 가치가 성립된다.

니라 지식의 타당성이 인간의 사고의 구성적, 창조적 활동과 독립
해서 있다는 실재론의 입장도 거부했다. 그러므로 실용주의는 진
보주의 시대에 등장했던 다양한 사상적 흐름을 취사선택하고 종합
하는 가운데 미국 사회가 처한 다양한 문제들을 해결하고 민주주
의와 사회 진보를 이룰 만한 최적의 사상체계를 제시하려 했다. 실
용주의, 특히 듀이가 발전시킨 실용주의 철학은 진보주의 교육사
상의 중요한 이론적 기초가 되었다.[14]

3. 교육학적 진보주의와 행정적 진보주의

래버리(Labaree, 2005)에 따르면, 20세기 초 미국에 등장한 다양
한 교육개혁의 시도들은 기본적으로 인간성을 개선하고 동시에 사
회를 개혁하려는 목표에서 일치했고, 그런 점에서 정당하게 모두
진보주의의 이름 아래 포섭될 수 있었다. 그러나 그 목표에 대한 구
체적 이해와 그 실현 방법에서는 서로 다른 지향을 가지고 있었다.
그러므로 진보주의 교육을 단지 '진보주의 교육협회'와 컬럼비아 사
범대학교 교수들이 주도했던 아동 중심, 활동 중심의 대안적 교육
개혁 운동과 등치시키는 것은 지나친 단순화의 위험을 안고 있다.
진보주의 시대의 미국 교육은 두 가지 이질적 흐름을 내포하고
있다. 하나는 듀이를 중심인물로 하는 '교육학적 진보주의'이고 다

---

14) 듀이의 실용주의 철학에 대해서는 본서의 제4장에서 자세히 다룰 것이다.

른 하나는 손다이크(E. L. Thorndike)를 중심인물로 하는 '행정적 진
보주의'다(Guthrie, 2003: 1934~1937 참조).[15] 이 두 흐름이 처음부터
확연히 분리, 대립한 것은 아니다. 양자는 초창기에 교육개혁이라
는 공동의 목표 아래서 협력했지만, 점차로 갈등관계로 발전되어
나갔다.[16] 이 두 대립적 흐름은 오늘날도 아동 및 활동 중심과 민
주적 공동체를 강조하는 교육학과 교과의 효율적 전달과 책무성을
강조하는 교육학으로서 대립하고 있다. 래버리는 미국의 교육사를
이 두 흐름의 갈등의 역사로, 더 정확히 말하면 행정 중심적이고 경
험과학적인 성향의 교육학이 아동 중심의 진보주의적 교육학을 누
르고 승리해 온 역사로서 해석한다(Labaree, 2005 참조).

이하에서는 거드리(2003)와 래버리(2005)를 참조하여 광의의 진
보주의 교육 내의 몇 가지 흐름과 그들의 관계를 살펴본다.

1) 교육학적 진보주의

오늘날의 일반적 용례에서 '진보주의 교육'은 교육학적 진보주
의(pedagogical progressivism)를 뜻하는 말로 사용된다. "아동 중심

---

15) 거드리(Guthrie, 2003)는 제3의 유형으로서 '생활적응 진보주의(Life-Adjustment
   Progressivism)'도 거기에 포함시킨다.
16) 양자의 협력관계는 양자가 모두 퍼스의 의미론과 제임스의 심리학을 수용하면서 발
   전했다는 점에서 설명될 수 있다. 퍼스의 조작적(operational) 의미이론은 듀이의
   도구주의의 근거가 되었다. 제임스의 심리학은 손다이크와 스키너 행동주의의 이론
   적 근거로 되었다(임현식, 1998: 64 참조). 교육학적 진보주의와 행정적 진보주의 간
   의 관계에 대해서는 제4절에서 좀 더 자세히 다룰 것이다.

적 교육학을 받아들인 교육학적 진보주의자들은 학생과 교사가 협력해서 개발된 경험 중심 교육과정에 기초한 교육을 선호했다" (Guthrie, 2003: 1934). 교사와 학생의 인격적 관계와 상호작용을 중시하는 교육학적 진보주의의 대표적 사례는 듀이의 교육학이다. 듀이의 교육과 학교에 대한 비전은 '좋은 사회'의 건설이라는 목표를 향해 있었다. 듀이는 교육을 통한 민주적인 시민의 양성이 훌륭한 사회를 만드는 지름길이라고 생각했다. 이렇게 학교에서의 민주적인 관계를 중시함으로써 듀이는 교육의 제도와 행정적 측면의 개선뿐 아니라 학생들의 흥미와 자기활동을 강조했다.

듀이는 교과서와 교사 중심의 전통적 교육을 비판하고 아동의 흥미와 활동을 강조하였지만, 그렇다고 확립된 교과 내용과 체계 그리고 교사의 교육적 지도와 통제를 완전히 포기하지 않았다. 오히려 듀이는 교육을 단지 학생들의 변덕스러운 흥미에 온전히 맡기려는 태도를 비판했다. 물론 교육을 지식과 기술을 전달하는 일방적인 과정으로 환원하려는 시도에 대해서도 비판적이었다. 듀이는 산업화로 인해 분열된 사회를 민주주의적 공동체로 재건하려면 교육에서 교사와 학생의 긴밀한 상호작용이 필요하며 또 이를 위해서는 전통적 교과에 대한 근본적인 재구성이 요구된다고 보았다.

듀이는 시카고 대학에서 부인 앨리스와 함께 실험학교(일명 듀이스쿨)를 운영했다. 듀이는 자신의 실험주의 철학에 따라서 이 학교를 자신의 교육이론을 실행하고 검증하는 장소로서 운영했다. 이 학교 학생들은 단지 지식의 수용자가 아니라 스스로 탐구자로서 활동하고 배울 수 있었다. 동시에 듀이는 아동을 아동 자신의 주체적 경험과 활동을 통해 교육하는 교육방법에 대한 가설을 만들고 실제로 실험을 통해 검증하려 하였다. 듀이의 실험학교는 학생들이 실험적 탐구의 과정을 스스로 실천한다는 것과 듀이가 자신의 교육사상을 실제로 검증한다는 것, 이 두 가지 의미에서 실험적이었다.

이 외에도 당시 교육학적 진보주의에 기초해 운영되었던 학교는 무수히 많다. 그중 몇 가지 대표적 사례만 살펴보자. 에머슨주의자였던 파커(F. Parker)는 "자연의 아름다움과 경이에 대한 확고한 존경심"을 가졌고 "개인의 행복을 다른 모든 것보다 중요시하고 교육실천에서 경험과 교육을 연관시켰다"(Guthrie, 2003: 1935). 파커는 매사추세츠주 퀸시의 개혁적 학교들 그리고 나중에서는 일리노이주 쿡 카운티(Cook County)의 사범학교를 운영하면서 규율, 권위, 통제 그리고 전통적인 교육기법을 완강하게 거부했고, 대신에 온정, 자발성 그리고 배움의 즐거움을 강조했다. 또한 나움버그(M. Naumberg)의 월든학교, 컬럼비아 사범대학이 부설 실험학교로서 운영했던 링컨 학교 등도 교육학적 진보주의의 사상에 따라 운영된 학교들이었다.

교육학적 진보주의는 단지 몇몇 대안적 사립학교에서가 아니라 공교육 제도 내에서 체계적으로 실행되기도 했다. 그런 사례로는 일리노이주 위네트카(Winnetka)의 학교들과 인디애나주 게리(Gary)의 학교들이 있다. 워시번(C. Washburne)이 관리했던 위네트카의 학교는 개별화 수업을 시도해서 학생들이 각자의 수준에 맞게 진도를 나갈 수 있게 했다. 그리고 학생들에게 행복하고, 자연적

이며 충만한 삶에 대한 권리를 최대한 보장하려 했고 동시에 개인
의 욕구를 공동체의 욕구와 결부시켰다. 수업의 출발점은 학생들의
자연적인 호기심이었다. 한편 게리의 학교는 듀이의 동료였던 워트
(W. A. Wirt)가 운영했는데, 그가 도입했던 "플래툰(platoon)과 일-
공부-놀이 체계"(Guthrie, 2003: 1935)는 전국적인 관심을 모았다.

2) 행정적인 진보주의

오늘날 교육학적 진보주의는 진보주의 교육의 대명사가 되었
지만, 그것이 처음부터 진보주의를 표방한 교육 전체를 대표한 것
은 아니었다. 19세기 말과 20세기 초, 진보주의적 교육개혁의 움직
임 속에는 교육학적 진보주의와는 이질적인 흐름도 존재했다. 듀
이와 그를 추종하는 일선 교사들이 전통적인 교육방법을 거부하면
서 아동의 흥미와 욕구에 기초하는 대안적인 교육을 옹호하고 실행
하는 동안, 다른 한편에서 손다이크를 위시한 일군의 학자와 직업
적 학교 행정가들은 똑같이 진보적 교육개혁을 표방하면서도 다른
방향의 개혁을 추진했다. 이 흐름을 행정적 진보주의(administative
progressivism)라고 부른다.

행정적 진보주의자들은 19세기 식의 전통적 교육 방식과 제도가
변화된 시대와 맞지 않으며, 비합리적, 비효율적이라고 비판했다.
이 점에서 그들은 많은 부분 교육학적 진보주의와 출발점을 공유
했다. 그러나 구체적인 교육개혁의 방향과 방안에 대해서 그들은
다른 길을 걷고자 하였다. 그들은 과거의 완고하고 경직된 학교 교

육을 좀 더 효율적이고 집중화된 공교육 체제로 바꾸려 하였다. 그리고 이를 위해서 수직적인 교육 행정체계, 교육과정의 '분화', 그리고 교육표준에 입각한 대규모 시험 및 합리적인 교육 평가체계 등을 도입하려 하였다.

전문적인 학교 행정가들은 점점 규모가 확대되는 공교육 체계를 효과적으로 감독하는 것은 새로운 전문적 관리 기술과 지식을 통해서만 가능하다고 믿었다. 그들은 테일러(F. W. Taylor)와 같은 효율성 전문가의 이론과 실제를 빌려와서 당시 무질서하게 운영되었던 교육구(school districts)를 초등, 중등, 고등학교의 통일적 위계체계에 따라서 합리화하려 하였다. 강력한 힘을 가진 학교 이사회와 운영위원회에는 주로 성공한 기업인들과 시민 활동가들이 포진하고 있었다.

이들은 수립된 학교 정책을 실현하고 또 전반적인 학교 체계를 일상적으로 감독하기 위해서 전문적으로 훈련된 교장을 채용하였다. 대부분 남성이었던 교장들은 대부분 여성이었던 평교사들 그리고 또 학생들과도 일정한 거리를 두었다. 효율성의 이름 아래서 교장들은 "과학적인" 인간 경영 기법을 선호하였다. 이 기법들은 원래 산업과 기업체를 위한 것이었는데, 기업 친화적인 학교 위원회에 의해서 그리고 사범대학에서 전문적 훈련을 받은 사람들에 의해서 학교 및 교육의 영역으로 도입되었다.

학교가 행정적인 효율성을 추구하는 쪽으로 선회하면서 교육과정의 구성에서도 변화가 일어났다. 행정적 진보주의는 교육과정의 '분화'를 시도하였는데, 이는 학력(學歷)에 따라 드러나는 경제적 사회적 지위 구분이 점점 더 분명해지던 상황을 반영하는 것이었다. 그것은 교육과정을 학문적인 트랙과 직업적인 트랙으로 분화함으로써 계층과 재능에 따라 학생들의 다양한 욕구를 충족시키려는 시도였으며, 동시에 교육의 과정과 교육의 결과를 좀 더 긴밀하게 결부시키려는 시도였다.

이러한 교육과정상의 개혁은 모든 학생은 각자의 능력에 따라서 평등한 교육의 기회를 누려야 한다는 주장에 기초하여 정당화되었다. 그러나 사실 그것은 미국 교육의 기본 목적의 변화라는 훨씬 더 포괄적이고 중요한 맥락을 반영하는 것이었다. 즉, "과거에 미국 학교는 점점 더 다양해지는 학생들에 대해서 지적이고 도덕적인 훈련을 제공하는 곳이었다. 그런데 이제 진보주의적 학교 행정가들은 자신의 주요한 직업적, 행정적 책무가 학생들을 미국 노동시장 내의 노동자로서의 살아가도록 준비시키는 데 있다고 생각했다"(Guthrie, 2003: 1936).

그러나 비판적 시각에서 보면 이 교육과정의 분화는 '사회적 통제'를 위한 수단이었다고 할 수 있다. 그것은 급속히 성장하는 산업사회의 노동력 공급 요구에 대응하기 위해서 자유 교양 교육을 감축시키려는 시도였다. 하지만 진보주의적 행정개혁은 긍정적인 측면도 지니고 있다. 예를 들어, 1906년 교육자들과 기업가들이 모여 설립한 산업교육 촉진을 위한 국민협회(National Society for the Promotion of Industrial Education)는 20세기 초반 미국 전역의 고등학교에 직업교육 프로그램을 정착시키는 쾌거를 이루었다. 직업교육은 장래의 취업을 위해 학생을 훈련하는 데에 그 목적을 두었다.

행정적 진보주의가 직업교육 트랙의 확대를 주장했던 이유는 실제로 대학에 진학할 수 있는 인원이 소수에 불과했고 또 미국에 새로 이주한 외국인들을 동화시키는 효과적인 수단이 학교에서의 직업교육이라고 생각했기 때문이다. 그들이 보기에 사회의 급속한 변혁으로 인해 가족이나 교회와 같은 전통적 제도의 교육적 기능이 현저히 약해진 상황에서 학교는 이주민들에게 미국적 가치를 전달할 수 있는 최후의 보루이며 동시에 직업적으로 훈련된 노동자를 기업에 안정적으로 공급하는 기관이 되어야 했다.

한편 학교의 제도 정비 및 운영 그리고 학생 관리에 대한 그들의 관심은 교육심리학과 지능검사 방법의 발전에 의해서 더 강화되었다. 20세기의 교육 심리학자 중에서 가장 영향력이 있었던 사람은 손다이크였다. 그는 하버드대학교에서 윌리엄 제임스에게 배웠으며 듀이와 같은 시기에 컬럼비아 사범대학에서 가르쳤다. 그는 1900년대 초 지능검사 방법을 개발했고 제1차 세계대전 이후에는 이것을 대중적 지능검사로 발전시켰다. 동시에 손다이크의 교육학 연구는 인간의 지성과 지능을 엄밀하게 자극(stimulus)과 반응(reaction)의 관계로 환원하는 방향으로 나아갔다.

그의 연구는 직업교육을 통한 노동자 양성의 확산을 이론적으로 뒷받침했고, 그의 기계론적 지능 개념은 사고와 행동 간의 유기적 연관에 대한 듀이의 사상에도 스며들었다. 손다이크는 1920년대 초 고등학생 8,000여 명을 대상으로 수집한 연구 자료에 기초해서 자신의 지능 이론을 '심리학적 연결주의(psychological connectionism)'라고 명명했다. 손다이크는 마음을 일종의 '배전반(配電盤)'에 비유

했다. 교육은 자극과 반응의 과정을 통해서 학생의 마음에 신경의 연결망을 형성하는 것이었다. 그는 고도한 지력을 가진 학생들은 그렇지 못한 학생들보다 더 빠르고 효과적으로 연결을 형성한다고 믿었다.

행정적 진보주의자들에게 손다이크의 연구는 거의 혁명적인 의미를 지녔다. 손다이크는 대규모로 지능검사를 하고, 그 결과에 대한 통계적 분석에 기초해서 타고난 지능의 압도적인 역할을 확인하였다. 이 연구에 기초해서 학교 행정가들은 심리측정 검사의 시행과 학생에 대한 선별작업의 확대를 정당화하는 학문적인 근거를 얻을 수 있었다. 앞에서 보았듯이 듀이의 교육이론은 인간적이고 내용적인 측면을 강조하면서, 학생 개개인에 대한 교육적 관심과 창의적인 수업을 요구했다. 이에 반해 손다이크의 교육이론은 먼저 독립된 교육과정을 수립하여 이를 학생들에게 효과적으로 전달하는 수업을 요구했으며, 객관적 심리검사나 지능검사에 기초한 차등적 교육을 옹호하였다.

이상에서 알 수 있듯이, 처음에 진보주의적 교육개혁이라는 이념은 매우 느슨한 의미로 사용되었다. 그래서 교육학적 진보주의자들과 행정적 진보주의자들은 진보주의와 민주주의라는 공동의 기치를 내걸었지만 각론에서는 서로 다른 개혁 방향을 추구했다.

3) 교육학적 진보주의와 행정적 진보주의의 공존과 갈등

이상의 논의에서 보듯이 미국 진보주의 교육운동은 하나의 단일한 흐름이 아니라 서로 겹치고 또 서로 경쟁하는 두 경향의 집합체이다.[17]

교육학적 진보주의는 아동의 자발성과 본성에 대한 낭만적인 신뢰에 기초했던 데 비해, 행정적 진보주의자는 엄격한 공리주의적 태도에 기초했다. 전자가 구체적인 교실 상황에서의 교수와 학습 그리고 아동의 인격적 발달에 초점을 맞추었다면, 후자는 거버넌스와 교육과정의 구조 및 목적에 초점을 두었고, 효율성의 원리에 기초해서 교육개혁을 추진하였다. 행정적 진보주의는 작은 학교 구역(districts)을 더 큰 단위로 통합하였고, 학교에 대한 통제권을 소규모 엘리트가 관여하는 학교 위원회로 집중시켰으며, 학교의 일상적 경영을 전문적 행정가의 손에 넘겼다. 그리고 전통적인 교과목(수학, 과학, 역사, 국어)을 포괄적인 사회적인 효용에 따라서 재구성하였고, 전체 교육과정의 목적을 직업교육으로 향하게 하고,

---

17) 이 경향들을 구분하는 방식은 학자에 따라 다르다. 예를 들어, 타이애크(David Tyack)는 '행정적 진보주의와 교육적 진보주의'로, 처치와 세드락(Robert Church & Michael Sedlak)은 '보수적 진보주의와 자유주의적 진보주의'로, 클리바드(Kliebard)는 '사회적 효율성, 아동발달, 사회 재건주의' 등으로 구분한다(Labaree, 2005: 279 참조). 래버리는 보수적 입장과 사회적 효율성을 묶어서 행정적 진보주의로, 자유의주의적 입장과 사회 개건주의를 묶어서 교육적 진보주의로 구분한다.

또한 그 구조를 수준 및 내용에 따라서 세분화하였다.

　그런데 행정적 진보주의가 추진했던 이런 개혁은 처음에는 교육학적 진보주의자들에게 반드시 나쁜 것으로 생각되지는 않았다는 점이 중요하다. 두 형태의 진보주의는 많은 차이점에도 불구하고 여러 가지 핵심적 측면을 공유하고 있었다. 그래서 양자는 서로를 인정하였으며 때때로 협력하였다. 대표적으로 양자는 모두 발달주의(developmentalism)를 옹호했다. 발달주의는 학생의 '자연적인' 성장을 최고의 가치로 생각하며, 따라서 교사나 부모의 개입을 최소화해야 한다고 주장한다. 발달주의는 결과만을 강조하는 엄격하고 비인간적인 교육에 대해서 비판적이다. 행정적 진보주의는 분화되고 차별화된 교육과정을 위해서, 교육학적 진보주의는 학생 개인의 관심과 주도성에 따른 학습 과정을 옹호하기 위해서 발달주의를 옹호했다. 이렇게 구체적 맥락은 달랐지만, 양자 모두 전통적인 교과 중심 교육과정에 대해서는 정면으로 반대했다.

　그러나 사회적 효율을 강조하는 것과 아동의 자발성을 강조하는 것은 사실 정면으로 대립하는 것이었다. 행정적 진보주의가 추구했던 하향식 교육과정, 사회적 필요에 따른 기술 및 지식교육, 학생을 미래의 삶에 준비시키는 데 중점을 두는 교육 등은 학생들의 자주적인 학습을 저해할 위험이 농후했다. 그것은 듀이가 비난했던 "외적으로 제시된 소재, 학생과 동떨어진 관점과 태도에서 생겨나고 학생과 무관한 동시에 발전된 소재"(Labaree, 2005: 283)를 제시하는 것에 불과했다. 더 나아가 사회적 효율성 중심의 교육과정은 교육학적 진보주의가 추구하는 사회 정의 및 민주주의 사회 실현이라는 목적과 배치되는 것이었다. 그것은 매우 보수적이고 기존 질서 옹호적이며 따라서 학생들을 기존 사회 질서 속으로 통합하는 일에 초점을 맞춘 것이다. 결과적으로 행정적 진보주의는 사회적 불평등을 유지하고 재생산하는 역할을 할 위험성을 지녔다.

래버리(Leberee, 2005)에 따르면, 미국의 진보주의 교육운동 전체에서 주목해야 할 사실은 두 경쟁하던 흐름인 교육학적 진보주의와 행정적 진보주의 중에서 결국 학교 현장에서 승리한 것은 후자라는 점이다. 미국 학교 현장에서 행정적 진보주의가 큰 성공을 거둔 데 비해, 교육학적 진보주의는 실질적 변화를 일으키지 못했다. 래저먼(Ellen Lagemann)은 미국 학교 현장에서 손다이크가 승리하고 듀이가 패배했다는 것에 주목하지 않고는 20세기의 미국 교육사를 이해할 수 없다고 말했다(Labaree, 2005: 279f 참조).

좀 더 구체적으로 말한다면 교육학적 진보주의는 교사교육이나 교육학 교과서의 내용에서 주류를 차지했지만, 학교의 구조와 교육실천 및 교육개혁에 주된 영향력을 미친 것은 행정적 진보주의였다. 질버스밋(Zilbersmit)은 이런 상황을 다음과 같이 냉철하게 평가하였다. "진보주의의 겉보기 성공의 대부분은 수사법의 영역에서였다. 몇몇 학교와 교사들이 개별적으로 '아동 중심 학교'라는 듀이의 요구에 관심을 보였지만, 대다수 학교는 단지 과거의 관행을 계속했고 듀이의 사상은 단지 구호에 머물렀다"(Zilberstmit, 1993: 168; Labaree, 2005: 284에서 재인용). 진지하고 깊이 있게 진보주의적 교육을 채택한 학교들은 소수였고, 그나마 대부분 오래 지속되지 못했다.

래버리에 따르면, 1930년대에 이르러 행정적 진보주의의 원리에 입각한 미국의 학교개혁이 거의 완수되었다. 이에 따라 교육대학의 임무도 새로운 학교 시스템에 맞는 교사와 행정가를 길러 내는 데로 귀착되었다. 이와 더불어 교육대학 교수들은 어쩔 수 없이 사회적 효율성에 따른 교육체계를 현실로 받아들이지 않을 수 없게 되었다. 일부 교수들(교육행정, 교육심리, 평가)은 이런 상황에 만족했지만, 교육과정이나 교수법, 교사교육에 종사하는 교수들에게 이것은 매우 불만스러운 사태였다. 그런데 이런 불만스런 상황이 고착되고 또 심화되면 될수록 이들에게 교육학적 진보주의는 그만큼 더 매력적인 비전이 되었다(Labaree, 2005: 286f 참조).

미국 진보주의 교육에 대한 래버리의 평가는 매우 통렬하다. 미국의 학교 현장에서 교육학적 진보주의는 행정적 진보주의에 밀려 전혀 현실적 힘을 발휘하지 못했고, 소수의 대학 교수들은 효율성 중심의 학교 교육에서 느끼는 현실적인 욕구불만을 정신적으로 해소하기 위해서 끊임없이 아동 중심적 진보주의를 노래했다는 것이다. 그리고 그것은 힘없는 넋두리에 불과했다는 것이 그의 논지이다. 그의 논지는 오래전부터 교사교육에서 진보주의 교육이 끊임없이 논의되고, 강조되었음에도 불구하고 실제 학교 현장에서는 여전히 입시 위주의 교육, 배움의 기쁨보다는 문제풀이의 요령을 배우도록 강요하는 한국의 현실에도 시사해 주는 바가 많다.

4) 생활적응 진보주의: 통합의 시도

교육학적 및 행정적인 진보주의 간의 갈등과 모순은 미국 교육
개혁 운동 전체의 실패를 예견하게 했다. 20세기 초반 미국의 교육
은 사실상 두 개의 서로 다른 교육 노선의 불안한 동거라고 할 수
있다. 아동 중심 및 개성 발달을 강조하는 입장과 객관적 지능검사
에 기초한 표준적인 교육과정을 주장하는 입장이 하나의 교육체계
속에서 동거할 때, 그 교육체계는 매우 불안정한 발전과정을 겪을
수밖에 없을 것이다. 물론 이러한 긴장을 해소하려는 시도가 없었
던 것은 아니다. 그 대표적인 사례는 1940년대와 1950년대에 교육
적 및 행정적 진보주의 교육을 폭넓게 수용하여 통합하려 했던 생
활적응 중심의 교육이다.

생활적응 교육은 1940년대에 모습을 드러내기 시작했고 제2차
세계대전 이후 초기 냉전 시기에 미국에서 전성기를 누렸다. 생활
적응 교육의 기치는 프로서(Charles Prosser) 같은 직업교육 주창자
들에 의해서 제기되었다. 프로서는 학교의 주요 기능은 학생들을
미래의 노동 세계에 준비시키는 것이라고 생각했다. 이를 위해서
생활적응 교육론자들은 교육학적 진보주의와 행정적 진보주의 양
쪽으로부터 이론적 기초들을 폭넓게 원용하였다. 그들은 학교는
학생을 검사하고 능력에 따라서 편성해서 효율적으로 가르치는 동
시에 학생의 신체적, 정서적 복지를 증진해야 한다고 주장하였다.
그리고 마침내 미국 교육부 산하에 설치된 '청소년을 위한 생활적
응 교육 위원회'는 진보주의 교육이라는 명칭을 계승했다. 이 위원

회는 1951년과 1954년에 실천을 위한 청사진을 제시했고, 생활적
응교육운동은 이 청사진에 따라 미국 전역의 학교들에 새로운 교
육과정을 도입하는 데 성공하였다. 이 새로운 교육과정은 개인위
생, 사회성과 인성 그리고 근면성을 계발하는 데에 초점이 놓여 있
었다.

　동시에 생활적응교육에 대한 비판이 제기되었다. 비판가들은 생
활적응 교육이 학교를 지나치게 온정적인 보호 및 관리 기관으로
변화시켰으며, 그것은 반–지성적이며 반–민주적인 것이라고 비판
했다. 또 교육을 통한 국제적 이해증진과 행복한 교실 수업을 추구
하는 생활적응 교육학자들의 노력 그리고 그들의 자유주의적 정치
성향 등은 1950년대 미국의 냉전 분위기와 정면으로 충돌하였다.
더불어 생활적응교육은 반지성적이라는 비판이 거세게 제기되었
다. 역사가인 베스터(Arthur Bester)의 비판이 대표적이다. 그는 생
활적응 교육은 직업교육과 생활영위 기술을 너무 강조한 나머지
전통적인 주요 교과를 지나치게 경시한다고 비판했다. 그는 전통
적인 인문교양 교육을 무시하면, 결코 제대로 교육받은 인간을 길
러 낼 수 없다고 보았다.

　자유 교양 교육을 강조하는 베스터의 입장은 당시 시카고대학
교 총장이었던 R. M. 허친스, 하버드대학교 총장이었던 J. B. 코넌
트로부터 지지를 받았다. 이들은 생활적응 교육 및 미국 고등학교
교육 전반의 문제점에 대해 의견이 일치했다. 이들의 노력에 힘입
어 교육에 관한 미국 학계의 논조는 급격하게 변화되었다. 점점 더
많은 교육자와 관리들은 미국 교육의 근본 방향에 대해 다시 새롭

게 사고해야 한다고 믿게 되었다. 그리고 1955년에 미국 진보주의 교육운동의 주요 기관이었던 진보주의 교육협회가 문을 닫았고, 1957년 소련의 스푸트닉호 발사와 더불어 미국 교육은 진보주의 교육에 완전히 등을 돌리고 자유학예, 수학, 엄밀 과학 등 전통적 교과를 다시 강조하기에 이르렀다.

진보주의 교육의 역사

1. 진보주의 교육의 성립[1]

1) 진보주의 교육운동의 기점

어떤 운동이나 사건을 서술하기 위해서 그것의 기점을 설정하는 일은 어렵고도 중요하다. 크레민은 미국의 진보주의 교육운동의 기점을 라이스(Rice)의 폭로 기사에서 찾는다(Cremin, 1964). 라이스는 1888~1890년 독일의 예나와 라이프치히에서 교육학을 공부하고 온 패기 있고 명민한 젊은 교육학자였다. 1892년에 그는 뉴욕에서 발행되던 월간지 『포럼(The Forum)』의 기사 청탁을 받아서 미

---

1) 이하 1~3절은 Cremin(1964)의 내용을 참고하여 정리한 것이다.

국 공교육에 대한 광범위한 현장 조사에 돌입한다.

그는 약 반년 동안 직접 교육 현장을 방문하고 현장의 행정가
나 교사들과 직접 대화하는 방식으로 미국 전역을 순회했다. 그
가 만났던 교사의 수는 1,200여 명에 달했다. 그 결과 미국의 교육
이 여전히 학생들에게 가혹하고 비효율적이라는 사실이 분명해졌
다(Bowen, 2003: 416). 그는 미국 전역에서 "대중의 무관심, 정치적
인 간섭, 부패 그리고 무능력이 공모하여 학교를 붕괴시키고 있음"
(Cremin, 1964: 4)을 '폭로(muckraking)'[2]했다. 특히 인터뷰 도중 어느
교장의 발언은 그 당시 미국 교실의 풍경을 상징적으로 보여 준다.
그는 학생이 수업 중에 고개를 돌려도 무방하냐는 질문에 대해서,
"교사가 앞에 있는데, 왜 아이들이 뒤를 돌아봐야 하나요?"(Cremin,
1964: 5)라고 대답했다.

그러나 라이스는 미국 교육의 희망적인 측면도 포착해서 소개했
다. 그는 여러 학교에서 전통적 교육의 권위와 억압을 극복하려는
시도를 발견했다. 예를 들어, 미니애폴리스에는 진보적인 교사집
단이 학교 프로그램의 개선과 확장을 위하여 애쓰고 있었다. 인디
애나폴리스에서는 학교 경영이 정치와 독립해 있었고, 진보적 성
향의 교사들이 교육과정을 통합적으로 운영하는 일에 힘쓰고 있었

---

2) 미국 진보주의의 역사에서 'muckraking'이라는 단어는 중요한 의미를 갖는다. 이 단
  어의 사전적인 의미는 추문을 들추거나 파헤치고 다니는 것을 뜻한다. 진보주의 시
  대 내내 언론은 사회 내의 갖가지 적폐와 부조리를 폭로하는 일에 적극적으로 나섰는
  데 이를 가리켜 '머크레이킹'이라고 하였다. 라이스의 폭로 기사는 미국 학교와 교육
  계에 대한 '머크레이킹'의 신호탄이라고 할 수 있다.

다. 그가 특히 칭찬했던 것은 프랜시스 파커(Francis Parker)가 운영하던 쿡 카운티 사범학교였다. 그는 이 학교에서의 교육이 전인 교육의 모범적인 사례이며, 가장 진보적인 학교라고 평가했다.

연재 기사의 마지막 회에서 라이스는 여러 문제점에도 불구하고 미국 교육의 기본 정신과 방향은 '진보적'이라고 평가하고, 이제 미국 시민은 이런 진보적 방향으로의 발전을 행동으로 후원해야 한다고 결론짓는다. 그는 학부모들이 자식에게 좋은 교육을 받게 하려면 학교를 진보주의적으로 개혁해야 한다고 주장했다. 특히 학교제도를 정치로부터 완전히 독립시키고, 체계적이고 과학적인 장학과 감독을 실시하며, 교사들이 자신의 전문적 능력을 지속적으로 향상하도록 시민들이 적극적으로 발언을 하고 압력을 행사해야만 한다고 주장했다(Cremin, 1964: 5f). 라이스의 결론은 시민들이 나서서 미국의 교육을 진보적인 방향으로 이끌어야 한다는 것이었다. 그의 폭로 기사는 미국 사회에 큰 반향을 불러일으켰다.

크레민은 어째서 미국 진보주의 교육운동의 기점을 라이스의 폭로 기사에서 찾았을까? 이 기사가 나온 1892년 이전에도 대안적인 교육 또는 진보적인 교육을 주장하는 다수의 교육학자가 있었는데 말이다. 크레민의 답은 다음과 같다. "진보주의 교육운동은 라이스에서 시작한다. 왜냐하면 그가 진보주의 교육을 하나의 운동으로서 본 최초의 인물이기 때문이다. 1890년대의 진보주의를 그 이전 시기의 원천들로부터 구별하게 하는 것은 무엇보다도 이 성장하는 자기의식(self-consciousness)이다"(Cremin, 1964: 22). 라이스는 진보주의 교육을 국가적인 학교개혁 프로그램으로 제시했으며, 그 실현을 위해 행동하기를 시민들에게 의식적으로 요구한 최초의 인물이었다.

라이스의 공교육과 학교 현실에 대한 폭로는 미국인들에게 매우 뼈아픈 것이었다(Cremin, 1964: 8 참조). 이미 반세기 전부터 미국 교육의 확고한 기초로 간주된 호레이스 만(Horace Mann, 1796~1859)의 공립학교(common school) 이념이 심각한 위기에 봉착했음이 드러났기 때문이다. 호레이스 만은 모든 사람을 대상으로 하는 보통 교육에 의해서 인간적인 삶과 사회 제도를 완성할 수 있다고 생각했다. "그는 1848년의 「12차 연례 보고서」에서 '교육은 …… 인간이 만든 모든 다른 장치를 넘어서 인간 조건의 위대한 평형장치, 즉 사회 제도의 균형추'라는 자신의 신념을 분명히 밝혔다"(Bowen, 2003: 360). 그리고 호레이스 만이 확립한 공교육 제도가 사회의 진보를 달성하는 가장 중요한 수단으로서 제대로 작동하고 있다고 미국인들은 굳게 믿고 있었다.

라이스는 미국 교육의 자부심인 공교육이 실제로는 전혀 기능을 하고 있지 못하며 붕괴 직전 상태에 있다고 폭로했다. 교육과 사회진보라는 호레이스 만의 이념이 공허한 구호에 불과하다는 것이 분명해졌다. 이때부터 미국의 교육과 학교개혁을 위한 의식적이고 계획적인 노력이 본격적으로 확대되기 시작하였다.

2) 진보주의 교육의 성립과 발전

라이스가 진보주의 교육운동의 깃발을 높이 치켜든 1892년을 전후로 해서 전통적인 교육에 대한 비판과 새로운 교육에 대한 요구들이 우후죽순처럼 불거져 나왔다. 이런 다양한 흐름들이 합류하면서 진보주의 교육운동의 물줄기가 형성되기 시작했다. 이 물줄기를 형성하는 데에 기여한 당시의 주요한 교육학적 요구와 이슈들을 살펴보자.

(1) 산업의 요구: 노작교육 및 직업교육의 도입

19세기 말에 이미 매사추세츠 공과대학(MIT)의 총장이었던 런클(John D. Runkle, 1822~1902)은 '수공 훈련(manual training)'을 강조하는 교육이론을 제시했다. 그는 한편으로는 페스탈로치의 노작교육사상과 다른 한편으로는 1876년 '필라델피아시 100주년 박람회'에서 소개된 러시아의 '상트페테르부르크 제국기술학교'의 교육모델에서 영감을 얻었다. 그는 전통적 인문고전 교육에 치우쳐 있던 미국 대학의 교육과정에 수공 훈련 및 직업교육을 대폭적으로 포함시키려고 노력했다.

페스탈로치와 마찬가지로 런클은 눈과 손을 사용하는 수공노동에 포함된 지적이고 사회적인 요소를 강조했다. 수공노동은 지각, 관찰력, 실천적 판단력, 시각적 정확성, 손재주 등을 길러 주며, 단지 생각하고 말하는 것을 넘어서 실제로 행동하는 능력을 길러 준다. 수공 훈련의 옹호자들은 수공 교육이 단지 특정한 직업에 대한

준비를 넘어서, 기존의 지식 중심적 교육과정을 보완하고 또 개인의
잠재력을 충분히 발전시키는 데 기여할 수 있다는 점에 주목했다.

런클의 생각을 요약하면 다음과 같다. 건국 초기에 있었던 도제
제도는 정신교육과 기술교육을 적절하게 결합하고 있었다. 그러나
이러한 이상적 결합은 한편으로 고도로 전문화되어 가는 산업제도
와 다른 한편으로 인격 도야와 일반 교양에만 과도하게 집중하는
공립학교제도의 발전에 의해서 해체되었다. 이에 런클은 정신적인
것과 몸 쓰는 일을 다시 결합시키는—그리하여 학생들을 산업 사
회에서의 삶에 현실적으로 준비시키는—새로운 교육을 수공 수업
에서 찾으려 했다(Cremin, 1964: 26 참조). 그러나 런클의 아이디어
는 단지 아이디어에 머물렀다.

런클의 새로운 학교에 대한 착상을 실제로 구현한 사람은 워싱
턴대학교 우드워드(Calvin M. Woodward) 교수였다. 일찍부터 미국
공립학교의 신사교육(gentleman education)과 인문교양 이념의 공
허함을 비판했던 우드워드는 러시아의 기술교육 모델과 런클의 착
상을 수용하여 1879년 '워싱턴대학교 부설 수공 훈련 학교'를 건립
한다. "이 새로운 학교의 목표는 정신노동과 육체노동으로 동등하
게 분할된 3년간의 중등 과정을 제공하는 것이었다"(Cremin, 1964:
27). 전체적으로 이 학교는 경제적, 직업적 목표보다는 자유교양적
목표를 추구했다. 이 학교는 단지 상업과 이윤을 위한 전문 교육보
다는 학생의 인성을 계발하는 일반 교육을 강조했던 것이다.

우드워드는 지적이고 도덕적인 교육을 올바로 수행하기 위해서
수공 훈련의 도입이 필수적이며 또한 노동의 가치와 존엄성을 복

구하는 효과적인 방법이라고 여겼다. 또한 그는 수공 작업은 학생들의 흥미를 자극할 수 있고, 수업에 활기를 불어 넣을 수 있다는 점에 주목하였다. 런클과 우드워드의 주장은 많은 교육자들에게 깊은 인상을 주었다. 그러나 기술교육과 수공 훈련을 공립학교 교육과정에 적용하는 데 대한 반대도 만만치 않았다.[3]

예를 들면, 퍼듀 대학교 총장 화이트(Emerson White)는 기술과 관련된 일반 지식을 공립학교에서 가르치는 데에는 반대하지 않았지만, 학교에 작업장(Shop)을 만들고 실제적인 직업 훈련 과정을 운용하는 데에는 반대했다. 그 이유는 "공립학교는 모두에게 공통되기 때문에 모두에게 유용한 문화[교양] 교육을 해야 하기"(Cremin, 1964: 29) 때문이었다. 그는 직업교육은 공교육의 기본적인 과제를 포기하는 것이라고 비난했다. 공교육에 수공 훈련 및 직업교육을 포함시킬 것인가는 1880년대 미국 교육학 논쟁의 초점이 되었다.

이 논쟁에서 우드워드의 '수공 훈련'에 대해 가장 강력하게 반발했던 사람은 신 헤겔주의자이자 보수주의자였던 해리스(William T. Harris)[4]였다. 해리스는 우드워드의 교육론은 개인의 고급한 능

---

3) 런클과 우드워드 역시 노작교육의 아이디어가 MIT 같은 공과대학에는 적당하지만, 공교육에서는 일반화되기 어려울 수 있다고 인정했다.

4) 존스홉킨스대학교 교수였던 해리스는 헤겔의 절대적 관념론을 미국에 전파했던 사람이다. 그는 19세기 후반 급속한 산업화로 인한 미국 사회의 문화적 균열을 헤겔의 변증법을 통해서 극복할 수 있다고 보았다. 해리스의 헤겔주의와 절대적 관념론 철학은 청년 듀이의 사상 형성에도 큰 영향을 미쳤다.

력과 저급한 능력을 구분하지 못했던 "루소주의의 위험한 부활"
(Cremin, 1964: 31)이라고 비판하면서, 중요한 것은 동물과 달리 "일
반화하고, 이해하고, 관계 짓고, 이념화할 줄 아는 인간의 능력"
(Cremin, 1964: 31)이라고 주장했다. 그리고 학교의 교육적 과제는
이런 지성적 능력을 계발하는 데 있으며, 이에 비해 아동에게 기술
을 가르치는 것은 자아와 자연에 대한 제한된 지식을 주는 것에 불
과하다고 주장했다.

이 논쟁은 급속히 성장하던 미국 산업의 현실적 요구에 떠밀려
우드워드의 일방적 승리로 돌아갔다.[5] 수공 훈련과 직업교육을 자
신의 주요 과제로 삼는 학교가 급속히 증가했다(Cremin, 1964: 32-
33 참조). 더불어 인문계 학교에도 수공 작업이 강화되어, 수공 작
업 및 기술교육은 고등학교를 시작으로, 차츰 초등 교육과정에까
지 도입되게 되었다. 직업 관련 교육을 공립학교에 도입하는 것이
정당한가를 둘러싼 논쟁은 결국 팽창하던 미국 산업계의 강력한
필요에 밀려 싱겁게 막을 내렸다. 그 후 미국 학교에서 이 문제는
직업교육을 해도 좋은가가 아니라 어떻게 직업교육을 해야 좋은가
로 바뀌었다.

-----

5) 그러나 그의 성공은 사실상 그의 의도와 동떨어진 방향으로 흘러갔다. "수공 교육을
   옹호하고 지지했던 기업인들은 우드워드의 주장을 앵무새처럼 따라 했지만, 실제로
   그들이 원했던 것은 실천적인 직업 훈련 학교를 통해서 …… 노동조합의 권력을 약화
   시키는 데 있었다"(Cremin, 1964: 33). 또한 학생들도 수공 노동의 일반 교양적 의미
   를 받아들이기보다는, 학교에서의 수공 훈련을 기초로 직장을 얻는 데에만 관심을 가
   졌다. 이것은 우드워드가 생각했던 '수공 훈련'을 통한 전인교육과는 거리가 멀었다.

(2) 공동체적 삶에 대한 요구: 세틀먼트 운동과 제인 애덤스

19세기 후반부터 미국 사회는 급속한 도시화와 산업화 그리고 급속한 이민 증가로부터 파생된 빈곤과 불행 그리고 만연된 질병 등이 일상화되었다. 현실의 개선을 위한 노력은 별로 보이지 않았다. 그런데 1890년대에 들어서면서 미국 사회의 만연한 적폐와 문제를 적극적으로 해결하려는 새로운 세대의 미국인들이 등장한다. 이즈음 리스(Jacob Riis)는 『다른 절반은 어떻게 살고 있는가?(How the Other Half Lives)』라는 책을 썼다. 거기서 그는 미국의 도시 슬럼가에서 살아가는 빈민들의 복지와 행복 그리고 건강 문제에 대해 다루었다. 그의 책은 대표적 진보주의 정치인이었던 테오도르 루스벨트에게 큰 감명을 주었고, 많은 사람에게 공분(公憤)을 불러 일으켰다.

그리고 많은 사람이 미국 사회의 적폐, 특히 심화된 불평등을 해결하고 개선하기 위해서 발 벗고 나서기 시작했다. 이들은 특히 교육에서 이 문제를 해결하고 개선할 수 있는 방법을 찾았다. "1890년대를 회고한다는 것은 이 처절한 고통이 고통받는 자들의 잘못 때문도, 필연적인 운명 때문도 아니라는 그리고 개선의 길은 자선이나 혁명이 아닌 교육에 있다는 사회적 자각이 깨어나고 있음을 보는 것이다"(Cremin, 1964: 59). 이 시기에는 변화와 개혁에 대한 열망과 희망이 어느 때보다도 높았다.

이러한 사회적 자각을 가장 잘 보여 주는 것이 세틀먼트 운동 (settlement movement)이다. 최초의 세틀먼트 운동은 1880년대 산업사회의 참혹한 조건에 대한 반작용으로서 영국에서 등장했다.

사회철학자 러스킨(John Ruskin)으로부터 감화를 받은 몇몇 런던의 대학생들은 바넷(Samuel A. Barnett) 목사의 인도 아래서 "가난한 노동자의 이웃으로서 이들의 삶을 공유하고 이들의 문제를 숙고하여 해결하며, 이들로부터 인내, 동료애, 자기희생의 교훈을 배우는 대신에 이들 자신의 교육과 친교에 도움을 주기"(Cremin, 1964: 59)로 결심했다. 이들은 토인비 홀(Toynbee Hall)을 설립하여 처음으로 세틀먼트 운동을 시작했다. 이들은 빈민가에 세워진 복지 및 교육기관인 '세틀먼트'에서 숙식하면서 빈민들의 삶의 개선을 위해 다양한 활동을 펼쳤다.

이러한 빈민운동의 이념은 영국을 넘어서 미국으로 전파되었다. 1886년 암허스트대학교 졸업생인 코이트(Stanton Coit)가 두 달간 바넷 목사의 토인비 홀에서 체류한 후 돌아와 뉴욕 동부에 미국 최초의 세틀먼트를 건설했다. 많은 사람들이 그 뒤를 따랐다. 1889년 뉴욕 대학이 주도한 세틀먼트가 생겨났고, 이와 거의 동시에 미국에서 가장 유명했던 세틀먼트인 제인 애덤스(Jane Addams)의 헐 하우스(Hull House)가 시카고에 설립되었다. 그 후 미국 전역에 수 백개의 세틀먼트가 건립되기에 이른다.

세틀먼트 운동에 참여한 젊은 활동가들은 산업화의 부작용으로 인한 물질적 빈곤과 불행 자체보다는 전통적인 공동체적 유대 관계의 붕괴를 문제삼았다(Cremin, 1964: 60). 양자는 물론 서로 분리될 수 없었다. 하지만 활동가들은 거대 산업과 상업주의의 부작용을 비판하면서도 동시에 그것이 초래한 "공동체의 파편화 문제"(Cremin, 1964: 60)에 더 큰 의미를 두었다. 이들은 새로운 사회에 대한 비전과 지식을 가난한 사람들과 공유함으로써 이웃관계와 공동체를 재건하는 가운데서 심각한 사회, 정치적 문제를 해결하려 했다. 세틀먼트 활동가들은 정치보다는 교육이 더 긴급한 문제라고 보는 입장을 취했다. 세틀먼트 운동은 빈민을 위한 교육운동으로서의 사회개혁 운동이라고 할 수 있다.

세틀먼트 운동가들은 취업, 육아, 교육, 건강과 위생 등등 지역 주민의 삶에서 현안이 되는 문제라면 무엇이든 해결하려 노력했다. 그러나 그들의 활동의 중심은 교육 사업에 놓여 있었고 당시의 교육 관행에 대해서 비판적이었다. 특히 애덤스는 의식적으로 헐 하우스의 교육을 아이들의 삶과 연결시키려 했다. "우리는 읽기와 쓰기만을 강조하는 학교에 대해 분노하지 않을 수 없다. 그들은 모든 지식과 흥미는 책을 매개로 전달되어야 한다는 가정을 하고 있다. 이 가정은 학생들에게 자신의 삶에 관련된 지식을 알려 주지 못하며, 그것을 자신의 삶과 유용하게 또는 지성적으로 결합시킬 힘을 주지도 못한다"(Addams, 1902: 180f; Cremin, 1964: 62에서 재인용).

애덤스가 보기에 중요한 것은 학생들이 자신이 살고 있는 산업 세계를 올바로 이해하고 또 비판할 수 있게 하는 일이었다. 이를 위해 애덤스는 헐 하우스에 노동박물관(Labor Museum)을 세워, 수공 노동 및 가사(家事)에 대한 지식과 더불어 산업의 역사를 가르쳤다. 이를 통해 애덤스는 공장에서 일하는 이주 가정 청소년이 자기의 공동체를 이해하게 하고 또 거기서 자기가 어떤 역할을 하고 있는지 알려 주려 했다. 애덤스는 이것만이 그들이 비인간적인 산업노동의 손아귀에서 벗어나게 하는 길이라고 믿었다.

애덤스는 분업화된 현대 사회에서도 노동자들 간의 협력과 협동의 정신이 작동할 수 있다고 보았다. "현대 의복 공장에서는 코트를 생각하기 위해 39명이 필요하다. 그러나 이 39명의 노동자는 '팀워크'의 정신으로 양복을 생산할 수 있다. 이것은 한 명의 늙은 재봉사가 혼자서 일할 때보다 훨씬 더 유쾌할 수 있다"(Addams, 1902: 127; Cremin, 1964: 63에서 재인용). 그는 이러한 '팀워크'가 노동의 과정을 단순히 기계에의 종속이 아닌 주체적이고 인간적인 과정으로 바꿀 수 있으리라고 믿었다. 애덤스는 소외된 일상적 삶에 진정한 인간적인 의미를 부여하는 교육을 추구했다.

애덤스의 헐 하우스는 듀이의 청년기 사상 발전에 큰 영향을 주었다. 듀이는 시카고대학교에 재직하는 동안(1894~1904) 애덤스와 긴밀하게 교류했다. 듀이는 헐 하우스에서 직접 활동하면서 얻은 경험을 토대로 학교 이론을 정립했다. 1902년 교사를 대상으로 한 '전국 교육 평의회 연설'("사회적 센터로서의 학교")에서 듀이는 지역 공동체를 안정화하고 강화하는 학교의 역할을 강조했다. 이는 분명히 헐 하우스의 활동에서 영감을 얻은 것으로 보인다. 또한 듀이는 헐 하우스의 교육이 학생들에게 사회적인 교제와 소통을 가능하게 했고, 동시에 각자의 사회적, 문화적인 조건을 성찰하게 한다는 점에 큰 감명을 받았다(Eberhart, 1995: 109 참조).

요약하면, 애덤스의 '헐 하우스'를 위시한 세틀먼트 운동은 전통적인 학교 교육의 편협한 관점을 비판하였고, 지식위주의 교육을 개혁하라고 강력하게 요구했다. 그러므로 세틀먼트 운동이 1890년대와 그 이후의 교육개혁에서 중요한 역할을 했다는 것은 그리 놀

라운 일이 아니다. 세틀먼트 운동가들은 실제로 학교에서 양호교
사 채용, 최초의 통합학급 수업, 급식 프로그램, 성인을 위한 야간
수업 개설 등등의 진보적 개혁을 이끌어 내는 데 기여했다.[6]

(3) 이민자 통합의 요구

19세 말 미국 사회는 급속한 산업화로 인한 문제와 더불어 급속
히 유입된 이민자들의 사회통합 문제에 직면했다. 원래 이민을 통
해 탄생했고 지속적으로 이민을 수용해 온 미국에서 이민자의 통
합, 즉 '미국화(Americanization)' 문제는 이미 오랜 역사를 지니고
있었다. 적어도 1880년대까지 미국의 공립학교는 지속적으로 유입
되는 이주민들에게 미국인의 삶의 방식과 가치관을 가르치는 시민
교육의 장소로서 어느 정도 역할을 할 수 있었다. 그리고 그런 의미
에서 이민자의 사회통합을 위한 교육 또는 시민교육의 과제는 일
단 해결된 것으로 간주되고 있었다(Cremin, 1964: 66 참조).

그러나 1880년대를 기점으로 이민자의 성격이 급변하게 되면서
다시 미국화 문제가 불거져 나왔다. 1880년대 이전에는 이민자가
대부분 영국, 아일랜드, 독일, 스칸디나비아에서 유입되었다. 이들
은 주로 북아메리카 내륙의 비옥한 지역을 개척하면서 중서부, 북
서부의 주(州)에 정착했다. 그런데 1880년대부터는 동남부 유럽에
서 들어오는 이민자의 비율이 급격히 상승하였다. 이 새로운 이민
자들은 과거와 다른 방식으로 미국에 정착했다. 즉, 이들은 더 이상

6) 이에 대해 좀 더 구체적이고 자세한 내용은 Cremin(1964: 64f)을 참조할 것.

개척할 땅이 없었기 때문에, 도시에 머물러 살면서 게토와 같은 폐
쇄적인 지역 공동체를 이루었고, 이주 이전의 민속적인 삶의 관습
을 그대로 유지하는 경향을 보였던 것이다(Cremin, 1964: 66 참조).

폭증하는 이주민으로 인해 사회통합이 난관에 봉착했을 때, 많
은 미국인들은 더 이상의 이민을 허용하지 말아야 한다는 반응을
보였다. 그러나 이미 대규모로 유입된 이주민들을 미국 시민으로
통합하는 일은 피할 수 없는 발등의 불이었다. 이질적인 집단의 문
화적, 종교적 차이를 극복하기 위한 주요한 해결책은 예나 지금이
나 교육이었다. 하지만 이렇게 이주민 통합을 위한 교육의 필요성
이 제기되자마자 더 복잡한 문제가 발생했다. '미국화'가 도대체 무
엇인가에 대해서 서로 다른 의견들이 제출되었기 때문이다.[7]

그렇다면 이민자를 미국 사회에 통합하는 '미국화'의 실제 과정
은 어떻게 진행되었는가? 먼저 분명한 것은 '미국화'가 사회적 이슈
로서 등장하기 이전부터 이미 현장의 교육자들은 '미국화'의 문제
와 대결했다는 것이다. 힘없고 가난한 이민자들을 지원했던 세틀
먼트 운동가들은 일찍부터 이 문제를 해결하려 했다.[8] 1910년대에

7) 미국화에 대해서는 세 가지 입장이 대립했다. 첫째, 스탠퍼드대학교 교수였던 커벌리
(Ellenwood P. Cubberley)는 미국화는 곧 영국화(=앵글로색슨화)라고 주장했다. 이
에 따르면 미국화는 이주민이 자신의 민족적 특성을 포기할 때 가능했다. 둘째, 통합
의 목표는 순수한 앵글로색슨 전통에 있는 것이 아니라 미국인의 삶에서 서서히 등장
하고 있는 새로운 국민성에 있는 것이라고 주장도 제기되었다. 이것은 나중에 용광로
(melting pot) 이론으로 발전하는 입장이다. 셋째, 일부 지식인은 문화적 다원주의의
발상이 제시되었다. 그것은 이주민들이 그들이 떠나 온 세계의 좋은 점들을 유지하면
서 미국이라는 새로운 세계에 적응해야 한다는 발상이었다(Cremin, 1964: 69 참조).

거의 모든 세틀먼트들은 나름의 방식으로 이주자들을 미국 사회에 통합하는 일에 발 벗고 나섰다(Cremin, 1964: 70 참조). 세틀먼트 이외에도 다양한 자선 단체나 문화 교육 단체, 운동클럽 등이 이주민의 미국 적응을 위해서 활발히 활동하였고, 교회, 정치단체, 신문, 도서관들도 이주민의 요구와 필요에 맞추어 변화되지 않으면 안 되었다.

이것은 학교 현장도 마찬가지였다. 학교는 이민자들을 교육하기 위해 기존의 모습을 전면적으로 재구조화해야 한다는 압력에 직면했다. 학교는 이제 더 이상 고상한 지식과 가치를 전달하는 장소에 그칠 수 없었다. 교사들은 먼저 머리에 이가 들끓는 아이들을 목욕시키는 일에 매달려야 했다. 그것은 공식 교육과정과 전혀 관계없는 일이었지만, 머리에 이가 끓는 학생을 그대로 방치한 채 수업할 수는 없었다. 또한 매사추세츠주의 여러 학교는 이제 막 이주한 아동을 위해 정규과정 이외의 준비반[9]을 만들어 운영해야 했다. 도시의 교회들은 '이중 언어 학교(bilingual school)'를 설립하였다. 성인 이주민을 대상으로 하는 야학이 운영되었다(Cremin, 1964: 71 참조).

----

8) 이런 시도로서 대표적인 것 중 하나는 헐 하우스에서 제인 애덤스가 설립하고 운영했던 '노동박물관(Labor Museum)'이었다. 노동박물관은 이주민의 자녀들에게 부모들의 과거 경험과 그들의 현재 경험 사이에 연결고리를 만들어 주려는 교육적 의도를 가지고 있었다. 애덤스는 이주민 자녀들이 자신의 문화적 뿌리를 알고 간직할 때, 미국 문화에 온전히 적응할 수 있다고 생각했다.

9) 준비반의 학생들은 대개 증기선을 타고 온 이민자들의 자녀들이었기 때문에, 준비반은 "steamer class(증기선 학급)"라는 애칭으로 불리기도 했다.

이런 것들이 눈에 띄는 변화였다. 그러나 변화는 거기서 그치지 않았다. 1909년 미국 '이주위원회'가 행한 조사에 따르면 미국의 37개 대도시 학교의 학생 중 57.8%가 외국에서 태어난 학생이었다. 그리고 이 학생들은 매우 다양한 인종으로 이루어졌고, 한 교실에서 여러 개의 언어가 사용되었다. 이런 상황은 교실의 교육적 지형을 완전히 바꾸어 놓았다. 언어적 다양성뿐 아니라, 문화적, 경제적 다양성이 현실적으로 교실을 지배했다. 언어와 일반 도야에 치중하여 학생들의 경험이나 흥미를 무시하는 전통적 교육은 이제 적합하지 않다는 사실이 분명해졌다. 현장 교사들은 위생, 가정생활, 시민생활, 인성 등을 포괄할 수 있는 새로운 교육 모델을 요구하기 시작했다(Cremin, 1964: 72 참조). 이렇게 해서 1880년대에 불거진 이민의 문제도 새로운 교육 방식 및 학교개혁의 불가피성을 분명하게 보여 주었다.

(4) 학계 및 교육계의 진보적 움직임과 요구

크레민에 따르면 1890년부터 제1차 대전에 이르는 시기에 진보주의자들은 독자적인 학교개혁 프로그램을 가지고 있었다. 그들은 사회문제 개선의 열쇠를 교육 특히 학교교육에서 찾았다. 이 시기에 개혁적 프로테스탄트의 대변자였던 레인스포드(William S. Rainsford) 목사는 1895년 3월 15일자 〈뉴욕 타임즈〉에서 "더 나은 시대, 더 나은 문명, 더 나은 남자, 더 나은 여자를 기르는 유일한 길은 교육"(Cremin, 1964: 85에서 재인용)이라고 말했다.

사회과학 분야의 자유주의적 교수들은 '대중교육이 합리적 사회

진보의 열쇠'라고 확신했다. 물론 이때 대중교육은 전통적인 의미의 교육이 아니라 현실과 밀접한 연관 속에서 진행되며, 비판적, 과학적, 사회적 의미를 가진 교육이 되어야 했다. 알비온대학교 칼턴(Frank T. Carlton) 교수의 말은 이러한 경향을 대변한다. "20세기의 문제는 교육을 사회 개선의 동력으로 만드는 것이다. 지금까지 교육의 진보는 경제적 사회적 변화에 의해 제한되어 왔다. 우리는 문명화의 과정에서 교육을 응분의 지휘자로 만드는 일에서 충분히 진보했는가?"(Carlton, 1908: 17; Cremin, 1964: 86에서 재인용).

교육은 단지 거대 사회체제에 종속되어 있는 톱니바퀴가 아니라, 주도적으로 경제적 사회적 변화를 일으키는 동력이라는 신념이 강화되었다. "자신의 사회적 기능을 깨닫는 교사는 학생들을 단지 다음 학년으로 올려 보내는 일에 만족하지 않을 것이다. 그는 학생들이 사회적 관계들을 더 넓고 깊게 탐구하려는 자세로 그리고 더 나은 미래를 만들기 위해 일익을 담당하려는 마음으로 학교를 떠날 때 비로소 성공을 이야기한다. 학생들이 이런 통찰과 기질을 가지고 행동하게 되기 이전까지는 학교가 사회진보를 위해 많은 일을 할 수 있다는 생각은 망상이다"(Butts & Cremin, 1953).

한편 대학 강의실과 실험실에서는 아동의 심리와 학습 방식에 대한 대안적인 이론들이 쏟아져 나왔다. 특히 클라크대학교 심리학 교수 스탠리 홀(Stanley Hall)과 동료들은 아동의 본성과 성장과정에 대하여 많은 연구를 발표하였다. 이들은 다윈의 진화론을 아동 연구에 적용함으로써 아동의 발달이 고유한 법칙에 따라서 이루어지며, 교사는 이 법칙의 작동을 방해하거나 간섭해서는 안 된다고 결론을 내렸다. 스탠리 홀은 전통적 교육을 비판하고, 대신에 아동 중심의 학교를 주장했다. 그는 아동의 본성을 외적인 영향으로 손상시키는 것을 경계했고, 교육의 과정에서 아동의 행복과 권리를 강조했다. 그의 교육관은 루소와 매우 가까웠다.

시카고대학교에서는 듀이와 미드(Mead) 그리고 앤절(Angell)이 기능주의적인 행동 이론을 발전시키고 있었다. 이것은 당시까지 지배적이던 미국의 구조주의적 심리학의 근간을 흔드는 작업이었다. 그들은 윌리엄 제임스의 습관 개념을 받아들여 학습의 의미를 새롭게 규정했다. 즉, 학습은 구체적인 사회적 상황에서 유기체가 합목적적인 활동을 수행함으로써 이루어지는 행동과 태도의 변화를 의미한다. 이런 새로운 학습관에 기초해서 볼 때, 기계적인 또는 단순 반복적인 연습과 강의식 수업의 문제점이 어디에 있는지 분명하게 드러난다. 학습의 핵심은 기억이나 단순 반복이 아니라, 'learning by doing'에 있다.

한편 컬럼비아대학교의 손다이크는 윌리엄 제임스의 심리학을 행동적–경험적 심리학으로 발전시키고 있었다. 처음에 손다이크는 병아리들을 가지고 동물의 학습에 관해 연구하기 시작했다. 그는 실험을 통해서 동물의 심리를 연구했고 저 유명한 '효과의 법칙'을 발견했다. 동물 연구에 기초해서 그는 인간의 마음도 환경의 변화에 대한 반응의 총체라는 결론을 이끌어 냈다. 인간 본성은 단지 후천적으로 학습되는 여러 경향성들의 덩어리이며, 따라서 어떤 학습이 일어나느냐에 따라서 선한 것이 될 수도 있고 악한 것이 될 수도 있다.

"손다이크의 목표는 궁극적으로 모든 교육의 기초가 될 수 있는 포괄적 교육과학이었다. 양적인 방법에 대한 그의 신념은 절대적이었다. …… 교육의 방법이 과학에 의해서 대폭 개선될 수 있다는 관념에서 시작한 그는 점차 목적도 역시 과학적으로 결정될 수 있으리라는 확신으로 다가갔다"(Cremin, 1964: 114). 그의 학습론은 주먹구구식의 강의식 수업과 어른 주도의 일방적 교육을 당연시하던 전통적인 입장과 충돌한다.

교육의 과학화를 강조했던 손다이크가 미국 교육의 개혁에 미친 또 하나의 영향은 학교 행정의 영역에서 찾을 수 있다. 그는 과학적인 학교 행정을 강조한 최초의 인물에 속한다고 알려져 있다. 그의 영향 아래서 1900년경부터 명확한 학교 행정이론이 등장했다. 학교는 국민에게 속하며, 국민은 학교 운영에서 큰 자율성을 가져야 한다는 입장이 새롭게 등장했다. 새로운 입장은 또한 학교 경영이 잘되려면 무엇보다도 먼저 정치로부터의 독립이 필요하며 정부 관료 대신에 전문적인 학교행정가, 즉 학교장에게 권위가 집중되어야 한다고 보았다. 다만 사업이나 재정적인 문제는 투명성과 공공성을 지닌 소규모의 교육위원회가 담당하도록 하였다. 그리고 전통적 학교의 부패와 무능력, 비효율을 극복하기 위해서 전문가의 과학적인 학교 연구와 개입이 필요하다고 생각되었다. 학교 제도의 부패와 비효율을 극복하려는 시도는 종종 제도개혁에 집중하는 행정적 진보주의와 긴밀한 연관을 지니고 진행되었다. "실제에서 학교개혁과 지방정부 개혁은 항상은 아니지만 자주 동일한 진보적 운동의 양면이었다. 양자를 이렇게 이해하는 것은 정치와 교육에서의 진보주의를 한층 더 포괄적으로 이해할 수 있게 한다"(Cremin, 1953).

　진보주의 교육운동의 동력은 이론가와 학자뿐 아니라, 교사집 단 내부에도 있었다. 많은 교사들은 교육저널 등을 통해서 홀의 아 동중심교육론이나 프뢰벨의 "신교육"의 세례를 받았다. 그들은 아 동의 타고난 신성함, 아동의 성장을 중심에 놓는 태도, 연극, 예 술, 음악, 표현, 공작 등의 중요성에 대해서 알고 있었다. 다른 교 사들은 파커(Francis W. Parker)의 『교육학에 대한 담화(Talks on Pedagogics)』(1894)에서 영감을 받았다. 파커의 교육론은 프뢰벨, 헤르바르트 그리고 에머슨의 초월주의를 절묘하게 종합한 것이었 다. 교사들은 파커로부터 아동의 필요와 요구를 강조하는 교수법 만을 배운 것이 아니다. 그들은 아동의 필요와 욕구를 강조했던 파 커의 아동 중심 교수학습 방법뿐 아니라 이러한 새로운 방법만이 자유롭고 민주적인 미국을 지탱해 나가는 힘이라는 생각을 물려받 았다. 이 외에도 교사들은 사범대학 강의실, 교사 단체와 모임, 시 민사회 여론 등으로부터 더 나은 학교와 사회에 대한 비전을 배울 수 있었다.

　새로운 교육에 대한 목소리는 초중등학교에만 머물지 않았다. 대학 교육의 차원에서도 진보주의적 개혁의 목소리들이 울려 나 왔다. 1869년, 하버드대학교 총장 엘리엇(Charles W. Eliot)은 「신교 육-조직화의 문제」라는 글을 발표했다. 제목에서 알 수 있듯이, 이 글에서 그는 하버드대학교의 교육 실험(예를 들면, 자유 선택적 수강 제도)을 묘사하기 위해서 신교육이라는 용어를 사용하였다. 시카 고대학교의 베블렌(Thorstein Veblen)은 대학교육이 산업계와 경제

계의 영향에 종속되어 있는 상황을 통렬하게 비판하였다. 위스콘
신대학교 총장 하이즈(Charles Van Hise)는 대학의 전문지식을 지역
사회의 문제해결을 위해 제공함으로써 주 정부의 운영을 합리화하
고 민주화하는 데서 대학의 중요한 사명을 찾으려 하였다.

(5) 진보주의 교육의 정치적 성격

이상으로 우리는 1890년을 전후로 미국에서 진보주의 교육운동
이 발생한 배경을 살펴보았다. 이제 이상의 고찰이 갖는 의의를 종
합적으로 살펴보는 것으로 이 장을 마무리할 차례이다.

먼저 이상의 고찰로부터 확인할 수 있는 것은 진보주의 교육운
동이 어느 한사람이나 집단의 선언을 통해서가 아니라 당시 미국
사회의 다양한 요구와 세력들이 어우러지면 형성된 교육개혁의 흐
름이라는 사실이다. 진보주의 교육운동은 위기에 처한 미국 사회의
개선과 진보라는 시대적인 과제에 대한 교육적인 대응이었다. 교육
은 사회개혁과 진보의 유력한 수단이라는 신념이 거기에 전제되어
있었다. 이런 의미에서 크레민은 "진보주의 교육은 진보주의 운동
이라고 불리었던 사회적 정치적 개혁의 포괄적 프로그램 가운데의
일부분으로 시작"(Cremin, 1964: 88)되었다는 점을 강조한다.

이렇게 본다면 진보주의 교육의 아이디어는 흔히 생각되듯이
몇몇 대안적 실험학교의 등장 또는 1919년 '진보주의 교육협회
(Progressive Education Association)'의 출범과 함께 등장한 것이 아니
다. 진보주의 교육의 아이디어는 학교를 사회적, 정치적 재건의 주
요한 매체로서 활용하려는 노력 속에서 이미 형성되고 있었다. "진

보주의 교육의 아이디어는 과거의 편협한 학교관을 다양한 측면에서 비판하는 것으로서 시작했지만, 그것은 언제나 그 이상의 것을 의미했다. 왜냐하면 본질적으로 그것은 교육을 미국적인 삶의 약속을 실현하려는 정치의 일부분으로서 간주되었기 때문이다"(Cremin, 1964: 88). 크레민은 진보주의 교육이 스스로 자신을 정치의 일부분으로 간주했다는 점을 무엇보다도 중요한 진보주의 교육의 특징으로서 강조한다.

그러므로 크레민은『학교의 변형—미국 교육에서의 진보주의, 1876~1957』에서 진보주의 교육운동의 성립과정을 서술하면서 무엇보다도 진보주의 교육과 정치적 진보주의 운동 간의 밀접한 관계를 규명하는 데 집중했다. 이 책에서 그는 진보주의 교육의 발전과 쇠퇴의 전 과정을 교육과 정치의 관계를 축으로 서술해 나간다. 크레민은 양자의 관계에 주목할 때에 진보주의 교육의 참된 모습이 드러난다고 보았다. 그는 1920년대의 진보주의 교육운동이 컬럼비아 사범대학 교수들에 의해 주도되면서, 서서히 애초에 발휘했었던 강력한 힘과 영향력을 상실했다고 주장한다.

그러므로 진보주의 교육을 아동의 타고난 권리와 자유를 존중하는 교육과 동일시하는 것은 성급한 판단이다. 진보주의 교육 내에 아동 중심의 낭만적 경향이 전혀 없었던 것은 아니지만 그것을 진보주의 교육의 주요한 또는 유일한 특징이라고 주장하는 것은 피상적인 판단이다. 당시의 진보주의자에게 정치와 교육은 불가분한 관계에 있었다. 그들의 개혁적 정신은 궁극적으로 교육자의 정신이었다. 교육받은 대중만이 사회의 부조리와 적폐를 인식하고 이를 해결하려는 정치적 행동으로 나아갈 수 있기 때문이다. 그러 므로 진보주의자와 진보주의 교육자는 사회의 점진적 개선을 추구 하던 온건개혁론자(moderates)였다. 그들은 교육에서 '미국의 약속 (American dream)'을 실현할 수단을 찾았던 호레이스 만의 후계자 들이었다(Cremin, 1964: 88f 참조).

2. 진보주의 교육의 전개

1) 진보주의 교육의 성숙과 분열

제1차 세계대전 이후 미국 진보주의 교육의 성격과 방향은 여 러 가지 측면에서 질적으로 발전한다. 30년간의 교육개혁 운동 으로 인해서 미국의 교사교육은 강화되었고 교육과정에는 새로 운 방법들이 꾸준히 스며들어 갔다. 미국의 공교육은 세계적인 수 준에 도달하였다. 많은 지방자치체와 학교위원회들이 새로운 개 혁적인 교육방식을 수업방식을 도입하는 데 관심을 보였다(James Bowen, 2003: 434f 참조). 1919년에는 마침내 미국 '진보주의교육연 합(Progressive Education Association)'이 설립되었다. 이 기구를 통 해서 그동안 느슨한 결합 속에서 활동하던 진보주의 교육운동은 중심적인 조직을 획득하게 되었다. 진보주의 교육은 성숙한 활동 기로 접어들었다.

그러나 크레민에 따르면, 미국 진보주의 교육은 처음부터 이미 그 내부에 균열을 내포하고 있었다. 그는 이런 내적 긴장에 주목해야만 제1차 세계대전 종전 이후 진보주의 교육의 복합성을 제대로 이해할 수 있다고 본다. 진보주의 교육의 내적 균열은 진보주의 정치운동의 전반적인 약화와 불가분하게 연관되어 있다. 제1차 세계대전 종전 이후, 미국 내에서 진보주의 정치세력의 목소리는 상당히 약화되었고, 전쟁 이전에 가졌던 높은 호소력을 상당 부분 상실했다(Cremin, 1964: 179).

진보주의 정치세력의 약화에는 매우 다양하고 복합적인 원인이 작용했다. 하지만 한 가지 분명한 원인은 종전 이후에 등장한 청년세대가 부모 세대들의 진보적 가치관과 도덕적 지향에 대해서 반감을 가지고 있었다는 점이다. 종전 이후, 젊은이들 사이에는 사회적 책임감이 약화되고 개인주의가 확산되었다. 교육도 이러한 사회 전반의 변화에서 자유로울 수 없었다. 전쟁의 여파로 교사의 처우는 과거에 비해 열악해졌고, 교육과정은 더 이상 사회적 문제의식을 비중 있게 다루지 않았다. 물론 종전 이후에 진보주의 교육자들의 활동은 다시 활발해졌다. 그러나 과거의 사회개혁적인 지향은 사라지고 그 대신 '아동 중심'이라는 구호가 전면에 등장하기 시작했다. 이것은 진보주의 교육이 사회적 분위기와 대중의 심리에 맞추어 적응하며 변신해 가는—또는 변질되어 가는—과정이기도 했다.

진보주의 교육이라는 이슈는 일반 여론을 움직이는 사회적 공론장(公論場)에서 점점 약화되었다. 대신에 컬럼비아대학교를 위시한 대학 교수들이 진보주의 교육에 대한 논의를 주도했다. 또 진보

주의적 사회운동가들은 이전만큼 교육에 대해서 관심을 보이지 않
았다. 이런 상황은 진보주의 교육에서 '진보'의 동력을 약화시켰다.
"교수 집단과의 결속이 강해지면서 진보주의 교육은 더 일반적인
진보주의 운동 속에 놓여 있었던 자신의 힘의 원천을 상실해 갔다"
(Cremin, 1964: 184). 이 주장은 깊이 음미할 필요가 있다. 진보주의
교육의 힘은 정치적 진보주의와 분리될 수 없다. 그런데 진보주의
교육의 담론이 사회적 공론의 장에서 학계로 넘어 가면서, 그것의
진보적 동력은 약화되었다는 것이 크레민의 논지이다.

    제1차 세계대전 이후, 사회진보와 교육개혁의 내적 연관은 점차
약화되었다. 또 과거에는 진보주의 교육운동이라는 기치(旗幟) 아
래서 공존했던 다양한 경향들은 각자의 연구가 심화되면서 서로
양립하기 힘든 것임이 드러났다. 손다이크의 경험적 연구 경향은
엄밀한 양적 방법에 기초하는 '과학주의'로 발전하여, 일반인은 차
치하고 심지어 훈련받은 교사들도 활용하기 힘든 전문 지식을 생
산하는 일에 몰두했다. 스탠리 홀의 아동중심주의와 아동에 대한
연구는 예술적 표현주의 및 프로이트주의와 결합하면서 '감상주의'
또는 '낭만주의적 아동관'으로 나아갔다. 그리고 제인 애덤스의 개
혁주의는 카운츠(George Counts)가 주도한 '사회적 프론티어' 그룹
으로 계승되어 '급진주의'로 발전했다. 이 세 가지 흐름은 초기의
진보주의 교육 속에서 공존했던 것들이 각기 독립해서 쪼개져 나
온 것으로 이해할 수 있다.

    이 세 가지 분화된 흐름들 중에서 우리가 일반적으로 '진보주
의 교육'이라고 지칭하는 것은 스탠리 홀의 흐름을 이어받은 아

동중심주의의 경향이다. 듀이는 『경험과 교육』에서 '진보주의 교
육'이 '경험에 대한 오해에 기초하고' 있으며 지나친 아동중심주의
에 빠졌다고 비판했다. '사회적 프런티어' 운동을 이끌었던 카운
츠의 급진주의는 나중에 브라멜드(Brameld)에 의해서 '재건주의
(reconstructionism)'로 명명되었다. 재건주의는 사실상 진보주의의
급진적 분파로 간주할 수 있다. 한편 손다이크에서 흘러나온 과학
주의는 미국 교육학의 계량, 효율, 경제성을 중요시하는 흐름으로
지금까지도 지속적인 영향력을 발휘하고 있다. 과학주의는 나름대
로 교육제도의 개혁을 주장했지만, 대체로 학생을 현실의 질서에
적응시키는 보수주의적 교육목적을 추구하였고, 아동의 자발성과
개성보다는 교육에서의 측정과 검사 그리고 효율성의 측면에 강조
를 두었다는 점에서 점점 더 진보주의 교육으로부터 멀어졌고, 오
히려 전통적 교육에 가깝게 변모했다.

　그러므로 손다이크의 과학주의를 제외하고 볼 때 1920년대 이후
진보주의 교육은 감상적 표현주의(아동중심주의)와 급진주의(재건
주의) 그리고 이 양자 사이의 절충(대표적으로, 킬 패트릭의 구안법)으
로 이루어진다고 말할 수 있다.

2) 진보주의에서의 감상주의적 흐름:
　　1920년대의 표현주의와 프로이트주의

　크레민에 따르면, 19세기 말부터 미국 사회 전체를 강타했던 진
보주의 운동[10]은 제1차 세계대전 종전을 기점으로 내적인 분화

의 과정을 겪었다. 이러한 변화를 명확히 분석했던 사람은 코울리 (Malcolm Cowley)였다. 그는 이전의 진보주의가 보였던 사회비판적 성향은 보헤미아니즘(Boehmianism)[11]과 급진주의(radicalism)에 기초했다고 주장하였다. 그러나 이 두 경향은 공히 비판적, 반항적 성향을 갖지만, 실제 내용에서 보면 서로 다른 지향을 가졌다. 보헤미아니즘은 기존 사회 제도의 권위와 억압 및 청교도적인 제약에 대항하여 개인의 자유와 권리를 강조했다. 급진주의는 자본주의 사회가 갖는 경제적 불평등과 정치적 억압에 대한 정치적인 반격이었다. 코울리는 미국 진보주의 운동 내에 협력하며 공존하던 이 두 경향이 제1차 세계대전 이후 서로의 차이를 자각하고 다른 길을 가기 시작했다고 지적한다. "제1차 세계대전 종전과 함께 급진주의는 뉴욕 그린위치 시카고, 샌프란시스코의 전위적 예술가나 문학가들 사이에서 더 이상 매력적이지 않았다. 물론 급진주의가 완전히 사라진 것은 아니다. 그러나 그것은 자기표현과 자유의 교의 그리고 자기 확신적이고 우상파괴적인 개인주의의 교의 등을 결합

---

10) 교육학계의 일반적인 언어 사용에서 진보주의는 종종 진보주의 교육을 뜻한다. 그러나 이 글에서 진보주의와 진보주의 교육은 구분해서 이해해야 한다. 진보주의는 사회운동으로서의 진보주의를 뜻하고, 진보주의 교육은 진보주의가 교육의 영역에서 발현된 것을 뜻한다.

11) 본래 보헤미아니즘은 같은 지향을 가진 사람들이 느슨한 형태로 연대해서 관습에서 벗어난 자유로운 삶을 꾸려나가는 것을 뜻한다. 음악, 예술, 문학, 영성 등의 영역에서 나타날 수 있다. 이들은 종종 모험가나 방랑자들로서 등장하지만 반드시 그런 것은 아니다. 이 단어는 유럽의 대도시의 주변화되고 빈곤한 예술가, 작가, 음악가, 배우들의 비전통적인 삶의 방식을 뜻하기도 한다. 더 나아가서 이들은 기존의 제도에 대해 비판적이었고 자유, 사랑, 검소함 등의 가치를 추구했다.

시킨 다면적 사상체계에 의해 빛을 잃었다"(Cremin, 1964: 201에서 재인용).

진보주의 운동에서 보헤미아니즘과 급진주의의 분할은 진보주의 교육운동에도 반영되었다. 즉, 제1차 세계대전 이후 미국의 진보주의 교육(더 정확히는 그것의 보헤미아니즘적 경향)은 개인의 개성과 자유 그리고 창의성에 주목하고, 학교는 그러한 개성과 자유 및 창의성을 온전히 실현시켜 주는 장소라는 점을 강조하게 된다. 물론 이런 입장이 이전 시기의 진보주의 교육에 존재하지 않았던 것은 아니다. 하지만 거기에는 명확한 차이가 있음에 주목할 필요가 있다. 즉, 전후의 진보주의 교육운동에서 사회의 개혁, 진보에 대한 논의는 아동의 개성과 창의성, 자유와 잠재력을 찬양하는 화려한 수사에 밀려 뒷전으로 밀려났다.

크레민은 이러한 전환을 보여 주는 하나의 사례로서 프랫(Caroline Pratt)의 "놀이학교(Play School)"를 제시한다(Cremin, 1964: 203-204). 본래 진보주의적 성향의 교사였던 프랫은 어느 날 6세 소년이 장난감 놀이에 몰입해 있는 모습을 관찰하고 큰 감명을 받았다. 거기서 그녀는 아이들이 놀이를 통해서 각자의 창의적인 방식으로 세계에 대해서 배울 수 있다는 교육학적 신념에 도달했다. 이런 착상은 그녀가 1914년 뉴욕의 빈민가에 속하는 '그린위치 빌리지'에 놀이학교를 열었을 때 현실화되었다. 처음에 프랫이 이 학교를 설립한 목적에는 소외된 빈민 가정의 학생들에게 좀 더 풍부한 삶의 경험을 제공하는 일도 포함되어 있었다. 그러나 그녀의 놀이학교는 노동자 계층보다는 당시 그린위치 빌리지 지역에 많이 거주하고 있던 전위적인 예술가들과 문학가들에게 큰 호응을 얻었다. 이로 인해 그녀의 놀이학교의 성격은 큰 변화를 겪는다. 놀이학교는 점점 사회적 문제의식과는 전혀 관계없는 창의성 교육의 실험실로 변화되었다(Cremin, 1964: 204 참조).

프랫은 어린이들은 예술가라고 주장했다. 즉, 어린이는 본래 보고 듣고 느낀 것을 표현하려는 강한 욕망을 가지며 또 현실에 대해 자신만의 고유한 지각 방식을 간직하고 있다는 것을 강조했다. 그리고 교육은 어린이의 고유한 창의력과 표현활동을 최고의 가치로 삼아야 한다고 주장했다. 이러한 프랫의 교육학적 신조는 급속도로 미국의 학교 현장에 확대 적용되었다. 아이들은 모두 진정으로 훌륭한 예술가들인 것처럼 다루어졌다. 러그(Rugg)와 슈마커(Shumaker)는 『아동 중심 학교』에서 "창조적 충동은 아동 자신 내부에 있다. …… 모든 아동은 창조하는 힘을 가지고 태어난다. 학교의 과제는 아동을 이 창조력을 이끌어 낼 환경으로 둘러싸는 것"(Rugg & Shumaker, 1928; Cremin, 1964: 207에서 재인용)이라고 말했다. 그러나 아동의 자유로운 표현을 최상의 목표로 삼은 많은 교실에서는 실제로는 자유가 아니라 방종이, 자발성이 아니라 변덕이, 개성이 아니라 아집이, 예술이 아니라 무지가, 교육이 아니라 혼돈이 지배했다고 크레민은 평가한다.

진보주의 교육의 감상주의적 경향은 프랫이 주장한 표현주의와 더불어 프로이트주의에 의해서도 촉진되었다. 크레민은 프로이트주의 역시 진보주의 교육이 사회적 문제의식으로부터 멀어지고 아동 중심적 경향을 강화시키는 데 기여했다고 평가한다.

미국에 프로이트주의를 대중적으로 전파하기 시작했던 사람은 브릴(A. A. Brill) 박사이다. 그는 1909년경부터 이미 프로이트의 심리학을 미국에 소개하고 전파하는 일에 발 벗고 나섰다. 제1차 세계대전 이후에는 프로이트의 이론을 교육학에 적용한 책들이 대거 쏟아져 나오기 시작한다. 프로이트 이론에 기초한 교육학은 '무의식'의 개념을 통해서 교사 자신과 학생의 의도적－외면적 행동의 배후에 있는 참된 동기를 이해하는 일을 강조했다. 그리고 교육의 핵심과제로는 어린이의 '억압된' 감정을 사회적으로 유용한 채널로 '승화'시키는 일을 강조했다. 따라서 정신분석학적 교사는 인간의 심리적 기제에 관한 지식에 기초해서 학생의 인격이 형성되는 시기에 가급적 많은 성공적인 승화의 기회를 의도적으로 만들어 학생에게 제공해야 한다. 반면 체계적인 지식과 규칙을 전달하는 일에는 별 관심이 없다.

더 나아가 프로이트주의 교육학자들은 교실이 언제나 정서와 감정으로 충만한 공간이라는 점을 강조한다. 이러한 정서적 상황을 제대로 이해하기 위해서 교사는 심리 분석에 대한 깊은 지식을 필요로 한다. 교사가 자신의 무의식을 이해하고 자신이 학생에 미치는 심리적 역학관계를 제대로 이해한다면 학교의 권위적이고 훈육적인 교육방식은 완전히 변화될 것이다. 억압적인 권위는 사라지고 대신에 학생들에게 자유로움이 허용되고, 그리하여 학생들의 성장이 병적인 애착에 의해 방해받지 않고 정상적으로 이루어지게 될 것이다. "교사들이 전이(transference)와 동일화(identification)의 현상을 이해한다면 교실의 훈육적 패턴 전체가 전폭적으로 변화할 것이다. '억압적 권위'는 학생들을 초기 아동기의 고착(fixations)에서 해방시키려는 노력으로 대체될 것이고 그리하여 학생들은 정상적인 발달을 할 수 있게 될 것이다"(Cremin, 1964: 210).

프로이트주의 교육학자들은 심리분석의 방법을 활용함으로써 결과적으로 학생의 합리적 행위를 위한 토대를 제공한다고 주장한다. 사실 정신분석의 본래 목적은 심리적인 억압과 고착을 제거하여 다시 지성적 판단에 따른 행동을 할 수 있도록 도와주는 데 있다. 하지만 실제에서 프로이트주의 교육학은 교육의 초점을 비지성적인 영역 또는 반지성적인 영역으로 옮겨 놓는 문제를 초래했다. 억압을 금기시함으로써 모든 권위를 배제하고, 감정과 정서에 초점을 맞춤으로써 인간의 이성을 경시했다고 할 수 있다. 결과적으로 교육 현장에서 방종과 자유의 경계가 흐려졌다.

크레민은 프로이트주의 교육학의 실천 사례로서 나움버그(Margaret Naumburg)의 "어린이의 학교(Children's School)"(나중에 "월든학교(Walden School)"로 개칭)를 든다.[12] 이 학교에서 나움버그는 "어린이의 알려는, 행하려는, 존재하려는 명백히 무제한한 욕망과 관심"(Cremin, 1964: 211)에 기초하는 교육과정을 운영하려 했다. 나움버그는 억압적이고 권위적인 교육을 전적으로 거부하고, 학생의 자유로운 생명력을 고스란히 보존하여, 이를 생산적인 활동으

---

12) 알렉산더 닐의 서머힐학교 역시 프로이트 심리학의 영향을 강하게 받았고, 아동에게 어떤 권위나 억압도 강요하지 않는 반권위적 교육을 시도하였다. 월든학교와 서머힐학교의 운영 방식은 이 점에서 서로 유사성을 갖는다.

로 인도하는 것이 교육의 참된 과제라고 보았다. "나움버그는 정신
분석학의 원리를 적용함으로써 호레이스 만과 듀이의 집단 지향적
방법이 초래하는 제한, 억압, 왜곡을 넘어서고 또 학교에 입학하는
학생들의 참신한 생명력을 보존하는 교육에 도달할 수 있다고 믿
었다"(Cremin, 1964: 212).

나움버그는 특히 제1차 세계대전 이후 진보주의 교육이 개인주
의로 전환하는 맥락을 잘 보여 준다. 그녀는 제도로서의 사회의 진
보에 대한 희망을 버렸다고 고백한다. 민주주의자이든 제국주의
자이든 권력을 잡은 뒤의 모습은 대동소이했다. 따라서 그녀는 사
회적 차원에 주목하는 교육의 필요성을 포기하였다. 왜냐하면 사
회적 차원에서의 개혁적인 시도들은 결국 실패로 돌아갈 수밖에
없다고 생각했기 때문이었다. 다만 변화시킬 수 있는 것은 개인
들이며 교육의 목표는 개인의 변화에 집중되어야 한다고 보았다
(Cremin, 1964: 212 참조).

나움버그의 "어린이의 학교"에서 교육은 자유방임의 극단적 형
태를 보여 주었다. 학교는 학년별의 표준적인 교육내용을 만들지
않았다. 교사의 활동은 주로 학생들에게 다양한 자료와 인격적인
만남을 풍부하게 제공하는 데에만 집중되었다. 당대의 유명한 학
자들이 학교에 초청되어 아이들과 함께 활동했다. 과학 실험실에
서 학생들은 자율적으로 작업을 했다. 교사는 실험실 한쪽에 우두
커니 서 있었고, 학생들이 질문을 했을 때만 대답을 할 뿐이었다.
또 월든학교의 교사들은 학생의 정신적 자립성을 기르기 위해 특
히 예술을 강조했다. 예술은 학생들의 자기표현의 수단이자 자아

탐구의 핵심이라고 간주되었다(Cremin, 1964: 213 참조).

　이론으로서의 프로이트주의는 소수의 교육자들에게만 영향을 미쳤다. 대다수의 교사들은 프로이트주의의 이론적 내용에 대해서는 잘 알지 못했다. 그러나 프로이트주의는 전통적 교실의 억압적 분위기와 권위적 교사-학생 관계를 날카롭게 비판함으로써 학교교육 현장에서 아동중심주의의 강화에 기여했다.

3) 킬패트릭의 프로젝트법과 진보주의: 1920년대의 보수적 분위기와의 타협

　앞에서 보았던 표현주의나 프로이트주의와 결합한 진보주의 교육은 어린이의 개성과 자발성을 과도하게 강조하고 교육과 사회개혁 간의 연관성을 배제함으로써 낭만주의 또는 감상주의에 빠졌다. 그러나 킬패트릭의 프로젝트수업에서 보듯이, 1920년대의 진보주의 교육에서 사회개혁의 문제의식이 완전히 사라진 것은 아니었다. 다만 사회개혁의 문제는 과거처럼 구체적인 사회적 현안과 직접적 연관을 맺기보다는 단지 일반적이고 추상적인 차원에서 언급되게 되었다.

　이러한 미묘한 강조점의 변화를 크레민은 다음과 같이 서술하였다. "산업사회라는 조건 아래서 사회변화가 급속도로 빨라진 나머지 교사들은 이제 더 이상은 학생들이 나중에 겪게 될 문제가 무엇인지 확실히 알 수 없다. 따라서 교사는 모든 사회적 문제에 일반적으로 적용할 수 있는 사고의 방법을 가르침으로써 개혁의 대의에 가장 잘 봉사할 수 있다"(Cremin, 1964: 215). 이런 점에서 1920년대 이후의 진보주의 교육은 진보적 사회운동과의 직접적 관련성을 상실해 갔다.

이런 중도적 성향의 진보주의 교육운동을 이끌었던 사람은 킬패트릭(Kilpatrick)이다. 킬패트릭은 듀이가 시카고대학교에 재직하던 시절인 1898년에 듀이의 강의를 들었고, 그로부터 9년 뒤 컬럼비아대학교에서 박사학위를 할 때에도 부분적으로 듀이의 지도를 받았다. 이즈음의 일기에서 그는 듀이가 자신의 생각에 큰 영향을 미쳤다고 적었다. 그리고 같은 시기에 듀이는 킬패트릭의 박사학위 논문 지도교수에게 보낸 편지에서 그는 자신이 경험한 가장 훌륭한 학생이라고 썼다. 1919년 킬패트릭은 기념비적 논문인「프로젝트법」을 발표했다. 이 글로 인해 그는 하루아침에 전국적인, 더 나아가 세계적인 명성을 얻었다.

프로젝트법 또는 구안법은 '목적을 가진 행위' 또는 '유목적적 행위'를 중심으로 삼는 교육 및 수업의 방법이다. 프로젝트는 '사회적인 환경에서 마음 전체를 써서 수행하는 목적적인 행위'를 말한다. 킬패트릭은 프로젝트법을 통해서 손다이크와 듀이의 교육론을 통합할 수 있다고 생각하였다. '유목적적인 행위'는 손다이크의 효과의 법칙과 연결되고, '사회적 환경'은 도덕적인 품성을 기르는 일과 연결된다. 학생들은 설정한 목적을 달성하는 과정에서 효능감과 학습의 즐거움을 느낄 수 있다. 동시에 학생들은 사회적 환경 속에서 타인과 상호작용하는 속에서 도덕적 품성을 기른다. 도덕적 품성은 "자신의 행위와 태도를 집단의 복지와 연관해서 결정하려는 성향"(Cremin, 1964: 217) 이외의 다른 것이 아니다.

　이런 맥락에서 킬패트릭은 학생들이 학교에서 연속적으로 프로젝트들을 수행하는 과정에서 지적 능력과 도덕적 판단력을 기를 수 있다고 보았다. 「프로젝트법」에서 제시했던 그의 구상은 1925년 『방법의 기초』라는 책으로 체계화되어 출판되었다. 이 책에서 그는 전통적 교육을 비판했다. 전통적 교육은 몇 가지 지적인 도구들을 여러 교과를 통해서 따로따로 전달하는 데에 만족하고 있는데, 이러한 파편화된 교육으로는 삶의 진면목을 학생들에게 전달할 수 없다는 것이다. 그는 "잘 사는 법을 배우는 가장 좋은 길은 잘 삶을 실천하는 것"(Cremin, 1964: 218에서 재인용)임을 강조했다.

　그런데 여기서 크레민이 주목한 것은 킬패트릭의 프로젝트법이 비록 듀이의 교육사상에 매우 근접해 있음에도 불구하고 양자 사이에 미묘한 차이점이 있다는 사실이다. 그 차이점은 프로젝트법의 실행에서 목표의 설정과 계획의 주도권을 학생에게 줄 것인가 아니면 학문적 지식을 가진 교사가 맡을 것인가의 문제에서부터 흘러나온다. 물론 킬패트릭은 교사의 주도권과 학생의 주도권 또는 '교과를 가르치는 일'과 '학생에게 자립적 사고의 기회를 주는 일'이 간단히 분리될 수 없다는 것을 인정한다. 하지만 『방법의 기초』에서 킬패트릭은 결국 '학생의 자발적인 계획' 쪽을 선택한다. 그리고 이로 인해 그의 교육학은 '아동중심주의' 쪽으로 기울었다는 것이 크레민의 평가이다.

　킬패트릭의 아동 중심적 경향은 교사가 수업 이전에 미리 교과 내용을 결정하는 것을 극단적으로 비판했기 때문에 더 강화된다.

그는 급속히 변화하는 현대사회에서 학교는 어떤 구체적 지식을 가르치기보다는 '사고하는 방법'을 가르쳐야 한다는 점을 강조한다. 새로운 학교는 "단지 무엇을 행할 것인가보다 사고하기와 문제해결의 방법 그리고 행위의 원리들 강조할 것이며, …… 자립적이고 적응능력을 가진 사람을 만들어 내려고 시도할 것이다"(Cremin, 1964: 219에서 재인용). 따라서 교육과정의 내용은 미리 정해질 수 없다. 교육과정은 학생들이 스스로 설정하고 계획한 목표를 달성하기 위해서 사고하고 행동하는 가운데 알게 되는 지식과 능력들로 사후적으로 구성된다. 이러한 킬패트릭의 입장은 듀이의 교육론 특히 시카고 실험실 학교에서의 교육과 차이가 있다.

물론 듀이도 교육의 과제는 고정된 지식 체계의 전달이 아니라 문제해결 능력의 형성에 있다고 주장하며, 또 교육의 실천에서 아동 자신의 흥미와 목적을 중심에 놓으라고 요구한다. 그러나 이때 아동의 흥미를 중심에 놓으라는 말은 킬패트릭의 '아동 중심'과는 다른 뉘앙스를 갖는다. 그것은 교육과 수업에서 아동의 흥미를 학습의 동력으로 활용해야 한다는 것이지 교육의 내용과 방향까지도 아동의—종종 변덕스러운—흥미에 맡겨 두라는 뜻이 아니다.

그러므로 듀이의 실험실 학교는 아동의 흥미에 의존해서 무계획적으로 교육과정을 운영하지 않았다. 실험실 학교에서 듀이의 학문적 관심은 학문의 논리적 체계에 따라 짜인 전통적 교육과정을 해체하여 학생의 심리적 발달과정에 따르는 교육과정으로 재구성하는 것이었다.[13] 다시 말하면, 듀이는 아동의 경험세계에서 시작하면서도 지금까지 축적된 인류의 소중한 문화적 경험과 지식을 온전하게 전달할 수 있는 교육과정을 마련하려 하였다. 이에 비해 킬패트릭은 "미래의 불확실성을 강조하고 '미리 정해진' 교과 내용을 혹독하게 비판하여 마침내 조직화된 교과 자체를 부정하기에 이르렀고, 결국 듀이의 교육학 패러다임의 균형(balance)을 아동 쪽으로 이전시켰다"(Cremin, 1964: 220). 이로부터 귀결되는 아동 중심의 경향은 듀이가 이미 『아동과 교육과정』(1902)에서 비판했었다.

　1920년대의 진보주의가 점점 아동 중심의 성향을 띤 것에 대해서 듀이는 종종 비판적인 목소리를 냈다. 물론 듀이는 어떤 특정한 개인이나 특정한 입장을 지목하며 비판하지는 않았다. 그는 진보주의 교육의 이론과 실천 전반이 사회개혁의 문제의식에서 멀어지고, 더불어 교과와 아동 간의 균형을 포기하는 것에 대해서 우려했다. 1926년의 한 논문에서 그는 아동 중심의 진보주의 교육에 대해서 이렇게 말한다. "그런 방법은 정말로 어리석다. 불가능한 것을 시도하는 것은 언제나 어리석기 때문이다. 그리고 그 방법은 독립적 사고의 조건들을 오해하고 있다"(Cremin, 1964: 234에서 재인용). 여기서 듀이는 어린이의 독립적 사고가 제약과 규율이 없는 상태에서 발달한다는 생각을 비판하고 있다.

　듀이가 보기에 어린이의 자유와 자립성은 사회의 전통을 잘 알고 있는 경험 있는 교사들의 도움과 개입 속에서 점진적으로 형성되어 가는 것이다. 1928년 진보주의교육협회 연차대회의 기조연설

---

13) 듀이가 말한 교육과정의 '심리화' 그리고 교과의 '논리적 순서'와 '심리적 순서'에 대해서는 나중에 다시 상세하게 다룰 것이다.

에서 듀이는 이렇게 말했다. "진보주의적 학교는 개성을 중시한다. 사람들은 종종 짜임새 있게 조직된 교재는 학생들의 개성적인 요구에 대해 적대적이라고 생각하는 듯하다. 그러나 개성은 발전시키고 달성해야 하는 것이지, 기성품처럼 이미 주어져 있는 것이 아니다"(Cremin, 1964: 234f에서 재인용). 그러므로 교재와 수업 활동의 체계적인 조직화는 개성 존중의 원칙에 반하는 것이 아니라 오히려 학생의 개성을 존중하고 발달시킬 수 있는 유용한 수단이다. 교사는 자신의 풍부한 경험을 통해서 그렇게 할 권리를 가질 뿐 아니라 그런 방향에서 학생을 도와줄 의무를 갖는다. 그의 진보주의 교육 비판은 1938년의『경험과 교육』에서 절정에 이른다.

4) 진보주의의 급진화: 1930년대 미국 사회의 모순의 심화

앞의 2절과 3절에서 우리는 그 정도는 다르지만 대체로 아동 중심 쪽으로 기울었던 1920년대의 진보주의 교육을 살펴보았다. 이제 4절에서는 미국 진보주의 교육학 내의 급진주의적 경향을 살펴볼 것이다. 1절에서 보았듯이 급진주의는 자본주의의 모순과 병폐를 직접적으로 비판하는 입장을 가리킨다. 진보주의의 급진적 경향—또는 브라멜드의 용어로 말한다면—'재건주의'의 흐름은 1930년에 큰 영향력을 발휘했다. 물론 1920년대에도 미국 교육학계에 자본주의 사회의 문제점을 지적하는 급진주의의 목소리가 전혀 없었던 것은 아니다.

1920년대 급진주의적 교육학자로는 베블렌(Thorstein Veblen), 싱클레어(Upton Sinclair), 커크패트릭(John Kirkpartrick), 스터른 (Harold Stearn) 등이 있었다. 베블렌은 산업계가 어떻게 대학을 지배하고 있는가를 폭로했고, 다른 사람들도 같은 맥락에서 학교와 대학의 상황을 비판했다. 이들은 기업이 교육과 학교에 대한 무소불위의 통제를 하고 있는 한, 교육개혁이나 비판적 지성인의 교육은 불가능하다고 주장했다. 그러나 1920년대까지 이들의 목소리는 비교적 작은 편이었다.

1920년대에 이미 미국 교육에 대해 급진적인 비판을 시작했던 가장 두드러진 인물은 카운츠(George S. Counts)이다. 1922년의 한 연구에서 그는 미국 중등교육이 법으로 규정된 자신의 임무를 저버린 채, 단지 경쟁과 선발(selection)의 기능을 하고 있음을 폭로했다. 그는 국민의 세금으로 운영되는 공립학교들이 사실상 인종, 계급 간의 불평등을 영속시키는 데 이바지하고 있음을 명확하게 보여 주었다(Cremin, 1964: 225 참조). 1927년의 연구에서 그는 교육을 정치와 분리하려는 태도를 비판하고, 오히려 중요한 것은 학교가 정치적인 문제를 좀 더 긴밀하게 반영하도록 하는 기제를 마련하는 것이라고 주장했다(Cremin, 1964: 226 참조).

1929년 카운츠는『중등교육과 산업주의(Secondary Education and Industrialism)』에서 이전의 논점들을 종합하여 자신의 기본 입장을 체계화하기에 이른다. 이 책은 그때까지 미국의 교육개혁이 결코 산업 문명의 현실과 진정으로 대결한 적이 없었으며 교육개혁이 그런 식으로 진행되는 한 진정한 변화는 불가능하다고 주장했다

(Cremin, 1964: 227 참조). "학교는 단지 의도적인 결단만으로는 사회적으로 진보적이 될 수 없다. 학교가 사회의 밑바닥에 도달하고, 사회적 삶의 심층적 흐름을 건드리기 전까지 학교는 하나의 교육적 실험일 뿐이다. 그것은 교육학자들에게만 관심거리이고 곧 실패하게 된다"(Cremin, 1964: 227에서 재인용).[14]

확실히 1920년대 카운츠의 저작들은 교육과 정치를 통합적으로 보고, 강력하고 실천적인 사회개혁을 주장한다는 점에서 진보주의 교육의 급진적 형태라고 할 수 있다. 그러나 진보주의 교육을 단순히 아동중심주의 교육과 등치시킨 당시의 학자들은 카운츠의 교육론을 진보주의 교육으로 간주하지 않았다. "카운츠의 저작들은 1920년대의 탁월한 진보주의적 진술에 속했지만, 그것을 진보주의 교육으로 간주한 사람은 별로 없었다"(Cremin, 1964: 227).

그러나 1930년대에 들어 대규모 경제 공황이 시작되면서 이러한 사정은 변화하기 시작했다. 정치와 교육에서 급진주의적 입장이 다시 주목을 받게 되었다. 1920년대의 아방가르드 분위기 아래서는 진보주의 교육의 사회비판적 문제의식은 지나치게 개인을 규제하며 집단적 도덕성을 강요한다고 비난받았다. 그러나 1930년대

---

14) 그렇지만 1920년대의 카운츠는 학교를 진보적으로 개혁한다고 해도, 학교는 결코 자본주의 사회를 근본적으로 변화시키는 원동력이 될 수 없다고 보았다. 다만 그는 학교는 사회 및 정치와 밀접한 관계를 유지함으로써 사회를 인간화하는 문화적 도구는 될 수 있으며, 바로 여기에 학교가 달성해야 할 위대한 교육적 과제가 놓여 있다고 생각했다(Cremin, 1964: 227 참조). 이러한 카운츠의 학교관은 경제적 모순의 첨예화에 따라서 1930년대에는 더 급진적으로 변화한다.

의 사회경제적 상황에서는 다시 사회개혁의 문제가 더 주목을 받게 되었다. "점차 듀이의 초기 저작들에서 중심적인 위치를 점했던 개혁적인 성향이 다시 [진보주의 교육의: 필자 삽입] 전면에 등장하였다"(Cremin, 1964: 228).

일군의 컬럼비아 사범대학 교수들은 이러한 변화에 민감하게 반응했다. 1927년경 킬패트릭과 러그(Rugg)가 주축이 되어 작은 학술연구모임을 만들었다. 듀이와 카운츠, 차일즈(Childs) 등 다수의 진보주의적 교육학자들이 이 모임에 지속적 또는 간헐적으로 참가하였다. 이 모임의 작업성과는 1933년『교육적 프런티어(The Educational Frontier)』라는 제목의 책으로 발표되었다. 이 책은 당시의 상황에 맞는 새로운 교육철학을 마련하기 위해 활동했던 학술위원회(위원장: 킬패트릭)의 이름으로 출간되었다. 하지만, 실제로는 위에서 말한 소모임의 작업성과를 담고 있었다.

이 책의 논지는 다음과 같다. 과학과 기술이 초래한 광범한 사회적 변혁 때문에 이제 교육의 과제는 "개인에게 자신이 살아가고 있는 사회조건의 운영에 지성적으로 참여하도록 준비시키고 또 개인들이 변화하고 있는 여러 힘을 잘 이해하게 하고 그리하여 이러한 힘들의 방향에 스스로 발맞추어 나갈 수 있도록 지성적이고 실천적인 도구를 제공"(Cremin, 1964: 229f)하는 데 있다. 여기서 이미 1930년대 진보주의 교육의 강조점 변화, 즉 교육과 정치의 결합이 드러나고 있다.[15]

---

15) 이것은 듀이가 분담하여 서술한 두 개의 장에서 잘 드러난다. 거기서 듀이는 포괄적

이런 점에서 『교육적 프런티어』는 1930년대 진보주의 교육의 핵심을 잘 보여 주는 저작이다. 이 책은 제1차 세계대전 이후의 어떤 진보주의 교육자들의 저작보다도 냉철하고 현실적이다. 그러나 크레민에 따르면, 거기에는 치명적인 문제가 하나 있는데, 이 책은 교육의 실천적 역할을 명확하게 강조했지만, 정착 구체적인 교육 프로그램을 제시하는 데에서는 너무 빈약했다는 것이다. 그들은 이제 진보주의 교육이 새로운 방향을 모색해야 한다고 주장했지만 정작 교육과정, 교육방법, 조직, 학교의 일상문제 등에 대해서는 구체적 내용을 제시하지 못했다. 즉, 구체적으로 무엇을 어떻게 할 것인가의 물음은 방치되었다.

여기에 크레민에 따르면, 바로 여기에 1930년대 급진적 진보주의 교육의 명백한 한계가 놓여 있었다. 그래서 진보주의 성향의 교사들은 한편으로는 여전히 킬패트릭의 『방법의 기초』, 즉 프로젝트법에서 실제적인 교육방법을 받아들이고, 다른 한편으로 『교육적 프런티어』에서 사회개혁이라는 문제의식을 받아들였다. 그러나 크레민이 보기에 이 두 부분은 그 지향이 서로 달랐기 때문에 종합하기가 매우 힘든 것이다. 프로젝트법은 아동의 자유와 창의를 강조하

인 학교 프로그램, 즉 "우리가 속한 세대에서 우리의 가정적, 경제적, 정치적 삶을 특징짓고 규정하는 여러 요구와 문제를 명확하게 참조한" 프로그램을 요구했다. 또 듀이는 교육을 통한 변화는 정치를 통한 변화와 "상관적이고 상호작용적"이라고 주장한다. "어떤 사회적 변화든 간에—사소한 것이든 또는 혁명적인 것이든—그것이 국민(people)의 욕구와 목적설정을 통해서 그들의 행동 속으로 도입되지 않는다면 지속할 수 없다. 이러한 도입과 지속은 교육을 통해서 달성된다"(Cremin, 1964: 230).

는 반면, 교육적 프런티어는 사회적 모순의 해결을 강조한다. 30년
대의 진보주의 교육학자들은 이 양자 간의 균열을 결국 해결하지 못
했다(Cremin, 1964: 231).

　1934년에 킬패트릭을 중심으로 하는 컬럼비아 사범대학 그룹
은 1930년대 미국의 분위기를 반영하는 진보적 학술지『사회적 프
런티어(The Social Frontier)』를 창간했다. 이 잡지는 원래 컬럼비아
대학 대학원생이 주도하여 만들었으나 곧 킬패트릭과 카운츠 등이
권한과 책임을 넘겨받았다. 창간호에 실린 선언에 따르면, 이 학술
지의 목표는 자유방임적 개인주의가 쇠퇴하고 반면 집단적인 계획
과 통제의 부흥이라는 현실을 배경으로 이러한 변화가 사회적, 교
육적 재건(reconstruction)에 대해 갖는 의미를 규명하는 데 있었다.
이 학술지의 교육에 대한 관점은 매우 포괄적이었다. 창간호는 "본
지는 교육을 진화하는 과정 중에 있는 문화의 한 측면이라고 간주"
(Cremin, 1964: 231)한다고 선언했다. 어떤 특정한 교육적 입장을 옹
호하기보다는, 보편적으로 대다수 국민의 복리와 이익을 증진하는
교육을 표방했다.[16]

　그러나 크레민의 평가에 따르면『사회적 프런티어』는 사회개혁
적 문제의식이 강한 진보적 목소리를 냈지만,『교육적 프런티어』
와 마찬가지로, 실제로 현실을 변화시키는 데서는 그다지 영향력

---

16) 그러나 이『사회적 프런티어』의 창간에 깊이 관여했던 대학원생 노만 웰펠(Norman
　　Woelfel)은 이 학술지가 교육학자들 내에서 사회적 경제적 문제에 대해 좌파적으로
　　생각하는 사람의 입장을 대변한다고 말했다(Cremin, 1962: 232 참조). 이것은 이 잡
　　지의 정치적 입장을 분명히 드러내 준다.

을 발휘하지 못했다. 앞에서 지적한 1930년대 진보주의 교육의 한
계점, 즉 이론과 실천의 괴리는 점점 더 커지고 있었다. "이 잡지
는 결과적으로 미국 대중의 마음에 진보주의 교육에 대한 또 하나
의 이미지를 남겼다. 즉, 미국의 삶의 방식을 전복시키기 위해 학
교를 이용하려는 급진적인 교육자라는 희화적인 이미지를 남겼다"
(Cremin, 1964: 233). 즉, 미국에서 진보주의 교육은 1920년대에는
낭만적 아동중심주의라는 이미지를 남겼고, 1930년대에는 과격한
정치적 성향을 띤 교육이라는 이미지를 남겼다. 크레민이 보기에
이 두 이미지는 모두 진보주의 교육을 희화화한 것에 불과하다.

　여기서 마지막으로 1930년대의 급진적 경향에 대해 듀이가 취했
던 입장을 살펴보고 넘어갈 필요가 있다. 이에 대한 듀이의 견해는
『사회적 프런티어』에 발표했던 두 논문 "교육과 사회적 변화", "교
육은 사회적 재구성에 역할을 할 수 있는가?"에서 찾을 수 있다. 이
논문에서 듀이의 교육목표는 카운츠와 크게 다르지 않다. 그에게
도 교육은 사회의 현안들에 관심을 가지고, 그 문제의 해결을 위해
참여하고 행동하는 지성적인 인간을 길러 내는 데 목표가 있다.

　그러나 듀이는 교사들이 주도해서 새로운 사회질서를 만들어 내
는 데 이바지해야 한다는 급진적 주장에 대해서 회의적이다. 듀이
는 정치 교육의 담당 주체가 다원화된 현대사회에서 학교는 결코
정치적, 지성적 또는 도덕적 변화의 주요한 결정요인일 수 없다고
보았다. 적어도 『민주주의와 교육』 이후에 듀이는 학교가 사회개혁
의 주요한 동력이라는 생각을 포기했다(Westbrook, 1993 참조). 대
신에 그는 학교가 사회개혁의 충분조건이 아님을 분명히 하면서,

2. 진보주의 교육의 전개   121

학교의 역할은 "변화된 사회질서를 유지하기 위해서 요구되는 지성과 성향을 형성하는"(Cremin, 1964: 236) 데 있다고 주장했다. 그러므로 학교는 사회개혁이 성공하기 위한 필요조건 중 하나일 뿐이다.

또 듀이는 카운츠와 달리 고정된 사회적 신조를 가르치는 일에 대해서 완강히 반대했다. 듀이는 아동의 자유와 자발성에 대한 지향을 끝까지 견지했다. 동시에 듀이는 "교육과 사회변화"라는 논문에서 진보주의적 교사는 기존 사회질서 변화와 연관된 과학적, 기술공학적, 문화적 힘들을 이용해야 하며 그것들의 결과를 측정하고 또 학교 제도를 자신들의 동맹자로 변화시키기 위해 어떻게 해야 할지를 알아야 한다고 강조한다(Cremin, 1964: 236 참조). 그리고 『경험과 교육』(1938)에서는 당시의 진보주의 교육의 이데올로기 과잉에 대해서도 경고한다. 그는 이제 진보주의 교육은 "교육에 대한 어떤 이즘(-ism)의 관점에서가 아니라 교육 자체의 관점에서"(Cremin, 1964: 237) 생각하기 시작해야 한다고 말한다. 즉, 진보주의 교육 및 교육자는 항상 현실적 필요, 문제 그리고 가능성에 대한 포괄적이고 체계적인 조사를 통해서 주어진 상황에 맞게 스스로 원리를 형성해야 한다.

이상에서 필자는 1920~1930년대의 미국의 진보주의 교육의 흐름을 '아동 중심'과 '사회개혁'의 긴장이라는 틀에 따라서 간략히 정리했다. 거기서 진보주의 교육의 전개과정은 미국 사회의 정치, 경제, 문화적 변동이라는 맥락과 긴밀히 연결되어 있음이 드러났다. 진보주의 교육은 하나의 고정된 원리나 교리(dogma)의 체계가 아

니라, 사회적 변화 속에서 인간성의 진보와 교육의 개혁을 추구해
나가는 역동적 움직임이다.

3. 진보주의 교육의 퇴장

　진보주의 교육 이론과 실천의 내적인 분화와 긴장 속에서도 교
육 및 학교개혁을 위한 실천적 노력은 1920~1930년대 내내 유지되
었다. 거기서 중심적인 역할을 한 것은 뜻있는 사회운동가와 교사,
학부모, 교육학자들의 모임이었던 '진보주의 교육 협회(Progressive
Education Association: 이하 PEA로 약칭)'이다. 주지하듯이 PEA는 교
사, 학부모, 대중의 열렬한 호응 속에서 1920~1930년대 교육개혁
운동의 구심점이 되었다. 그러나 1930년대 말부터 진보주의 교육
에 대한 비판의 목소리들이 증대하기 시작했고 1940년대 초에는 마
침내 PEA 내에서조차 '협회의 의미와 존립'에 관한 논의가 불거져
나왔다. 여기서 필자는 진보주의 교육의 해체과정을 PEA의 역사를
통해서 살펴보려 한다.
　PEA의 역사는 1919년대 말로 거슬러 올라간다. 1919년 4월 교
육개혁에 관심을 가졌던 젊은 교사 콥(Standwood Cobb)은 진보적
성향의 여성 교육자들(예를 들면, Marietta Johnson, Eugene Randolpf
Smith, Mrs. Laura C. Williams, Anne E. George 등)과 더불어 PEA를
출범시켰다. 초창기 구성원들은 주로 진보적 성향의 학부모와 교
사들이었다. 초대 회장은 창립회원 중 한 사람인 모건(Arthur E.

Morgan)이었다. 초대 명예 회장직은 한때 하버드 대학 총장을 지낸 엘리엇(Charles W. Eliot)이 맡아 주었다. 그러나 명예회장은 PEA를 명목적으로만 대표할 뿐이었고, 협회의 실질적인 일에 별로 관여하지 않았다.

그러므로 PEA는 듀이를 비롯한 컬럼비아 사범대학 교수들이 아니라, 교육개혁에 열정을 가진 교사와 교육자, 시민들의 자발적인 모임으로 시작된 것이었다. 크레민이 보기에, 이 사실은 이후 PEA의 발전과 소멸 과정에서 매우 중요한 의미를 갖는다. 기존의 유명한 진보주의 교육자들은―마리에타 존슨을 제외하고―PEA의 창립과 운영에 별로 관여하지 않았다. "이 조직은 진보주의 교육운동의 주변부에서 시작되었고, 그때까지는 진보주의 교육운동의 전통이나 성취에 대해서 잘 알지도 못했다"(Cremin, 1964: 246). 듀이는 처음에 PEA에 참여하기를 거부했고, 1928년에 가서 초대 명예회장 엘리어트가 사망했을 때에 비로소 제2대 명예회장직을 수락했다(Cremin, 1964: 246 참조). 듀이는 이 협회의 관점과 전망에 대해서 그리 탐탁지 않게 생각했으며, 결코 PEA에서 적극적인 역할을 한 적이 없었다(Cremin, 1964: 249 참조).

PEA는 미국의 학교 제도를 전면적으로 개혁하기 위한 기본 강령으로 다음과 같은 7개의 원리를 제시했다(Cremin, 1964: 243-245 참조).

① 본성에 따라 발달할 자유
② 모든 작업의 동기로서의 흥미

③ 교사는 안내자이지 감독자가 아님

④ 학생의 발달에 관한 과학적 연구

⑤ 아동의 신체적 발달에 영향을 주는 모든 것에 대한 더 많은
관심

⑥ 아동 생활의 필요와 요구를 충족시키기 위한 학교와 가정의
협력

⑦ 진보적 학교가 교육운동을 주도할 것

이와 더불어 PEA는 자신의 정체성을 "교육이 공동체와 국가에
영향을 미친다는 의미에서 교육에 관심이 있는 학부모 및 일반인
의 모임"(Cremin, 1964: 245)이라고 규정했다. 이러한 자기규정을 통
해서 PEA는 기본적으로 교육 전문가 집단이기를 거부했으며 또 특
정한 교육방법이나 체계를 신봉하지 않겠다는 의도를 분명히 했
다. 창립 목적에서도 PEA는 명시적으로 진보주의 교육을 옹호하지
는 않았다. 협회는 "다양한 활동 주체가 달성한 [교육의] 개선과 발
전을 대중에게 알리는 매개체"(Cremin, 1964: 246)가 되고자 했을 뿐
이다. 심지어 자신의 명칭에 명시적으로 '진보주의'를 넣을 것인가
도 미리 결정되었거나 당연시되지 않았다. 창립회원들은 오랜 논
쟁과 표결을 거쳐서 비로소 협회 명칭에 '진보주의'라는 이름을 넣
기로 결정하였고, 이후의 활동 과정에서 우여곡절을 거쳐 PEA는
'진보주의 교육'을 대표하는 기관으로 성장하였다. 크레민은 이러
한 과정이 어떤 개인이나 집단의 명시적 의도와 계획에 따라서 진
행된 것이 아니라 우연적인 전개의 결과였다고 평가한다(Cremin,

1964: 247).

여기서 크레민이 강조하고 싶은 것은 다음과 같다. PEA는 이론적으로 투철한 진보주의 교육학자들이 주도하여 명확한 목적과 계획하에 만든 것이 아니다. 그것은 미국 교육의 개선에 관심을 가진 사람들(주로 교사, 학부모, 시민 등)이 의기투합하여 만든 자연발생적이고 대중적인 모임이었다. 그러나 PEA는 1930년을 전후로 커다란 변화를 겪게 된다. 적어도 1930년경까지 PEA의 실질적 핵심부는 여전히 스미스(E. R. Smith)나 콥(Cobb) 등 창립회원이 주를 이루었다. 이때까지도 이들의 입장은 초창기 진보주의 교육의 개혁주의(reformism)와는 거리가 있었다(Cremin, 1964: 249f).

그러나 크레민에 따르면, 1930년경부터 대학 교수들이 협회에 들어와 활발히 활동하기 시작하면서 PEA는 진보주의 교육학자로 이루어진 전문가의 단체로 변화되기 시작했다. 이러한 변화의 배경에 대해서 크레민은 다음과 같이 해설하고 있다. 컬럼비아 대학 교수들이 PEA에 관여하게 된 것은 1930년경 PEA의 집행위원회가 진보적 교육의 확산을 위한 구체적 대책을 마련하기 위해 여러 '위원회'를 만들기 시작하면서부터였다. 그리고 이 시기부터 PEA는 외부의 재단들로부터 대규모 재정지원을 받기 시작했다. PEA는 특히 '미국교육협회(NEA)'의 지원 아래 다양한 위원회를 만들어 다양한 주제와 분야의 교육연구를 수행하게 되었다. 이 위원회 중에서 가장 눈에 띄는 성과를 남긴 것은 '학교와 대학의 관계 위원회'였다. 저 유명한 '8년 연구'는 이 위원회가 수행했던 것이다.[17]

PEA가 여러 위원회를 조직하여 다양한 연구프로젝트를 진행하게 됨에 따라 협회의 주도권은 컬럼비아 사범대학 교수들의 손으로 넘어가기 시작했다. 이 당시의 PEA의 내밀한 상황을 보여 주는 에피소드가 하나 있다. 크레민은 1930년 콥(Cobb)이 갑자기 PEA 회장직에서 물러난 직후, 우연히 그를 만난 적이 있었다. 그때 크레민은 협회에 도대체 무슨 일이 있었냐고 물었다. 그러자 콥은 "컬럼비아 사범대학 사람들"이 협회를 강탈해 갔다고 대답했다고 한다(Cremin, 1964: 250 참조). 크레민은 이 대답이 물론 콥의 개인적

---

17) 8년 연구(또는 '30개 학교 연구'라고도 함)는 약 30개의 고등학교가 참여하여 1933년에서 1941년까지 수행된 장기적 종단연구이다. 이 연구는 미국의 중등교육과정이 학생의 필요나 요구보다는 대학 입시의 요구에 맞춰져 있다는 비판에서 시작되었다. 8년 연구는 중등학교에서 대학입시 위주의 교육을 받은 학생들이 그렇지 않은 학생들에 비해 대학에서 어느 정도의 학업성취를 이루는지 검증하려 하였다. 진보주의 교육협회는 200개 이상의 대학 당국을 설득하여 고등학교 교장의 추천을 받은 우수한 고등학생을 기존의 입학자격조건과 관계없이 받아들이게 하였다. 선정된 30개 고등학교는 대학입학 자격기준과 관계없이 자기 학교의 교육과정을 실험적으로 운영하였다. 진보주의 교육협회는 교육과정 자문 또는 분석에 도움을 주었을 뿐 직접적으로 각 학교의 실험과정에 개입하지는 않았다. 그럼에도 30개 고등학교의 교육과정 개혁은 대체로 유사한 패턴을 보였다. 교과 간의 통합이 증가했고 전통적 교과보다는 예술 교육이 증가했다. 교사들은 더 협력적인 수업계획을 만들었고 교실의 규모나 수업의 길이를 변화시켰다. 학생들은 사회봉사, 집단적 의사결정, 예술적 작업 등등에 더 많이 참여하게 되었다. 많은 학교들은 학교 내에 더 작은 소규모 학교들을 만들어 운영했다. 일반적으로 이러한 변화는 학교의 강조점을 공장 모델로부터 개별 학생에 대한 관심으로 이전시켰다. 8년 연구의 결과는 평가방식, 혁신적인 청소년 연구 방법, 교육과정과 교수법, 교사교육과 교과교사회의에 대한 새로운 사고를 자극했다. 그러나 무엇보다도 전통적인 교과교육을 약화시키지 않으면서도 학생의 전체적 인성을 계발하는 것이 가능하다는 사실을 보여 주었다. 또한 고등학교에서 대학 입시에 구속되지 않는 교육을 받은 학생들이 대학에서 그렇지 않은 학생들보다 더 성공적으로 학업을 수행한다는 점도 보여 주었다. 8년 연구에 대한 더 자세한 내용은 이윤미(2015) 참조.

불만을 반영한 과장된 측면도 있겠지만, 거기에는 상당 정도의 진실이 들어 있었다고 평가한다.

그런데 이렇게 PEA가 전문적 교육학자들의 단체로 변화된 것은 미국 진보주의 교육운동에 어떤 영향을 미쳤을까? 여기에 대해서 크레민의 평가는 매우 부정적이다. 그는 PEA의 회장단이 전문가 집단으로 변화한 것은 일시적으로 진보주의 교육운동을 강화했지만, 장기적으로는 광범위한 시민적, 정치적 지지 기반을 상실함으로써 오히려 운동의 동력을 약화했다고 본다(Cremin, 1964: 273 참조). 초창기의 PEA는 문호를 열고 국내외의 다양한 진보적 단체와 협력하고 활발히 교류하였고 또 이를 위해서 창립회원들은 자신의 정치적, 교육적 입장과 원칙을 명확히 정식화하기를 주저했다. 그런데 1930년을 전후해서 컬럼비아대학의 진보주의적 교육학자들이 주도권을 쥐면서 이런 사려 깊은 태도는 사라졌다. PEA는 스스로 자신의 정치적, 학문적 입지를 좁혀 버리고 말았다. 크레민에 따르면 이것은 진보주의 교육운동이 몰락하게 되는 하나의 원인이 되었다. 이 과정을 좀 더 자세히 들여다보자.

이미 말했듯이 1920년대까지 PEA의 집행부는 느슨하고 포괄적인 '진보주의 교육'의 이름 아래 다양한 성향의 대안적 교육을 결집하려고 노력했고, 반면 어떤 고정된 방법이나 철학에 자신을 제한하지 않으려고 노력했다. 적어도 1930년경까지 PEA는 어떤 고정된 교육철학이나 교육방법도 공식적으로 표방하지 않았고 항상 새로움을 추구하는 교육 자체의 본성에 따르려고 노력했다(Cremin, 1964: 258 참조). 그러나 이러한 온건한 태도는 1932년 PEA 연차대

회에서 카운츠가 했던 "진보주의 교육은 과연 진보적인가?"라는 유
명한 연설을 계기로 중단되고 말았다. 이 연설을 통해서 카운츠는
PEA를 사회개혁적이고 급진적인 진보주의 교육으로 선회시키려
하였다.

연설에서 카운츠는 그때까지 진보주의 교육이 훌륭한 성취를 이
루었지만, 변화된 상황으로 인해 그것만으로는 이제 불충분하다고
비판했다. 그 이유는 진보주의 교육의 주도권이 산업화로 인해 발
생한 거대한 사회적 문제를 해결하는 데에 무관심한 중·상위계층
의 손에 넘어갔기 때문이다. 카운츠는 이렇게 경고한다. "진보주의
교육이 진정으로 진보적이려면 그것은 먼저 중, 상위계층의 영향
에서 벗어나 모든 사회적 현안을 정면으로 용기 있게 대면하고, 구
체적이고 현실적인 삶과 대결해야 하며, 공동체와의 유기적 관계
를 확립하고, 복지에 관한 현실적이고 포괄적인 이론을 개발하고,
인간의 운명에 대한 명확하고 도전적인 비전을 찾아내야 하며, 또
주입(imposition)과 교화(indoctrination)라는 유령을 지금보다 덜 두
려워해야 한다"(Cremin, 1964: 259에서 재인용).

그는 산업화의 과정에서 자본주의가 잔혹하고 비인간적인 모습
을 드러냈다는 사실을 상기시키고 이제 경쟁은 협동으로, 이윤추
구는 신중한 계획으로, 사적 소유에 기초한 자본주의는 사회화된
경제 제도로 대체되어야 한다는 급진적인 주장을 전개했다. 자본
주의가 초래한 억압과 불평등은 더 방관할 수 없는 지경에 이르렀
다. 교육은 이러한 긴박한 사회개혁의 요구에 긴밀하게 대응하지
않으면 안 된다. 그러기 위해서 이제 교육은 학생에게 사회개혁을

위한 올바른 가치와 지식을 직접 주입하거나 교화시키는 일에 주저할 필요가 없다. 이것이 카운츠의 저 유명한 연설의 요지이다.

결국 카운츠가 PEA에 요구했던 것은 다음과 같은 것이다. 진정한 의미에서 진보주의와 진보주의 교육을 추구한다면, PEA는 이제 미국 사회의 구체적 현실과 정면으로 대결해야 한다. 즉, PEA는 이제 미국의 현실에 발을 딛고 서서, 시대의 정신과 조화를 이루고, 산업사회의 현실을 직시하며, 미국 국민의 가장 심오한 내적인 충동에 호소하고, 세계 사회의 등장을 고려하는 새로운 전통을 창조하는 문제와 직접 대결해야 한다(Cremin, 1964: 260 참조). 따라서 이제 교사들은 가능한 최선의 사회를 계획하고, 교화에 대한 두려움에서 벗어나 이러한 새로운 비전을 학생들에게 직접적으로 가르쳐야 한다고 주장한다. 이것을 거부하거나 외면하는 것은 시대가 요구하는 교육적 책임을 회피하는 것이다(Cremin, 1964: 260 참조).

카운츠의 연설은 대회에 참석했던 사람들, 특히 현장 교사들에게 강렬한 충격과 인상을 주었다. 참석자들은 대회가 끝난 뒤, 숙소에 모여서 밤을 새워 가며 '과연 학교와 교사가 새로운 사회를 만들 수 있는가'에 대해 열띤 토론을 벌였다고 한다. 그로부터 불과 이틀 후에 PEA 연간 업무 회의는 다음과 같은 결의문을 채택하였다. "우리는 이사회 의장에게 '경제학과 사회학 분과' 또는 위원회를 설치할 것을 권고한다. 이 분과 또는 위원회는 학교 및 그와 유사한 기관이 오늘날의 세계가 직면하고 있는 경제적, 산업적 문제들에 대해 깊이 있고 체계적인 연구를 하도록 촉진하는 역할을 해야 한다"(Cremin, 1964: 261).

PEA의 이사회는 이 제안을 수용하였다. "미래의 학교는 아동중심 이상이어야 하며, 개성의 발달이 반드시 사회의식의 발달을 보장하지 않는다는 일반적인 합의"(Cremin, 1964: 261)가 이루어졌다. 그러나 이 목표의 달성을 위한 방법에는 많은 이견이 있었을 테지만, 어쨌든 '사회 경제적 문제 위원회'가 설치되었고 카운츠가 위원장으로 그리고 그와 유사한 급진적 성향의 학자들이 위원으로 임명되었다(Cremin, 1964: 261f). 그러나 동시에 교육의 사회적 역할을 둘러싼 이론 및 노선의 갈등은 이미 예고되고 있었다.

1933년 3월 카운츠가 '사회 경제적 문제 위원회'의 프로그램을 보고했을 때, PEA 이사진의 반응은 결코 우호적이지 않았다. 어떤 사람은 위원회의 보고서가 너무 소극적이라고 비판했고, 어떤 사람은 너무 사회주의적이고 급진적이라고 비난했다(Cremin, 1964: 262 참조). 마침내 이사회는 카운츠에게 이사회의 평가를 반영하여 보완된 보고서를 다시 제출하라는 결정을 내렸다. 그러나 카운츠의 보고서에 대한 이사회의 공식 승인은 끝내 이루어지지 않았다.

1933년 봄 카운츠는 이사회의 승인을 얻지 못한 채 위원회의 보고서를 『미국 교사에게 요청함(A Call to the Teachers of the Nation)』이라는 제목의 소책자로 출간하였다. 이 글에서 카운츠는 교육이 민주적 사회질서의 재건에 직접 복무해야 한다고 분명히 주장했다. 즉, 교사는 학생들에게 특권과 억압에 저항하고 대중의 복지를 위해 헌신하는 태도를 길러 주어야 하고, 교사들은 사회의 재건(social reconstruction)을 위해 전투적으로 헌신하는 전문가 조직을 만들어 활동할 필요가 있다. 도달해야 할 새로운 사회는 사회적 경제적 계획에 의해서 운영되며, 생산수단이 사회 전체의 복지를 위해 관리되는 체제여야 한다(Cremin, 1964: 263).

카운츠의 보고서가 현장에 미친 영향을 평가하기는 어렵다. 그러나 레더퍼(Rederfer)에 따르면, 그것은 적어도 현장 교사들에게 그리 큰 영향을 주지 못했다. 반면 그 보고서에 서명했던 학자들은 엘리자베스 딜링(Elizabeth Dilling)이 쓴 『적색분자 네트워크』에 루스벨트, 존 듀이, 제인 애덤스와 나란히 기재되었다. 여기서 알 수 있듯이 카운츠의 보고서는 PEA가 급진적인 사회주의자의 조직이라는 강력한 인상을 대중들에게 각인시켰다. 이러한 급진주의의 낙인은 시간이 갈수록 더 강화되었다(Cremin, 1964: 264 참조). 크레민이 보기에 이것은 PEA의 앞날에 어두운 그림자를 드리웠다.

한편 이런 상황에는 PEA 이사회는 1930년대 내내 PEA 내부에서 통합적인 진보주의 교육철학을 구성하려고 노력했음이 이사회 회의록을 통해 드러난다. 적어도 1933년부터 이사회는 PEA의 노선과 목표를 재정립하고 또 자기 정체성을 확립하려고 시도했다. 그리고 1936년 '교육철학 위원회(Committee on Educational Philosophdy)'가 설치되었다. 이 위원회는 PEA의 정체성을 규정할 수 있는 원리와 결의안을 만들기 위해 애썼다. 그러나 협회 차원의 공식적인 의결이나 결의안 채택을 끌어내지 못하고 해산했다(Cremin, 1964: 256f 참조).

1938년에 다시 설치된 '교육철학 위원회'는 극단적인 아동중심주의도 극단적인 사회개혁적 입장도 거부하는 방향을 제시하였다. 위원회는 "교육에 하나의 방향, 즉 가치 있는 것의 점진적 실현이라는 방향을 설정"(Cremin, 1964: 266)함으로써 교육의 진보성을 확보하려 하였다. 이 위원회가 제출한 보고서 「진보적 교육: 그 철학과 도전(Progressive Education: Its Philosophy and Challenges)」은 사실상 듀이의 입장을 반복하였다. 위원회는 한편으로 교육은 "문화가 자신을 자각함으로써 문화의 본질적 가치들이 좀 더 효과적으로 될 수 있게"(Cremin, 1964: 266) 하는 데 이바지해야 한다고 주장했다. 그리고 다른 한편으로, 이를 위해서 교육철학은 인간의 본성에 대한 분명한 관점과 경제 불황에 내재하는 산업적 위기에 대한 현실적인 이해를 필요로 한다고 주장하였다. 그러므로 보고서는 진보주의 교육의 일반적 원칙을 확인했을 뿐이고, 이미 제시되었던 기본적 원리를 반복하는 데 그쳤다(Cremin, 1964: 267 참조). 이 보고서는 협회 기관지인 『진보주의 교육』 1941년 5월호의 특별부록으로 발표되었다. 그러나 이사회가 이 보고서를 공식적으로 PEA의 새로운 교육적 비전으로 채택하고 승인했다는 기록은 보이지 않는다.

이상 크레민의 해설에 따르면, 1930년대에 PEA는 진보적인 사회운동의 큰 흐름으로 고립되었고, 대중의 동의를 얻지 못한 급진적인 입장을 분출했으며, 동시에 분명한 철학적 입장과 정체성을 확립하지 못한 채 표류했다. 따라서 1930년대 말부터 진보주의 교육에 대한 미국 사회의 비판이 고조되기 시작했던 것은 이상한 일이 아니다. 1940년에 미국의 유력한 잡지들은 약속이라도 한 듯 진보주의 교육에 비판적인 기사를 쏟아 냈다(Cremin, 1964: 267f 참조). 이 기사들은 진보주의 교육운동이 한편으로는 순진할 정도로 감상적이며, 다른 한편으로는 위험할 정도로 체제 전복적이라고 혹평을 가했다.

이즈음 PEA의 회원 수는 급속도로 감소하기 시작했다. 이사회 내부에서는 협회의 존재 의미에 대한 논란이 계속되었다. 마침내 1944년 봄 PEA는 '진보주의'라는 꼬리표를 버리고 '미국 교육자 협회(Association of American Education Fellowship)'로 명칭을 바꾸기에 이른다. 그러나 그것은 단순히 명칭의 변화였을 뿐 협회의 성격이 실질적으로 변화한 것은 아니었다. '미국 교육자 협회'로 개명하면서 PEA는 뒤늦게나마 공식적인 정책 결의안을 채택하고 공표했다. 그러나 거기에 관심을 기울이는 사람은 별로 없었다. 1955년 PEA의 명맥을 잇던 '미국 교육자 협회'는 마침내 회원감소, 재정악화 등으로 인해 영구히 문을 닫았고, 2년 후에는 기관지였던 『진보주의 교육』도 폐간되었다. 흔히 진보주의 교육을 무너뜨린 주범이라고 주장되는 '스푸트닉호 쇼크'는 사실 이미 생명을 다한 PEA에게 사망선고를 내렸을 뿐이다. 협회의 해산과 기관지 폐간 소식은 신문의 단신 기사로 다루어졌고 사회적인 관심도 주목도 받지 못했다(Cremin, 1964: 270 참조). 쓸쓸한 퇴장이었다.

4. 스푸트닉 이후의 진보주의 교육

1) 1950년대

1950년대 중반 진보주의 교육을 공식적으로 대변하던 기구인 진보주의교육협회(PEA)는 완전히 해체되었다. PEA가 역사의 뒤안길로 사라진 1950년대는 진보주의 교육자들에게 끔찍한 시기였다. 제2차 세계대전 이후 미국 사회의 재건을 서두르던 정부 관리와 경제계 인사들은 진보주의 교육이 지난 수십 년 동안 교과교육을 소홀히 하여 학생을 '비지성적'으로 만들었다고 불만을 터뜨렸고, 보수주의자들은 진보주의 교육이 공산주의에 물들었다고 비난했다 (Hayes, 심성보 외 역, 2021: 85f).

학자들도 진보주의 교육으로 인해 미국의 학교가 본연의 과업을 소홀히 하게 되었다고 비난했다. 호프스태터(Richard Hofstadter)는 그동안 미국의 학교와 대학에서 지식이 경멸당했고, 이로 인해 단지 몇십 년 사이에 미국의 교육과정 체계가 지나치게 느슨하고 방만하게 변했다고 그리고 학교는 단지 잡다한 실용적 기술들만을 가르치는 곳이 되어서는 안 된다고 주장했다(Hayes, 심성보 외 역, 2021, 86) 역사학자 베스터(Arthur Bestor)는 미국 학교의 교육과정이 좀 더 체계적이고 수미일관하게 될 필요가 있고 또 지식의 논리적 조직을 위해 자유 교양 교육이 좀 더 강화될 필요가 있다고 주장했으며 학교의 중심 과제는 학생의 지성적 발달에 있음을 분명히 했다(Hayes, 심성보 외 역, 2021: 86). 베스터는 나중에 '기본교육 협의회'를 창립하는 데 일조했다. 1950대 진보주의 교육을 공격했던 또 한 사람은 리코버 제독(Admiral Hyman Rickover)이다. 그는 소련과의 냉전에서 승리하려면 학교를 다시 개혁해야 한다고 주장했고, "기본으로 돌아가라!" 운동의 진정한 지지자라 자처했다. 그는 당시 진보주의 교육의 대명사였던 '생활적응 학교'를 비난하고, 과학과 수학 교육을 강조했다(Hayes, 심성보 외 역, 2021: 88). 진보주의 교육을 비판하고 '기본으로 돌아갈' 것을 요구하는 흐름은 학계뿐 아니라, 당시의 베스트셀러 논픽션 저작(프레드 헤칭거의 『커다란 붉은 학교 건물』), 소설(프랜시스 그레이 패튼의 『안녕하세요, 도브 양』, 제임스 힐턴의 『안녕, 미스터 칩스』), 영화(〈블랙보드 정글〉) 등에서도 등장했다(Hayes, 심성보 외 역, 2021: 88-90). 그리고 1958년 소련의 스푸트닉호 발사는 이런 흐름을 공고히 하는 결정적인 계기가 되었다. 정치권은 교육을 국가 안보와 연결시켰고, 언론과 미디어는 우주경쟁에서 미국의 패배는 공립학교의 비효율성에 기인하는 것이라는 견해를 유포했다. "많은 사람들에게, 진보주의 교육은 시대의 추세에 뒤떨어져"(Hayes, 심성보 외 역, 2021: 91) 보였고, 비판받아 마땅했다. 이런 흐름은 1960년대 초반까지 지속되었다.

2) 1960~1970년대

그러나 1960년대에 들어서면서 미국의 정치적 문화적 상황과 분위기는 다시 큰 변화를 겪는다. 이 시기는 "미국이 1950년대에 지배적이었던 보수주의적 시각으로부터 1960년대 후반과 1970년대 초반에 영향력을 얻게 될 다소 급진적인 사상으로 이행하는 시기였다"(Hayes, 심성보 외 역, 2021: 93). 이런 변화의 기폭제가 되었던 것은 단연 1963년 케네디 대통령의 암살이었다. 래비치(Diane Ravitch)에 따르면, 1963년 즈음에 기본교육에 대한 열의가 갑자기 식어 버리고 대신 도시의 위기가 새로운 이슈로 등장했다(Hayes,

심성보 외 역, 2021: 99). 뒤이어 마틴 루터 킹 목사의 암살, 베트남 반전 데모, 흑인 민권 운동의 격화는 미국 사회를 혼란에 빠뜨렸다. 케네디를 이은 존슨 대통령은 당시 민권운동을 명확히 지지했고, 미국 사회에 만연한 불평등과 인종분리 그리고 빈곤에 대해 전쟁을 선포했다. 존슨은 빈곤이 대부분 열악하고 불완전한 공교육 때문이라고 보고, 빈곤 계층의 아이들에 대한 조기 지원을 강화하려 했다. 이 시도는 1965년 법제화된 '헤드 스타트(Head Start)' 프로그램으로 표출되었고, 동시에 막대한 재정 규모를 지닌 「초중등교육법」이 제정, 발효되었다. 이 법을 통해서 연방정부가 교육의 질과 교육 평등에 개입하고 관리할 수 있는 법적인 기초가 마련되었다. 이 법의 핵심은 연방정부가 각 교육구의 취약계층 아동의 지원을 위해 막대한 재원을 지출하도록 한 것이었다. 이 법은 2002년 개정되어 「낙오학생방지(NCLB) 법」으로 발전했다(Hayes, 심성보 외 역, 2021: 102f.). 1960년대 빈곤 문제와 민권 운동이 격화한 것과 더불어 연방정부가 공교육의 큰손으로 등장한 것이 이 시기의 특징이었다. 그러나 연방정부는 베트남 전쟁 확전으로 인한 재정부담이 가중되면서 빈민구제, 교육투자를 위한 여력이 많지 않았다.

젊은이들 사이에 퍼진 반항의 정신과 변화에 대한 갈망이 대중문화 속에서 표출되었고 이것은 교육개혁에 대한 요구로 이어졌다. 리버맨(Myron Lieberman)은 『공교육의 미래』에서 미국 학교가 직면한 문제를 분석하고 교육개혁의 필요성을 강조했다. 같은 맥락에서 케펠(Francis Keppel)은 『미국 교육에서 필요한 혁명』에서 교육의 질과 교육 평등을 강조했다. "1960년대 미국 교육의 화두는 학교에서 어떻게 양질의 교육과 평등을 모두 달성할 것인가?"
(Hayes, 심성보 외 역, 2021: 105)에 놓여 있었다.

한편 교육정책 영역을 넘어서 직접적으로 전통적 교육방법과 교
육과정을 비판하는 목소리도 등장했다.

교육학자인 홀트(John Holt)는 1964년 전통적 교육방법과 교육
과정이 지나치게 득세하는 데에 우려를 표명하면서 과거의 진보주
의적 교의를 명확하게 주장했다. "학교는 아이들이 알기 원하는 것
을 배우는 곳이어야지, 우리가 보기에 그들이 알아야 한다고 생각
하는 것을 배우는 곳이어서는 안 된다"(Hayes, 심성보 외 역, 2021:
105에서 재인용). 콜(Hebert Kohl)은 『36명의 어린이와 열린 교실』
에서 어떻게 학생의 경험에 기초하는 교육과정을 운영할 수 있는
가를 소개했다. 코졸(Jonathan Kozol)은 빈곤층 아동이 어떻게 교
육 불평등 아래 놓여 있는가를 폭로하였고 또 문화적 계층적 배경
이 다른 학생들을 가르치는 데 필요한 아이디어들을 제시하였다.
굿맨(Paul Goodman)은 듀이나 다른 진보주의 교육자에 기대서 "자
유를 향한 성장은 항상 내재적 동기에 의해서만 일어난다"(Hayes,
심성보 외 역, 2021: 107)고 주장하고, 전통적 교육의 전 과정은 세뇌
(brainwashing)에 불과하다고 맹비난했다. 이 밖에도 탈학교론을
주장한 일리치(Iban Illiach), 인간주의 심리학자 로저스(Carl Rogers)
그리고 포스트먼(Niel Postman)과 쉬래그(Peter Schrag) 등도 진보주
의적 교육을 옹호했다(Hayes, 심성보 외 역, 2021: 107f).

1960년대와 1970년대의 이러한 새로운 접근은 일부 미국 학교
의 민주화에 영향을 미쳤다. 고등학생들은 학교 '자문위원회'에 참

여하게 되었고, 심지어는 '교육위원회'의 일원으로 될 수 있었다.
많은 중등학교는 학생들에게 자유 시간을 주었고 학생휴게실을 만
들었다. 심지어는 학생의 흡연실을 설치한 학교도 생겼다. 어떤 지
역에서는 학생들이 등교 이후 자유 시간에 학교를 마음대로 드나
들 수 있는 '열린 캠퍼스'라는 획기적인 제도가 고학년을 대상으로
도입되었다(Hayes, 심성보 외 역, 2021: 109).

　1960년대와 1970년대 미국의 학교에 도입된 다양한 정책과 교
육 방법 그리고 교육과정 등을 여기서 더 자세히 살펴볼 여유는 없
다.[18] 간단히 정리하자면, 1960, 1970년대의 미국 교육은 교육사에
서 종종 등장하는 진자운동의 한 사례라고 할 수 있다. 1950년대
에 거의 세력을 잃었던 개혁적 교육이 점진적으로 다시 부상하였
고, 미국의 교육 현장을 바꾸는 데 성공하지는 못했지만 과거보다
많은 학부모와 교사들이 교육 실천의 영역에 대안적 관심을 갖도
록 촉발했다. 그리하여 학생을 수동적인 대상으로 간주하는 전통
적 경향의 학교에 대한 의심이 강화되었고, 다양성에 대한 우호적
인 시각이 형성되었다.

　그러나 그것은 동시에 보수주의 측의 거센 반발을 동반한 것이
었다.[19] 특히 공화당 출신의 닉슨 행정부 시기(1969~1974)에는 보
수주의 반격이 맹렬한 기세로 나타났다. 이들은 교사의 주도성과

---

18) 더 자세한 내용에 대해서는 Hayes, 심성보 외 역, 2021: 109-113 참조.
19) 1970, 1980년대에 진행된 미국 교육의 보수주의적 복고의 움직임에 대해서는 에반스
　　(Evans, 2020)의 제4장 "보수주의적 복고와 전통으로의 복귀, 1971~1989"를 참조.

미리 정해진 기본 교육과정 그리고 책무성과 성취평가를 강조하고
나섰다. 보수주의 학자들은 심지어 교육 불평등 해소를 위해서 학
업성취와 가정환경 간의 관계를 연구했던 콜맨(James Coleman) 보
고서를 역이용하여 "취약 계층 학생의 학업성취를 증대시키기 위
해서 학교가 할 수 있는 것은 없으며 따라서 연방 재정을 소비하여
그런 노력을 할 필요"(Hayes, 심성보 외 역, 2021: 113에서 재인용)가
없다고 주장했다. 닉슨 행정부는 존슨 행정부가 시작했던 교육 평
등과 인종 통합을 위한 교육투자를 취소했다.

바쓰(Rowland S. Barth)는 『열린 교육과 미국 학교(Open Education
and the American School)』(1972)에서 흑인 학생이 대부분인 도심의
두 학교에서 열린 교육을 실험적으로 실행해 본 경험에 기초해서,
1960년대의 '열린 교실'을 비판하고, 학생은 전통적 교사가 부과하
는 안정감과 명백한 과업을 필요로 한다고 주장했다(Hayes, 심성보
외 역, 2021: 114). 시간이 지날수록 교육개혁을 비판하는 연구결과
와 미국 학생의 학력 저하를 주장하는 저서들이 증가했다. 그 원인
은 대개 진보주의 교육의 탓으로 돌려졌다.

하트먼(Andrew Hartman)에 따르면, 1970년대의 10년은 진보주
의 교육의 흐름 아래서 보수주의 교육이 다시 발아하는 이행기였
다(Evans, 2020: 113). 그리고 이 시기에 싹튼 신보수주의적 움직임
은 1980년대에 이르러 1960, 1970년대에 등장했던 미국 교육의 진
보적 흐름에 결정적인 타격을 입혔다(Evans, 2020: 131).

3) 1980~1990년대 그리고 그 이후

1983년에 발간된 보고서 『위기의 국가(A Nation at Risk)』가 이전 20년간의 진보주의적 흐름에 미친 영향은 1950년대 소련의 인공위성 스푸트닉 발사에 비견할 만하다. "두 가지 모두 학교개혁의 필요성에 대한 관심을 고조시켰고, 기본 교육과정 과목으로 회귀하려는 노력"(Hayes, 심성보 외 역, 2021: 121)을 불러왔다. 그러나 그 영향력의 차이는 매우 크다. 스푸트닉호 사건은 결과적으로 미국 교육에서 과학교육의 개선 이외에는 별로 교육제도의 실질적인 변화를 끌어내지 못했다. 반면 『위기의 국가』는 이전의 교육 관련 보고서들과 달리 언론과 대중의 격렬한 호응을 일으키는 데 성공했고,[20] 미국 공교육 체계 전반을 실질적으로 변화시켰다(Hayes, 심성보 외 역, 2021: 121).

『위기의 국가』는 레이건 행정부의 교육부 장관이었던 벨(Terrel Bell)이 설치했던 '전국 수월성 위원회(the National Commision on Excellence)'가 발간한 보고서로서, 당시 미국 학교의 현황에 대한

---

20) 에반스는 1980년대부터 뉴라이트와 신보수주의가 다시 미국 교육을 장악하게 된 원인을 네 가지로 분석하였다. 첫째, 교육계 외부의 정재계 권력자들이 거짓된 가정과 테제에 기초해서 기본교육, 수월성, 전통적 역사수업 부활 등을 강력히 주장하고 나섰다. 둘째, 진보주의적 미국 학교 전체의 실패와 과거의 전통적 교육의 '황금시대'로 복귀라는 신화가 만들어졌다. 셋째, 1960년대와 1970년대의 교육개혁이 그다지 효율적이지도 성공적이지도 못했던 현실은 보수적 복고주의자에게 공격의 기회를 허용했다. 넷째, 많은 미국인들은 학교가 미국 사회를 민주적으로 개혁하는 데에 보다는 과거의 영예를 재건하는 데에만 관심을 두었다(Evans, 2020: 149-153).

연구였다. 레이건 대통령은 이 보고서에 대한 언론과 대중의 폭발적 반응을 1984년에 있을 재선 캠페인에 활용하고자 했다. 보고서는 국제 경쟁에서 미국이 뒤처질 위험성을 제기하고 이에 대한 해결책을 보수적이고 전통적인 방향의 교육개혁에서 찾았다. 래비치에 따르면, "일반 대중이 이해하기 쉬운 감동적인 문체"를 지닌 이 보고서는 "학교가 사회와 경제에서의 변화를 따라잡지 못하고 있는데, 만약 교육이 모든 아동을 위해서 극적으로 개선되지 못한다면 미국은 곤경에 처할 것이라고 경고"(Hayes, 심성보 외 역, 2021: 121에서 재인용)했다.

이 보고서가 미국 여론의 폭발적인 반응을 얻을 수 있었던 것은 보고서 자체의 설득력도 있었지만, 당시 미국인들이 이미 국내적 불경기와 국제 무역의 쇠퇴로 위기감에 사로 잡혀 있었기 때문이다. 많은 미국인은 이미 학교의 효율성과 청소년들의 역량에 대해 강한 우려를 품고 있었다. "1980년대 초반 즈음, 미국에서는 학교의 교육 수준에 대한 우려가 커지고 있었다"(Hayes, 심성보 외 역, 2021: 127). 그리고 교육 수준의 저하는 1960년대와 1970년대에 진보주의 교육학자들이 학문 위주 교육과정을 공격했기 때문이라는 평가와 보도가 나왔다. 학생들이 학교에서 배우고 연습하는 시간은 별로 없고, 갖가지 사회활동이나 체험 활동으로 시간을 낭비하고 있다는 여론이 형성되었다.

보고서는 미국 학교가 "무모하고 일방적인 교육적 무장해제"(Hayes, 심성보 외 역, 2021: 127)를 당했다는 도발적인 서론에 이어서 교육 전반의 문제점들을 신랄하게 비판했다. 미국 학생들의 심각한 학력 저하를 보여 주는 통계자료를 제시했고 또 약 2,300만 명의 미국 성인들이 읽기, 쓰기, 독해력에서 거의 문맹 수준임을 폭로했으며 또 신입사원 또는 신병에게 최소한의 기초 기술(읽기, 쓰기, 철자, 계산 등)을 가르치기 위해 엄청난 예산을 투입해야 한다는 기업과 군(軍) 당국의 불평을 소개했다(Hayes, 심성보 외 역, 2021: 128-129). 더 나아가, 보고서는 중등 교육과정이 너무 단조롭고 빈약하며 일관성이 없다고 비판했으며, 숙제와 학업 시간의 부족, 교사의 낮은 수준과 낮은 급여 등등 미국 학교의 결점들을 낱낱이 파헤쳤다.

보고서의 내용을 더 자세히 살펴볼 필요는 없을 것이다. 다만 이 보고서가 요구했던 변화의 방향은 다음과 같은 네 가지로 요약될 수 있다.

첫째, '기본으로 돌아가기.' 즉, 영어, 수학, 과학, 역사 그리고 컴퓨터 교육을 더 강화하라는 요구이다.[21]

둘째, 학교에서 가르치는 모든 주요 교과에 대해 교육과정 표준의 설정. 이 표준은 학생이 모든 교과 영역에서 알아야 할 것과 할 수 있어야 할 것을 정의해야 한다.

셋째, 학생들이 교육과정 표준에 규정된 것을 실제로 학습하도록 보장하기 위한 '고부담 시험'을 도입한다.

---

21) '기본으로 돌아가라'는 진보주의 교육에 대한 명확한 반대를 표명하는 대표적 구호이다. 기본으로의 복귀 운동은 이미 1970년대 중반부터 "자네는 읽을 줄도 모른다."는 구호와 더불어 등장했으며, 미국 학생들의 학력 저하에 대한 불만이 터져 나왔다(Evans, 2020: 135-138).

넷째, 학교가 교육과정 표준을 달성할 공적 책임을 성실히 수행하도록 보장할 수단(수준 높은 교사 양성 포함)을 마련한다(Hayes, 심성보 외 역, 2021: 122f).

이 보고서의 객관성과 학문적 근거에 의문을 제기하고 또 그것의 보수적인 성향에 대해서 반대하는 목소리도 물론 존재했다(Hayes, 심성보 외 역, 2021: 131-132; 148-151).[22] 그럼에도 많은 주정부와 지자체가 『위기의 국가』가 제안한 개혁 방안을 실행에 옮기기 시작했다. 이러한 과정에서 진보주의적인 교육 정책들은 뒷전으로 물러났다. 헤이즈에 따르면 사실 "20세기를 통틀어, 진보주의 교육과 연관된 사상들은 실제로 실행된 개혁의 전면에는 나타나지 않았다"(Hayes, 심성보 외 역, 2021: 133). 특히 1980년대 이후 미국 교육의 전체적 방향은 보고서의 기조를 따라갔다. 미국 연방정부의 교육정책에는 진보주의 교육의 신조들이 별로 포함되지 않았다. 반면 많은 비평가가 진보주의 교육에 대한 비판을 제기했다. 교육평론가 허쉬 주니어(E. D. Hirsch jr.)는 진보주의 미국 학교의 실패가 진보주의 교육에 있다고 평가하고, '핵심 지식'의 전달을 강조했다(Hayes, 심성보 외 역, 2021: 140f). 찰스 사이크스, 마틴 그로스, 웨인 던 등은 진보주의 교육에 대한 깊은 불신을 표명하고 전통

---

22) 1980, 1990년대 미국 교육에서 전통적 교육과 진보주의 교육의 갈등에 대해서는 Hayes(2006) "제8장 1980년대와 1990년대: 보수주의 교육개혁과 그 비판들"을 참조. 그리고 1980, 1990년부터 주로 활동하고 있는 진보적 교육학자들(Ted Sizer, Deborah Meier, Alfie Kohn, Nell Noddings, Michael Apple 등)과 그들의 사상 그리고 진보주의 교육에 대한 비판과 공격에 대해서는 성열관(2018)을 참조.

적인 학문 중심 교수방법으로 회귀할 것을 요구했다(Hayes, 심성보 외 역, 2021: 140-147).

1980, 1990년대 미국 교육의 보수화는 부시(Bush) 정부가 추진했던 「낙오학생방지법(No Child Left Behind)」(이하 NCLB로 표기함)으로 귀결된다. "이 법의 목표는 2013~2014학년도까지 모든 학생과 학교를 '유능하게' 만드는 것"(Hayes, 심성보 외 역, 2021: 159)이었다. 이 법에 따른 공교육 개혁안은 처음에는 대체로 긍정적으로 받아들여졌으나, 세부 시행과정에서 정치계와 교육계로부터의 많은 불만과 반대에 직면했다(Hayes, 심성보 외 역, 2021: 162-165). 연방정부는 법의 시행과 연관된 많은 쟁점에서 타협안을 제출해야만 했다. 그러나 헤이즈는 이 법에 대한 진보주의 교육 진영의 비판이 과연 기존의 미국 교육의 흐름을 바꿀 만큼 강력한가에 대해서는 의문을 제기한다(Hayes, 심성보 외 역, 2021: 166).

5. 진보주의 교육의 미래와 전망

1990대 이후에 만들어진 대조적 입장의 교육영화를 통해서 진보주의 교육의 현재 상황을 정리해 보자. 하나는 "댓츠왓아이앰(That's What I am, 2011)"이고 다른 하나는 "고독한 스승(Lean on Me, 1989)"이다. 전자는 대체로 진보주의 교육의 입장을 보여 준다. 거기서 학생은 교사가 제시하는 과업을 통해서 스스로 자립적인 인간으로 성장한다. 후자는 대체로 보수적이고 전통적인 교육의 입장을 보여 준다. 거기서는 강한 카리스마와 리더십을 가진 교사가 확실한 처벌과 포상을 통해서 학생들의 학업 성취도를 국가가 요구하는 표준 이상으로 향상시킨다. 전자는 학생에게 프로젝트를 부과하고 그 해결과정에서 학생이 정체성과 도덕성을 길러가도록 하는 진보주의적 교사의 모습을 보여 준다면, 후자는 학생들을 서로 경쟁시켜서 학습 동기와 기본지식 습득을 극대화하는 전통적인 교사의 모습을 제시한다. 이 두 영화는 "진보주의자와 전통주의자 간의 100년 전쟁"(Hayes, 2006: 155)이 아직도 현재 진행형이라는 사실을 상징적으로 보여 준다.[23]

그것은 아동의 경험과 자기활동 그리고 공동체를 중시하는 교육과 교사의 주도로 이루어지는 체계적 지식과 기능의 전달 및 효율성과 교육표준을 중시하는 교육 사이의 전쟁이다. 그다지 성공적이지 못한 교육 현실을 놓고 그 원인을 진보주의 교육의 탓으로 돌리는 사람들과 이에 대해 반박하는 사람들 간의 논쟁은 아직도 열띠게 진행되고 있다. 헤이즈는 1990년대 이후 미국 교육에서의 진보적 교육과 전통적 교육 간의 갈등 상황을 다음과 같이 정리하고 있다.

---

23) 현대에서 진보주의 교육과 전통적 교육 간의 대립을 논할 때 그 상황은 19세기 말, 20세기 초와는 동일하지 않다. 100여 년 전 전통적 교육의 비효율성과 비체계성에 대항했던 미국 진보주의 교육은 사실 그 자체 내에서 듀이에서 오는 진보적 경향(교육학적 진보주의)과 손다이크에서 오는 보수적 경향(행정적 진보주의)을 모두 포괄했다. 체계적 지식전달과 양적인 평가를 강조하는 오늘날의 전통적 교육은 20세기 초 미국 진보주의 교육의 한 부분이었던 행정적 진보주의로부터 발전한 것이다.

"의심할 여지없이, 공교육에서 현재 주도권은 전통적 접근을 지지하는 사람들에게 가 있다. 그러나 많은 비평가는 '고부담 시험(high-stakes tests)'에 의해 강요되는 경직된 국가 교육과정 기준이 교사들이 교사 중심 강의 이외의 다른 방법을 사용하지 못하게 한다고 믿는다. 초중등학교 교사들은 국가 표준을 '달성'하는 데 여념이 없다. 마찬가지로 그들은 프로젝트 수업, 토론 수업 또는 체험학습을 하면 수업 시간의 손실을 초래할까 걱정한다. 국제적 비교연구에서 미국 학생의 낮은 성취도는 전통주의자들이 학업성적을 향상하는 데 가장 효과적이라고 믿는 교수방식에 집중하도록 지속적인 압력을 가하고 있다"(Hayes, 2006: 155).

헤이즈는 국가 표준교육과정의 도입과 국내적, 국제적 성취도 비교평가 속에서 진보주의 교육의 존립이 위협당하고 있음을 인정하지만, 그렇다고 미국에서 진보주의 교육이 사라진 것은 아니라고 주장한다. 그는—몬테소리 학교의 확산에서 보듯이—적어도 유아교육이나 초등교육 수준에서는 듀이가 말한 '활동을 통한 학습과 창의성'에 대한 수요가 널리 존재한다고 강조한다. 비교적 소수이지만 전통적 학교보다는 진보적 학교를 선택하는 학부모들도 늘고 있다. 그리고 진보주의 교육은 특히 교사교육의 영역에서 강하게 남아 있다. 거의 모든 교사교육 수업과 교재는 다양한 교수학습 방법에 대해서 가르치고 있다. 거기에는 학년통합 수업, 교수방식의 다변화, 협동학습, 프로젝트 수업 등등 진보주의 교육의 요소들이 많이 포함되어 있다. 또 지난 수십 년간 활발히 논의해 온 중학교 교육 이론도 점점 더 많은 학생 중심의 프로그램을 요구하고 있다(Hayes, 2006: 156f).

더 나아가 학업 성취와 고부담 시험을 강조하는 교육에 대한 비판적인 여론도 만만치 않다. 2000년 6월호 『더 내이션(The Nation)』에는 다음과 같은 의견이 실려 있다. "평가라는 '해결책'의 정치적인 인기에도 불구하고 많은 교육자와 인권론자들은 이 해결책은 자신이 해결하려는 문제를 오히려 더 악화시키고 있다고 주장하고 있다. …… 그런 정책은 소수자 학생을 차별하고, 교사의 지위를 손상하며, 학생들이 창의적이고 복합적인 학습과제와 대결할 기회를 감소시킨다"(Hayes, 2006: 157f). 색스(Peter Sacks)는 『표준화된 마음』(1999)에서 이렇게 주장했다. "평가에 쫓기는 교실은 권태, 두려움, 무기력을 조장하며, 교사, 학생 그리고 학교 당국에 기계적인 행동방식을 택하도록 촉발하고 학생들로부터 배움에 대한 자연적인 사랑을 빼앗는다."(Hayes, 2006: 158f) 알피 콘, 데일 & 보니 존슨도 표준화된 고부담 시험이 학교와 교육을 황폐화한다고 비난했다.

그러나 많은 사람은 여전히 국가 교육표준을 학교에 강요하는 NCLB 같은 교육정책을 지지하고 대신 진보주의 교육을 비난한다. 한 인터넷 기사는 만약 듀이와 그 추종자들이 그들의 지식상품을 다른 곳(예를 들면, 소련)에서 팔았다면 미국의 사정이 현재보다 더 좋을 것이라고 불평한다(Hayes, 2006: 159). 한편 보수 성향 단체인 후버 협회(Hoover Institution)의 홈피에는 이런 글이 실려 있다. "오늘날의 학교개혁가들은 20세기 초 존 듀이 등의 진보적 사상을 되살리려 노력하고 있다. 이 사상은 백 년 이전이나 지금이나 심각한 오류이다"(Hayes, 2006: 160).

　헤이즈(Hayes)는 2006년 민주당의 승리에도 불구하고 향후 상당기간 NCLB의 교육과정 표준화, 고부담 시험 그리고 학교 책무성 등의 정책기조가 변화하기는 어려울 것이라고 예견한다. "이 법의 개정이 고려되고 있지만, 그 변화는 그리 극적이지 않을 것 같다. 지난 수년간 민주당의 주요한 비판은 이 법에 따라 실행된 정책이 아니라 부시 행정부가 적절한 재정지원을 하지 못했다는 데로 향했다"(Hayes, 2006: 160). 오마바 행정부 아래서 NCLB가 그 이후 실제로 겪은 변화는 헤이즈의 예견이 옳았음을 보여 준다. 2012년부터 여러 주가 이 법의 적용을 면제받고, 대신 주 정부 차원에서 교육표준, 책무성, 교사능력 등을 관리하기로 하였다. 그리고 마침내 2015년 민주당과 공화당 모두의 찬성에 따라서 NCLB는 ESSA(Every Students Succeds Act)로 대체되었다. 그러나 이 법은 몇 가지 변화에도 불구하고 근본적으로는 NCLB의 교육 노선을 계승하고 있다.

　그러므로 현재의 미국 교육은 전통적인 교육관이 주도하고 있다고 볼 수 있지만, 유아교육이나 초등교육 그리고 교사교육 영역, 일부 중학교 교육프로그램, 학교선택권, 영재교육 등[24]에서 진보주

---

24) 헤이즈는 자신의 저작의 후반부를 진보주의 교육이 활성화되어 있는 영역들을 상세히 검토하는 데 할애하였다. 제목만 살펴보면, 10장 마리아 몬테소리: 유아교육과 특수교육의 새로운 지평, 11장 교사교육 프로그램과 진보주의 교육사사의 영향, 12장 중학교: 학제의 변화와 진보주의 교육운동의 영향, 13장 학교선택, 14장 영재교육, 재능교육 프로그램의 발전과 진보주의 교육운동 등이다.

의 교육은 여전히 반전의 가능성을 간직하고 있다.[25]

----
25) 래버리는 손다이크의 행정적 진보주의가 듀이의 교육적 진보주의에 대해 승리했으
며 교육적 진보주의, 즉 통상적인 의미에서의 진보주의 교육은 교육현실에서 실현
되지 못한 채, 단지 사범대학 교육철학 교수들의 '비전'으로서만 존재한다고 평가했
다(Labaree, 2005). 한편 에반스는 보수주의적 재단과 기업인의 금력 그리고 문화
적, 종교적 단체의 힘에 밀려서 현대 미국에서 진보주의 교육과 시민교육은 어려움
에 처해 있다고 평가한다(Evans, 2020: 153).

듀이의 철학사상

진보주의 교육은 듀이의 철학과 본질적인 연관을 맺고 있다. 물론 현실의 진보주의 교육이 항상 듀이의 철학을 올바로 이해하고 충실하게 반영했던 것은 아니다. 듀이 자신이 1930년대 미국 진보주의 교육이 지나치게 '아동중심주의'에 편향되어 있다고 비판했다. 듀이는 어떤 관점에서 이런 비판을 할 수 있었을까? 필자가 보기에 그것은 프래그머티즘의 관점이었다. 어쩌면 듀이가 생각한 진보주의 교육은 프래그머티즘에 입각해 교육을 바라보는 태도라고 정의해도 좋을 것이다. 프래그머티즘은 'pragma' 즉 현실과 실행에 판단의 기준을 두는 태도이다. 프래그머티즘은 이것 이외에는 어떤 주의(ism)나 교리 또는 미리 정해진 가치도 거부한다.

이 장에서는 듀이의 프래그머티즘 철학을 그의 『철학의 재구성』을 토대로 해서 살펴보려 한다.

1. 철학의 기능과 역할

듀이는 철학의 임무가 절대적이고 객관적인 질서를 탐구하는 데 있다는 생각을 거부한다. 그런 생각은 플라톤의 철학에서 전형적으로 드러난다. 플라톤에서 연원하는 전통적인—또는 듀이의 용어로 하면 고전적인—철학은 권위적이고 계급적인 사회를 옹호하는 기능을 했고 또 지금도 하고 있다. 듀이는 여러 곳에서 플라톤적 절대주의가 정치, 사회적인 억압을 어떻게 변호하고 정당화하는가에 대해서 비판한다.

철학사에서 플라톤의 절대주의 철학에 대한 상대주의의 비판은 일찍부터 제기되어 왔다. 이 비판은 주로 불가지론이나 회의주의의 입장에서 제기되었는데, 이들은 인간의 능력이 유한하므로 불변적이고 절대적인 것을 인식할 수 없다고 보았다. 그러나 이들도 불변적인 것이 유한하고 무상한 세계보다 더 고귀하고 더 가치 있는 것이라는 사실은 감히 거부하지 못했다(듀이, 2010: 67). 그러므로 절대주의자이든 상대주의자이든 철학자들은 변화하는 세계는 철학적 탐구의 진정한 대상이 될 수 없다고 생각했던 것이다. 철학자들은 인식은 이미 완결된 세계, 그래서 더 이상 변화할 수 없는 것에 대해서만 가능하다는 생각을 공유했다.

듀이는 이제 이러한 낡은 철학이 설 자리는 없다고 생각한다. 그는 서양철학 2,000년의 역사에 의해 옹립되어 온 이 절대주의적 전통을 한꺼번에 무너뜨리려 한다. 그것은 아마도 엄청난 분량의 분석과 논증을 요구하는 작업이 아닐까? 듀이는 의외로 간단히 이 문제를 해결한다. 그가 전통적 철학을 송두리째 비판하는 전략은 "발생론적인 접근방식"(듀이, 2010: 68)이다. 듀이가 보기에 이것은 전통적인 철학을 허무는 효과적인 방법이다.

 듀이는 상상력을 발휘하여 까마득한 옛날 원시인의 일상적 삶으로 거슬러 올라간다. 원시인들은 한가한 시간에 무엇을 했을까? 사냥하고 농사짓고 연장과 집을 수리하고 요리하는 시간들 이외의 남는 시간이 분명 있었을 텐데, 그 시간에 그들은 무엇을 했을까? 그들은 아마도 최근에 일어났던 흥미로운 사건들에 대해서 서로 수다를 떨면서 시간을 보냈을 것이다. 변변한 오락거리도 스포츠도 없던 시대의 인간들에게 그것은 가장 흥미진진한 오락이었을 것이다. 그렇게 회상을 통해서 과거의 사건은 시작과 전개 그리고 결말이 있는 하나의 통합된 이야기로 재구성된다. 특히 전투의 승리나 성공적인 사냥에 대한 무용담은 승리와 성공의 기쁨을 되살리고 그 짜릿함을 만끽하는 계기가 되었을 것이다.

 이러한 회상과 이야기 구성의 과정에서 원시인들의 사고는 결코 냉정하거나 논리적일 수 없었다. 그들의 사고를 지배한 것은 욕망, 희망, 공포, 사랑과 증오였고, 따라서 회상에서 중요한 것은 객관적 사실보다는 회상하는 사람의 정서와 욕구였을 것이다. 이렇게 해서 흥미진진한 이야기는 신화나 영웅담으로 발전하고, 입에서 입을 통해 전달되고 반복되는 속에서 대중의 정서적 반응과 피드백을 받으면서 더욱 세련된다. 그 이야기는 해당 집단이 공유한 정서적 삶의 원리와 가치를 담게 된다. 집단 구성원의 사고와 삶을 규

정하는 보편적인 패턴이 이렇게 해서 이야기 속에 구현된다. 거기
에는 집단이 공유하는 세계관과 사고방식 그리고 상상력이 포함된
다. 이로써 "삶의 공공적인 방식이 성장하고, 개인들은 교육을 통
해서 그것을 배우게 된다"(듀이, 2010: 55). 그리고 시간이 흘러, 사
회가 더 복잡해져 정치적 권력이 등장하면 이러한 세계관은 효율
적인 통치를 위해서 더욱 공고해질 필요가 있다. 이로부터 윤리적
전통과 우주론이 발전되어 나온다.

그러나 아직 철학이 등장한 것은 아니다. 철학의 본질이라고 할
수 있는 "논리적 체계와 지적인 증명"(듀이, 2010: 56)은 아직 등장하
지 않았다. 그렇다면 철학이 본격적으로 모습을 드러내게 된 계기
는 무엇인가? 여기서 듀이는 매우 흥미로운 착상을 제시한다.

그때까지 원시인들은 단지 상상력과 정서적 욕구에 기초해서 보
편적 세계관과 윤리적 규범을 만들어 왔다. 그런데 이 과정과 나란
히 그들은 "사실적이고 실증적인 지식"(듀이, 2010: 56)도 발전시키
지 않을 수 없었을 것이다. 왜냐하면 아무리 미신적인 단계에서도
인간은 단지 상상과 믿음만으로는 생존할 수 없기 때문이다. 그래
서 원시인들도 생존을 위한 시행과 착오 과정에서 어떤 식으로든
세계의 객관적 질서를 알아가지 않을 수 없다.

그러므로 이제 원시인은 한편으로 상상력과 정서에 기초하는 보
편적인 믿음과 가치들 그리고 다른 한편으로 사실적이고 객관적인
지식(실용적인 기술과 과학)이라는 이질적 요소를 동시에 갖게 되었
다. 이 두 가지 요소는 양립 가능한 한에서는 서로 결합하기도 했
고, 그렇지 못할 경우에도 서로 충돌하지 않고 분리된 채로 병존하

기도 했다. 예를 들면, 고대 그리스에서 보편적 믿음과 가치는 귀족이, 사실적 지식은 노예나 농노가 담당함으로써 양자는 분리된 채로 존재했다. "그럼에도 불구하고, 사실에 관한 지식이 전통적이고 상상적인 신념의 일부에 대해서뿐 아니라 그런 신념의 정신 및 기질 자체와 갈등을 빚게 될 정도로 그 양과 범위가 증가된 시대가 도래했다"(듀이, 2010: 59). 듀이가 보기에 이것이 바로 그리스에서 처음으로 철학이 발생하게 되는 결정적 계기이다.

그렇다면 여기서 드러나는 철학의 역할은 무엇인가? 그것은 인간 사회의 두 본질적 요소인 '공동체적 삶의 열정적이고 다채로운 감성'와 '무미건조하고 차가운 실증적 지식' 간의 갈등을 중재하는 역할이다. 다시 말하면 철학은 "전통적인 법전 안에 구현되어 있는 도덕규칙과 이상을, 점진적으로 성장하고 있는 사실적이고 실증적인 지식의 문제와 중재할 필요성"(듀이, 2010: 56) 때문에 발생했다. 사실 플라톤이나 아리스토텔레스가 했던 일이 바로 이런 것이라고 할 수 있다. 그들은 자연발생적으로 형성되어 온 아테네의 귀족적 질서와 도덕이 대다수 시민의 사실적 지식이나 이성적 사고와 충돌하게 된 상황에서, 이 양자를 중재하려고 시도했던 것이다.

그런데 양자를 중재하는 작업은 결코 쉬운 일이 아니기 때문에 철학자들은 종종 "추상적인 정의와 극단적으로 학문적인 논증"(듀이, 2010: 64)을 동원하지 않을 수 없었다. 이 과정에서 플라톤은 '절대적이고 본질적인 실재'와 '상대적으로 실재적인 일상적 경험의 현상 세계'를 철저히 구분했다. 그의 철학은 "초월적이고 절대적이며 내적인 실재의 존재를 논증하는 일을 자신이 하고 있다고, 그리

고 그 궁극적이고 고차적인 실재의 본성과 특징을 인간에게 드러내
준다고 사칭"(듀이, 2010: 67)해 왔다. 이점에서 오랜 동안 철학은 다
른 학문과는 다른 독특한 특권적인 지위를 점하게 되었다. 그러나
이것은 고대 아테네의 역사적 상황이 낳은 우연의 산물일 뿐이다.

듀이는 이러한 발생론적 사고 실험을 통해서 철학은 도덕규범과
사실 세계 간의 괴리를 중재하는 지적인 노력에서 생겼다는 점을
밝혔다. 그러므로 철학은 분과과학처럼 고립된 지식과 탐구의 영
역이 아니다. 이제 철학은 역사, 사회, 문화, 종교의 맥락에서 삶의
목적과 의미에 대해 탐구하는 지적 작업이라는 자신의 참된 기능
을 회복해야 한다. 다만 이제 철학은 전통적 도덕규범과 가치를 사
실과 과학의 반박에 대항하여 교묘한 논리로 옹호하려는 보수적인
기획을 포기하고, 양자를 중재하면서 보편적 인간 복지의 관점에
서 사회를 진보적으로 재구성해 나가는 과정에 기여해야 한다. 이
렇게 본다면 "미래 철학의 과제는 자기 시대의 사회적, 도덕적 투쟁
에 대한 사람들의 개념을 명료하게 하는 것"(듀이, 2010: 69) 이외의
다른 것이 아니다.

2. 프래그머티즘: '오래된 사유방식의 새로운 이름'

듀이가 철학을 새롭게 구성할 때, 그가 추구하는 것은 결국 철학
을 실용주의, 즉 프래그머티즘으로 재구성하는 것을 뜻한다. 주지
하듯이 프래그머티즘은 퍼스가 그 기본적인 착상을 만들어 내고,

제임스가 대중화시켰으며, 듀이가 완성한 그리고 최근에 로티가 신 프래그머티즘이라는 이름으로 증축한 미국의 철학이다. 제임스는 프래그머티즘을 '오래된 사유방식에 대한 새로운 이름'이라고 불렀다. 그런데 그는 이 낡은 사유방식이 무엇을 지칭하는지를 분명하게 거론한 적이 없었다. 듀이는 이 낡은 사유방식이란 아마도 근대 초기의 경험론, 특히 베이컨의 사상을 가리킬 것이라고 추측한다(듀이, 2010: 81 참조). 듀이의 추측이 옳다면, 프래그머티즘의 근본 착상은 베이컨의 경험론적 인식론에 기초하는 것이다.

베이컨의 인식론은 "아는 것이 힘"이라는 말로 표현된다. 언뜻 듣기에 이것은 지식 일반에 대한 상투적인 찬양으로 들릴 수 있다. 그러나 이 말을 정확히 이해하려면 베이컨이 이런 말을 한 배경을 살펴보아야 한다. 듀이에 따르면, 이 말의 본의는 모든 '지식'을 찬양하는 데 있는 것이 아니라, 오히려 당시에 여전히 통용되고 인정되던 전통 형이상학의 지식들이 모두 공상적이며, 단지 탁상공론에 머무른다는 점을 비판하려는 데 있었다. 베이컨은 지식은 자연 및 객관 세계를 통제하고 지배하는 데 기여할 때 비로소 진정한 의미의 지식일 수 있다고 생각했다. 베이컨이 보기에 당시의 인문주의자, 과학자 그리고 사변적 철학자들의 작업은 이러한 진정한 지식과 무관한 것이었다. 그러므로 '아는 것이 힘'이라는 말은 정확히 표현하면 '오직 힘을 가진 지식만이 지식이라는 이름에 값하는 것'이라는 말로 번역될 수 있다.

여기서 힘이 되는 지식이란 자연에 대한 실제적 통제를 가능하게 하는 지식을 말한다. 그것은 결코 이데아 같은 초월적이고 본질적 세계를 탐구하여 얻을 수 있는 것이 아니다. 그것은 '자연에 대한 정교한 실험적 탐구'를 통해서만 얻을 수 있는 것이다. 이로부터 또 하나의 중요한 통찰이 나온다. 즉, 자연에 대한 실험적 탐구는 어떤 선행하는 원리나 사고가 아니라 자연으로부터 그리고 자연에 대한 경험으로부터 시작해야 한다. 그리고 자연 자체 속에 감추어진 진리를 발견해 내야 한다. 이런 의미에서 베이컨은 단지 논리적 증명을 목표로 하는 아리스토텔레스의 학문 방법, 즉 오르가논을 비판한다. 왜냐하면 그의 오르가논은 새로운 지식을 발견하기 위한 방법이 아니라 "이미 알려져 있는 것을 가르치기 위한 논리학"(듀이, 2010: 76), 즉 논증, 설득, 증명의 수단일 뿐이었기 때문이다. 베이컨이 제시한 신 기관(Novum Organon), 즉 귀납법은 아리스토텔레스의 '설명의 논리'를 대체하는 '발견의 논리'이다.

이렇게 발견의 논리 또는 실험적 탐구의 방법이 강조됨으로써 지식의 의미는 결정적으로 변화된다. 즉, 지식은 어떤 불변적인 진리를 포착하고 있는 명제가 아니다. 듀이가 보기에 지식의 진정한 의의는 참되다라는 데 있는 것이 아니라, 문제를 해결하고 또 새로운 지식을 발견하는 데 도움을 준다는 데 있다. 그리고 이렇게 새로운 지식을 밝혀내는 일이 중요한 이유는 그것을 통해서만 인간은 물질적이고 정신적인 차원에서 자신의 삶을 지속적으로 개선할 수 있기 때문이다. 그러므로 지식 또는—듀이의 용어로—'보증된 언명가능성'은 인류의 진보를 가능하게 하는 결정적인 도구라는 의미에서 중요한 것이다.

반면 선조들이 물려준 견해나 생활방식이나 인간의 생물학적 성향 때문에 당연시되어 온 고정관념은 사회 진보를 촉진할 수 없고, 오히려 가로막는다. 또한 과거 철학자들이 제출했던 추상적, 사변적 지식들은 대개 권력층의 사회적 지배를 위한 수단으로서 이용되었을 뿐, 자연과 사회에 대한 경험적인 인식과 실제적 지배력을 증가시키는 데는 아무런 도움도 주지 못했다. 그것은 단지 어떤 사회집단이 다른 사회집단을 지배하고 통제하기 위한 이데올로기로 이용되었을 뿐이다. 듀이에게 지식은 '현재의 삶을 더 나은 단계로 또는 더 인간적인 상태로 진보'시키는 데 도움이 될 때만 가치를 갖는다.

이상에서 보듯이 베이컨은 지식을 그 자체로 완결적 의미를 갖는 것이 아니라 진보의 수단으로 본다는 점, 그리고 어떤 지식이든 경험을 통해서 비판적으로 검토하고 확인하려 했다는 점에서 프래그머티즘의 선구자이다. 그리고 그는 단지 경험적 자료들을 축적하고, 지식과 경험적 자료를 단순 대조하는 방식에 의해서가 아니라 '실험'과 그리고 '협력적 탐구'를 통해서 지식을 비판적으로 검토했다. 베이컨 사상의 새로움에 대한 설명 속에서, 듀이는 자신의 프래그머티즘의 핵심이라고 할 수 있는 '도구주의'와 '실험주의' 그리고 지식이 어떤 개인의 우연적 발견이 아니라 사회적 협력에 기초한 탐구의 과정을 전제로 한다는 입장을 개진한다.

그렇지만 프래그머티즘이 근대 경험론의 단순한 재탕에 불과한 것은 아니다. 베이컨이 제시했던 '지식은 힘'이라는 주장과 거기에 잠재된 프래그머티즘적 관점은 근대 경험론의 전개과정에서 제대로 발전하지 못했다. 다시 말해, 베이컨을 계승한 근대 경험론은 이성이 결코 초월적 능력이 아니라, 오로지 인간의 마음과 경험을 통해서 작동한다는 점을 분명히 폭로했지만, 세계가 이성에 의해 구성되고 창조되었다는 낡은 형이상학을 완전히 벗어 던지지는 못했다.(듀이, 2010: 90 참조)[1] 근대철학은 새로운 정신과 낡은 전통이 착종되어 있는 상태에 머물렀기 때문에 모호함과 혼란을 자초했다(듀이, 2010: 91). 결국 베이컨의 사상은 단지 프래그머티즘의 맹아, 단초만을 제시하는 데서 멈추었고 그 풍부한 함의를 발현시키는 데에 이르지 못했다. 듀이는 베이컨이 선구적으로 제시했던 프래그머티즘의 맹아를 더 완전한 형태로 발전시키려 한다.[2]

---

1) 툴민은 여기서 듀이가 의미하는 바를 포착하여 하나의 기념비적 연구인 『코스모폴리스』를 썼다. 이 책에서 툴민은 데카르트 이래의 근대 철학이 어떻게 새롭게 발견된 인간 이성과 자유를 다시 플라톤적인 절대적 질서체계와 억지로 재결합시키고 있는가를 역사적인 분석을 통해서 잘 보여 주었다.

2) 듀이는 프래그머티즘 철학은 시대적 요구라고 주장한다. 그는 이러한 시대적 배경으로 네 가지를 제시하고 있다. 첫째, 영원하고 보편적인 것보다는 특수하고 구체적인 것에 대한 사람들의 관심. 둘째, 고정된 제도 및 권위적 관계가 행사하는 힘이 아니라 관찰하고 실험하고 반성하는 마음의 힘에 대한 믿음. 셋째, 진보 개념, 즉 인간이 스스로 자신의 운명을 개척할 수 있다는 믿음. 넷째, 실험적 자연연구와 그에 결과의 사회적 활용이 진보를 가능하게 한다는 생각. 프래그머티즘 철학은 진보의 시대가 요구하는 것이면서 동시에 진보를 가능하게 하는 철학이다. 프래그머티즘은 곧 진보주의이다.

3. 과학: 실험적인 탐구방법의 보편성

근대과학에 대한 듀이의 평가는 매우 긍정적이다. 근대과학은 세계가 이미 완결된 질서를 가지며, 따라서 불변적이고, 우월함과 저열함의 가치에 따른 위계질서를 가지고 있다는 고대나 중세의 관념을 무너뜨리는 쾌거를 이루었다. 근대과학은 모든 것이 동질적이고 통일적 법칙이 적용되는 새로운 세계를 그려 내는 데에 기여했다. 이것은 단지 학문의 영역을 넘어서 사회적, 정치적인 영역에까지 영향을 미친다. "일반 계급을 불평등한 계층으로 순서 매기고 있는 봉건적 체제는 평등한 계층의 개별적인 사실들로 이루어진 민주주의로 대체되었다"(듀이, 2010: 105). 근대과학의 발달과 근대 민주주의의 성장은 동전의 양면을 이룬다.

더 나아가 근대과학은 천동설 또는 지구가 우주의 중심이라는 생각을 무너뜨렸을 뿐 아니라, 우주가 어떤 중심도 없는 무한한 것이라는 사실을 확인했다. 우주가 중심이 없고 무한한 것이라는 사실은 근대인들에게 '외적인 한계를 갖지 않는 진보의 끝없는 가능성에 대한 보장'으로서 해석되었다. 이렇게 우주가 무질서하고 혼란스러운 비완결적인 존재라는 사실은 자연의 운동 전체를 어떤 초월적 목적에 의해서 질서 지우고 설명하려 하는 목적론을 무너뜨린다.

목적론이 무너지면서 그 자리를 차지한 것이 역학(mechanics)이었다. 이로써 역학은 단지 어떤 특정한 자연 현상을 설명하는 부분적 이론에 그치지 않고, 자연 전체를 설명하는 원리이자 방법으로 승격되었다. 자연 전체는 수많은 축과 톱니바퀴 등으로 이루진 기계장치로 생각되기 시작했다. 세계를 움직이는 것은 어떤 초월적 정신이 아니라 세계에 내재하는 물리적 힘들의 상호작용인 것이다. 이런 유물론적인 관점은 세계에 깃들어 있다고 생각되었던 신성한 가치나 초월적 의미를 흔적도 없이 사라지게 했다. 그러므로 이제 자연 세계는 인간이 도구와 기계를 이용하여 마음먹은 대로 이용하고 통제할 수 있는 영역이 되었다.

듀이가 볼 때, 근대과학은 자연을 단지 역학적−기계적인 것으로 만들었고, 그래서 이제 인간은 자신이 주체적으로 설정한 목적에 따라서 자연을 통제하고 조작할 수 있게 되었다. 그러므로 근대과학의 발전은 "실천적이고 진보적인 이상주의"(듀이, 2010: 110)가 작동하기 위한 전제조건이다. 특히 역학은 자연 세계의 물질적인 기능과 작동방식에 대해 알려 줌으로써 우리가 그리는 이상적인 세계를 실제로 건설할 수 있도록 도와준다.

그러나 듀이는 이러한 근대과학의 장점을 절대화시키지 않는다. 만약 우리가 근대과학이 제공하는 도구적인 지식에만 사로잡힐 경우, 우리는 모든 도덕이나 가치를 물질로 환원하게 될 것이다. 이를 듀이는 "도덕 유물론"이라고 비판하고, 반대로 물질적 측면을 무시하고 단지 목적만을 앞세우는 이상주의적 태도를 "감상주의"라고 부른다. 그러므로 진보를 향한 우리의 도덕적 비전, 사회적 이상은 언제나 그것이 성공하기 위한 조건인 객관적인 세계에 관한 연구와 결부되어야 한다. [3]

물론 듀이는 근대과학의 의미와 가치를 높이 평가한다. 이로부터 듀이가 '과학 지상주의자'라는 근거 없는 비난이 나온다. 그리고 이 비난은 과학의 방법을 자연과학뿐 아니라, 교육, 문화, 철학, 윤리, 예술 심지어 종교의 영역에도 사용해야 한다는 듀이의 주장을 곡해함으로써 더 강화된다. 실제로 듀이는 교육학과 윤리학도 화학공업과 의학의 발전을 추동했던 근대과학의 방법론을 수용함으로써 진보할 수 있다고 말한다(듀이, 2010: 111). 듀이 철학은 과학적인 자연 통제의 방식을 사회적 삶의 영역으로 확장하는 데에 핵심이 놓여있다고 해도 과언이 아니다. "우리는 과학을 통해 자연에 대한 통제력을 획득하는 데에는 충분히 성공했지만, 우리의 과학은 아직 인간의 지위를 향상시키기 위해 그런 통제력을 체계적이고 탁월한 방식으로 적용할 수 있을 정도로 발전하지는 않았다는 것이다"(듀이, 2010: 85). 여기서 '인간의 지위 향상'은 단지 물질적인 풍요가 아닌 문화적, 도덕적 향상이다.

그러나 합리적이고 과학적인 탐구를 강조한다고 해서 듀이를 '과학 지상주의자' 또는 '사회공학자'로 간주하는 것은 정당하지 않다. 듀이는 삶의 모든 영역에서 과학의 정신과 방법이 관철되어야 한다고 주장하지만, 그것은 경험적 과학이 인간 삶의 모든 문제를 해결해 줄 수 있다는 것을 뜻하지 않는다. 또 듀이가 보기에, 과학의 정신은 모든 문제를 가치중립적, 양적인 관점에서 바라보고, 단

---

3) 이런 의미에서 듀이에게 유물론(물질주의: 사실의 문제)과 관념론(이상주의: 가치의 문제)은 단적으로 분리되거나 대립하는 것이 아니다.

지 인과 법칙에 따라 통제하려는 데 있는 것이 아니다. 과학의 정신은 특수하고 구체적인 것을 중요시하며, 항상 관찰, 실험, 반성의 방법을 통해서 진지한 탐구를 수행한다는 데 있다. 이러한 과학적 태도에 근거할 때 인간은 자신의 용기, 지성, 노력을 통해 물질적으로뿐 아니라 정신적으로도 진보해 나갈 수 있다.

　듀이는 근대의 경험 과학적 탐구가 달성한 엄청난 연구 성과보다는 그런 연구 성과를 가능하게 했던 과학의 '자기 교정적인 방법'에 주목한다. 이것은 사고와 행동에 있어서 절대적인 것을 거부하고 자유로운 실험적 탐구의 원리에 충실히 따르는 것을 의미한다. 다시 말하면 듀이가 생각하는 과학의 핵심은 인간이 삶의 문제를 해결하기 위해서 이미 수행하고 있는 '경험'과 '반성'을 목적적, 의식적으로 활용한다는 데 있다. 일상적이고 탐구적인 삶 속에서 의식적으로 수행하는 경험과 반성을 통해서 우리는 문제해결에 도움이 되는 지식을 얻을 수 있다.

　초월적 신념을 거부하고 오로지 경험과 반성에 의지함으로써 근대의 자연과학은 눈부신 성장을 이룩할 수 있었다. 그러나 이러한 과학의 방법은 그때까지 단지 자연의 영역에만 적용되고 있었을 뿐 인간의 사회적 삶의 영역에 대해서는 전혀 무력한 이론으로 남아 있었다(듀이, 2010: 159). 그 이유는 생물학이 여전히 전통적인 신학적 사고방법에서 벗어나지 못하고 있었기 때문이었다. 모든 것이 유한하고 변화하는 것으로서 과학적 탐구의 대상으로 되었지만, 생물학적 유와 종들의 불변성은 여전히 초월적인 지위를 누렸다. 과학의 방법이 자연에 제한되지 않고 사회의 영역으로 확장되기 위해서는 이 마지막 남은 신학적 사고의 영역을 극복해야 했다.

이러한 상황에서 결정적인 돌파구를 제공했던 것이 바로 다윈의 진화론이다. "고정된 불변의 유와 종차에 관한 도그마, 보다 높은 계층과 낮은 계층으로 배열시키는 도그마, ……이러한 도그마들이 생물학에 미치는 그 지속적인 힘이라는 것이 흔들리기 전까지는, 새로운 이념들과 방법이 사회적 삶과 도덕적인 삶 속에서도 유익한 것이 되지 않으면 안 된다는 인식은 사실상 불가능하였다"(번스타인, 1995: 158). 과학적 사고와 방법이 보편성을 획득하는 과정에서 진화론은 마지막 난관을 제거했던 셈이다.

이렇게 다윈의 진화론과 더불어 과학의 정신과 방법은 사회와 도덕 및 가치의 영역에서도 적용될 수 있게 되었다. 그러나 그것은 가능성일 뿐, 실제적인 진전은 답보 상태였다. 듀이는 과학의 정신과 방법을 사회와 도덕 및 가치의 영역을 위시한 모든 삶의 영역에 확대 적용할 필요성을 강조한다. 물론 여기서 듀이는 과학의 정신과 방법이 도덕적이고 사회적인 삶에도 관철되어야 한다는 것이었지, 화학이나 물리학과 같이 단지 객관적 인과 법칙의 측면에서 인문학 연구가 가능하다고 주장했던 것은 아니다(번스타인, 1995: 159). 그러므로 듀이가 과학의 정신과 방법을 거의 절대적으로 신뢰한 것은 사실이지만, 그가 '과학 지상주의자'라는 평가는 잘못된 것이다.

4. 근본적 경험론

믿고 의지할 만한 지식의 원천이 경험이냐 아니면 이성이냐는
주지하듯이 근대철학의 핵심적인 문제 중 하나이다. '경험'을 택한
로크, 버클리, 흄의 경험론 전통은 '회의주의'로 나아갔고, '이성'을
택한 데카르트, 라이프니츠, 스피노자의 합리주의 전통은 '독단의
잠'에 빠졌다. 경험은 보편성(형식)을 획득할 수 없었고, 이성은 구
체성(내용)을 확보할 수 없었기 때문이다. 듀이는 경험론과 합리론
을 모두 비판하는데, 여기서 그의 논점은 양자가 모두 경험과 이성
의 이분법에 빠져서 '경험'의 참된 인식론적 지위를 오해했다는 것
이다. 듀이의 입장은 '근본적 경험론'이다.

경험이란 무엇인가에 대한 철학의 전통적인 대답은 서로 다른
입장에서 나온다. 하지만, "경험은 개별적이고 우연적이며, 개연적
인 것의 수준을 결코 넘을 수 없다."(듀이, 2010: 118)는 데에서는 의
견이 일치한다. 이것은 경험의 가치를 경시했던 합리주의는 말할
것도 없고, 경험을 인식의 유일한 근거로서 내세웠던 경험주의도
마찬가지이다. 경험주의자들도 경험이 인식의 수단으로서 명백한
결함이 있음을 인정했다. 다만 인간은 본래 순수 이성이 없으므로,
어쩔 수 없이 경험에 의지할 수 있을 뿐이라고 생각했다. 따라서 인
간은 세계와 삶에 대한 불완전하고 잠정적인 지식에 만족해야만
한다고 주장했다. 이런 운명적인 한계를 거부하고 추상적 이성에
의지하려는 태도는 인간의 삶에 도움이 되지 않는다는 것이다.

4. 근본적 경험론 167

그러나 듀이는 근대철학의 '경험' 개념에 대해 정면으로 반박한다. 근대의 철학자들은 경험의 참된 의미를 충분히 이해하지 못했다. 듀이는 단언한다. "경험은 과학과 도덕적인 삶에 있어서 안내자가 될 수 있다."(듀이, 2010: 118쪽) 즉, 경험은 우리를 믿을 만한 인식의 세계로 인도하는 안전한 통로이다. 더 나아가, 과학과 도덕의 보편성을 보장한다고 자처했던 이성은 사실 경험을 초월한 것이 아니다. 사람들이 '이성'이라고 부르며 경험에 대립시켰던 능력은 경험 속에 이미 포함되어 있다. 이성적 사고의 측면을 경험의 내부로 이전함으로써 듀이는 경험의 개념을 혁명적으로 바꾼다. 이것은 경험을 수동적 감각, 지각에만 연관시키는 전통적 관념에 기초하는 한 이해하기 어렵다. 어떻게 듀이는 경험 속에 이성이 내재한다고 주장할 수 있게 되었을까? 듀이의 설명을 따라가 보자.

듀이에 따르면 경험개념에 대한 이해 방식은 그 시대의 사회적, 지적 조건에 영향을 받는다. 듀이는 자신이 제시하는 새로운 파격적으로 보이는 경험 개념은 당시의 사회적, 지적 조건의 반영이라고 주장한다. 그렇다면 경험을 경시하는 전통철학의 풍조는 어떤 사회적, 지적 조건에서 생겨난 것인가? "우리가 플라톤과 아리스토텔레스에게서 발견하게 되는 경험에 대한 설명은 그리스인들이 실제로 경험했던 것에 대한 설명이다. 그것은 개념에 의한 학습의 방법과 다른 것으로서, 현대 심리학자들이 시행착오에 의한 학습법이라고 알고 있는 것과 상당히 일치한다"(듀이, 2010: 119). 즉, 축적된 경험의 과정에서 상황에 대한 일반적인 분류와 행동 규칙들이 형성된다. 그러나 이 분류와 규칙은 결코 완전하고 보편적일 수 없었는데, 플라톤은 그 이유를 그것이 경험에서 유래했기 때문이라고 생각했다. 반면 "유일한 보편성과 확실성은 경험을 초월한 영역, 즉 이성적이고 개념적인 영역에"(듀이, 2010: 120) 존재하는 것으로 생각했다.

18, 19세기의 근대철학에서 경험의 개념은 진일보하였지만 아직은 당시의 심리학적 발전 수준에 제약되어 있었다. 근대의 심리이론에 따르면 우리는 먼저 감관을 통해서 외부 대상에 대한 감각들을 수용하며 이 재료들을 마음에 내재하는 연상과 연합의 법칙을 통해서 가공함으로써 이미지, 지각, 개념들을 만들어 낸다. 이때 마음은 주어진 감각들을 분해, 조립, 가공하는 데서 일정한 능동성을 발휘하지만 기본적으로는 객관적인 세계를 수용하는 기관이며 따라서 수동적인 역할을 하는 것이다. 더 나아가 우리의 마음은 일차적으로 세계를 객관적으로 파악하는 지성적 활동을 하며, 정서와 의지는 지성적 개념들이 쾌락과 고통의 감각과 결합됨으로서 부차적으로 생겨나오는 것이다. 그러므로 정서나 의지와 같은 것은 경험에 대한 근대의 철학적 탐구에서 간과되었다. 경험은 단지 인식론적 맥락에서만 고찰되었다.

듀이의 경험 개념은 19세기 후반 생물학의 발전, 특히 진화론에 기초한다. 생물학의 발전이 우리에게 보여 준 것은 모든 유기체는 단지 환경에 적응하는 것이 아니라 생존을 위한 행위와 활동 속에서 역으로 환경을 변화시킨다는 사실이다. 그리고 유기체의 형태가 고차적이면 고차적일수록 환경조건을 재구성하는 적극성은 증가한다. 이러한 사실에 기초해서 듀이는 경험은 '관람(seeing)'이 아

4. 근본적 경험론   169

니라 '활동(acting)'이라는 획기적인 관점 전환을 시도한다.

"유기체는 단순하든 복잡하든 자신의 환경에 대해 자신의 구조에 따라서 활동을 가한다. 결과적으로 환경에 나타난 변화는 유기체와 그 활동에 다시 작용하게 된다. 살아 있는 생물은 자기 자신의 행동의 결과를 겪고 견디어 내는 것이다. 이렇게 행위하고, 변화를 견디고, 겪어 내는 것 사이의 밀접한 연관이 우리가 경험이라고 부르는 것을 형성한다. [구체적 상황과의] 연관이 끊어진 행위나 고통은 그 어느 것도 경험이 아니다"(듀이, 2010: 125).

듀이는 우리의 의식이 객관적인 세계를 파악한다는 전통적 관점을 완전히 거부한다. 그는 의식과 대상의 이분법을 폐기하고, 경험을 유기체가 생존을 위해서 자연과 교섭하는 과정 전체로서 재정립한다(김동식, 2001: 9). 이러한 경험 개념의 변화가 철학사에 초래한 충격은 막대한 것이다. 그것은 데카르트 이래 경험과 이성의 문제를 둘러싼 근대 철학자들의 논쟁을 무의미한 것으로 만들지는 않더라도, 적어도 그 문제가 과연 그렇게 중요한 문제인가 하는 의문을 제기한다. 이제 지식에 대한 철학적 탐구는 듀이에 의해서 완전히 다른 방향으로 전환된다.

예를 들어 감각을 보자. 유기체와 자연의 교섭을 중심에 놓고 볼 때, 감각은 인식의 재료가 아니라 "(어떤) 행위에 대한 자극"(듀이, 2010: 126)으로 이해되어야 한다. 감각은 우리에게 대상 세계에 대한 어떤 정보를 주는 것이기 이전에 어떤 다른 행동을 취해야만 한다는 신호이다. 장난치는 어린아이가 난로에 손을 댈 때 느끼는 감각, 즉 '뜨거움'은 빨리 손을 떼지 않으면 안 된다는 신호이다. 이는 물리적 · 신체적 행동뿐 아니라 지적 행동에도 마찬가지이다. 복잡한 상황에서 감각은 어떤 지적인 탐구 활동을 시작해야 한다는 신호이다. 반면 아무런 문제도 제기하지 않는 것들은 우리에게 감각되지 않는다. 지금 이 글을 쓰고 있는 방의 온도는 내가 갑자기 한기(寒氣)를 느끼기 전까지는 나의 감각이 되지 않는다. 한기라는 감각은 내가 옷을 껴입거나 난로를 틀어야 한다는 신호이다.

감각을 이렇게 이해한다면, 이제 감각은 단순히 지식의 재료가 아니다. 그러므로 합리주의자들의 주장, 즉 감각은 단지 무질서한 감각적 재료들을 제공할 뿐이기에, 사고나 이성의 법칙에 종속되어야 하며, 따라서 사고나 이성에 비교해 열등하다는 주장은 철회되어야 한다. 또 감각은 우연적, 상대적이기 때문에 감각에 의존하는 인식은 결코 객관적 보편성을 획득할 수 없다는 주장도 철회되어야 한다. 듀이가 보기에 "감각은 앎의 방식과는 전혀 관계없는 것"(듀이, 2010: 128)이다. 감각은 우리에게 사고할 것을 요구하는 계기이며 그 사고의 결과를 통해서 우리는 지식을 획득한다. 감각이 "지식의 출발점" 또는 "앎의 입구"라는 감각론자의 주장은 오직 이렇게 감각이 우리를 탐구의 과정으로 이끌어 들인다는 의미로 이해할 경우에만 타당하다.

경험을 인간과 세계 간의 상호작용 또는 실제적인 삶의 과정으로서 파악할 때, 선험적인 이성이 감각들을 질서 있게 관련지어 대상을 구성하고 파악한다는 칸트의 설정은 잘못된 것이다. 경험에 독립해서 존재하면서 감각을 의미로 구성하는 초월적 이성은 존재하지도, 존재할 필요도 없다. 왜냐하면 "경험은 그 자체 안에 연관과 조직화의 원리를 가지고 있기 때문이다"(듀이, 2010: 129). 이것은 거꾸로 말하면 삶의 과정에 포섭되지 않은 채로 있는 고립된 '경험'—듀이는 이것을 '경험'이 아니라 단순한 '겪음'이라고 부르는데—은 무가치한 경험이며, 그 속에는 자신을 조직화하는 원리도 결핍되어 있다는 것을 뜻한다. 물론 경험 자체 안에 있는 연관과 조직화의 원리는 저절로 드러나는 것이 아니라, 주어진 모든 조건과 그 관계에 대한 치열한 지성적 탐구를 거쳐서 발견 또는 구성되는 것이다. 이러한 지성적인 경험의 과정을 반복하는 속에서 인간의 지성은 발전해 왔고 앞으로도 그렇게 발전해 나갈 것이다.[4]

이렇게 경험의 과정 자체 안에 연관과 조직화의 원리가 있다면, 이제 과거 그런 원리의 담지자로 자처했던 '이성'의 의미와 기능은 변화되어야 한다. 이제 이성은 경험을 통해서 그리고 경험 속에서 작동하며 경험과 피드백을 해야 하는 자신의 처지를 인정해야 한다. 그렇다고 이성의 역할이 과거에 비해서 초라해졌다고 생각해서는 안 된다. 오히려 이성은 이미 확정된 목적이나 질서에 기초하는 도그마의 선구자가 아니라, 더 나은 미래를 위해 우리는 어떻게 해야 하는가에 대한 지침과 방법 또는 가설을 제공하는 적극적이고 계발적인 역할을 한다.

이런 의미에서 듀이는 '이성'을 "실험적 지성"(듀이, 2010: 133)이

---

4) 더 나아가서 실험과학의 등장으로 인해서 경험의 개념은 또 하나의 중요한 특성을 갖게 된다. 즉, 우리는 미래의 더 나은 경험을 구성하기 위해 우리의 과거의 경험을 이용한다. 즉, 하나의 경험은 더 나은 경험을 구성하는 기초가 된다. 그렇게 해서 경험은 끊임없이 자신을 확장하고 개선해 가는 자기 준거적 과정이라는 사실이 분명해진다.

라고 고쳐 부른다. 실험적 지성은 어떤 순간에 완성된 형태로 소유할 수 있는 것이 아니다. 그것은 자기의 한계를 인정하면서 경험과의 지속적인 피드백 그리고 그에 기초하여 자기변경과 재조정을 감행하고 있는 열린 마음과 같은 것이다. 이성은 이제 실험적 지성이 되어야 한다. 그러므로 교육은 단순히 양적으로 많은 경험이 아니라, '실험적 지성'을 발휘할 수 있는 경험을 제공해야 한다. 또한 그것은 왜 듀이가 고전 인문 교육을 비판했는가를 잘 보여 준다. 성현들의 지적인 성과를 배우는 고전 인문 교육은 학생들의 경험세계와 긴밀히 연관되지 못할 경우, 단지 죽은 지식과 이성을 가르치는 것에 불과하다. 살아 있는 지성과 이성은 경험의 과정 속에 있기 때문이다.

5. 실재(reality)와 관념(idea)에 대한 실천적 이해

듀이는 실재와 관념에 대한 새로운 이해방식을 제시한다. 전통적인 철학에서 또는 듀이의 용어로 하면 고전적 철학에서 참된 실재는 완전하고 불변적인 것이며 철저히 지성적인 특성을 갖는다. 즉, 플라톤의 '이데아론'에서 보듯이, 참된 실재인 이데아는 지성적 사고를 통해서만 인식될 수 있다. 반면 우리가 만지고 냄새 맡을 수 있는 감각적인 것들은 불완전하고 덧없는 것이다. 그래서 세상은 영원한 것과 덧없는 것으로 완전하게 분리된다. 전자에 대한 앎은 지식(knowledge)이지만, 후자에 대한 앎은 억측(opinion)에 불과하다. 그리고 순수한 관조적 지식이 실천적 지식보다 우월하며, 순수한 이론적 숙고가 실험보다 우월하다는 결론이 뒤따라 나온다.

이러한 이론의 실천에 대한 우위가 플라톤 이후의 서양철학사에서 얼마나 강력하게 유지되었는가는 새삼 강조할 필요가 없을 것이다. 듀이는 이런 이론 존중의 태도가 아이러니하게도 감정과 욕구에서 결코 자유로울 수 없는 인간의 심리적 본성 때문이라고 주장한다. 인간의 사고는 현실을 있는 그대로 받아들이는 기관이 아니다. 인간의 사고는 언제나 상상력과 욕망의 토대 위에서 움직인다. "이런 의미에서 인간의 경험에서 시는 산문에 앞서며, 종교는 과학에 앞서고, 장식예술은 실용예술의 유용함을 대체하지는 못함에도 일찍부터 실용예술과는 비교할 수 없을 정도로 발전했다"(듀이, 2010: 141). 그렇다면 철학자들은 어째서 실천보다 이론을 더 중요하게 되었는가?

그리스 철학자들이 이론적 탐구의 대상인 '궁극적이며 일차적인 실재'라는 순수 지성적인 개념에 도달한 것은 그들이 현실적 삶에서 느꼈던 불쾌와 불편함, 결핍에 대한 보상심리 때문이다. 그들은 사랑하는 아름다운 대상과 가치들이 언젠가는 소멸해 가는 것을 보며 극심한 고통을 느꼈다. 그런데 그들은 이 고통을 받아들이고 그 속에서의 구원을 찾기보다는 영속성에 대한 자신의 희망과 욕망을 '불변적 실재'라는 개념 속으로 투사했고 이상화했다. 이 '불변적 실재'로부터 서양철학의 정교한 지적 체계들과 개념적 대립들이 뒤따라 나왔다. 플라톤의 지성중심주의는 순수한 지적 관심에서가 아니라 아테네의 전통적 가치를 유지하고 싶은 그의 감정과 욕구에서 파생되어 나온 것이다.

그러나 근대 이후 실험과학의 등장과 더불어 이러한 전통적 철학관의 문제점은 점점 더 분명하게 드러나기 시작했다. 실재 혹은 참된 존재는 물질적 세계를 초월한 곳에 있는 것도 아니고 또 이미 완성된 모습으로 단지 발견되기를 기다리고 있는 것도 아님이 분명해졌다. 실재는 아무런 초월적 목적이나 원리도 갖지 않으며, 우리가 물질적 세계를 다양한 방식으로 변화시켜 보는 속에서 비로소 우리에게 드러나는 것이다. 이것이 바로 실험적 과학자들이 세계의 진리를 알아가는 방식이다. 마치 목수가 자신의 의도대로 나무들을 선별하고 자르고 결합하는 속에서 나무의 참된 모습을 알아 나가듯이, 과학자는 쇠를 두드려 보고, 잘라 보고, 가열해 보고 녹여 보는 속에서만 쇠의 참된 모습(=실재)을 알아 나갈 수 있다. 그리고 이 과정은 결코 종결될 수 없다.

여기서 주목할 것은 단지 과학자들만 이러한 실험적 지성을 필요로 하는 것은 아니라는 점이다. 듀이는 철학자도 과학자들과 마찬가지로 실험적 지성을 발휘해야 한다고 본다. 그러나 성급한 오해는 하지 말자. 그는 철학자와 과학자가 완전히 똑같은 작업을 하고 있거나, 똑같은 방법을 사용해야 한다고 주장하는 것은 아니다. 과학자와 철학자는 각기 "관심을 쏟는 보편성의 유형"(번스타인, 정순복 역, 1995: 116)에서 서로 구분된다. 철학자의 관심은 개별 과학의 주제들이 아니라, "자연의 유적인 특성"이나 "과학적인 탐구가 일어나는 세계의 보편적 특성" 그리고 "과학적인 탐구가 경험과 자연의 다른 차원들과 연결되는 방식"들이다. 그러나 탐구방법에서는 철학자도 과학자와 마찬가지로 "기술적인 동시에 가설적인 방법"을 사용해야 한다(번스타인, 정순복 역, 1995: 116f).

실재에 대한 이해방식의 변화는 동시에 관념에 대한 이해방식을 변화시킨다.

전통적 철학자는 실재 혹은 참된 존재는 이미 어딘가에 존재하며 우리는 이성적 관조와 심오한 사색을 통해서 그것을 파악한다고 생각했다. 반면, 듀이는 그것은 아직 그리고 언제나 미확정된 상태에 있으며, 오로지 경험적 세계와 직접 또는 간접적으로 교류하는 실험적 지성의 활동을 통해서만 점진적으로 드러난다고 생각한다. 따라서 새로운 실재를 파악하는 활동은 주어진 상황에 대한 사실적인 분석과 변화의 흐름에 대한 분석 그리고 어떻게 그 사실적 변화를 저지하거나 촉진할 수 있을까에 대한 판단 등이 주된 내용을 이루게 된다.

여기서 독자는 이런 질문을 던질 수 있다. 그렇다면 이제 인간의 자유로운 상상력과 심원한 비전, 위대한 관념적인 사유체계 같은 것은 설 자리가 없어진 것은 아닌가? 듀이의 대답은 '그렇다'와 '아니다'의 사이에 있다. 물론 과거의 철학에서 보았던 그러한 순수한 사변적인 관념은 이제 설 자리가 없다. 그러나 그렇다고 인간의 상상력과 비전 그리고 관념적 사유의 능력이 사라지는 것은 아니다. 물론 현실의 문제를 현란한 개념의 체계로 가리고 우리의 관심을 천상의 영역으로 인도하는 이데올로기로서의 관념은 사라진다. 하지만 그 대신에 우리에게 새로운 삶의 가능성을 제시하고, 그 가능성을 실현하기 위한 구체적 행동을 제안하는 관념들이 그 자리를 대신한다. 이런 의미에서 듀이는 관념을 "인간에게 새로운 노력을 하게 만들고 깨달음을 얻도록 자극하는 상상된 가능성의 집합"(듀이, 2010: 153)이라고 새롭게 규정한다.

관념은 예나 지금이나 현실의 문제나 결핍을 해결할 수 있는 가능성을 제시, 제안하는 역할을 한다. 그러나 과거의 철학은 오히려 관념을 현실의 문제를 회피하기 위한 수단으로 사용했다. 이제 듀이가 재규정하는 새로운 의미에서의 관념("인간에게 새로운 노력을 하게 만들고 깨달음을 얻도록 자극하는 상상된 가능성의 집합")은 이 현실의 문제를 해결할 방법은 무엇인지 그리고 그러기 위해 어떻게 행동해야 하는지에 대한 지식을 제공한다. 그것은 사변적인 도피가 아니라 실제적 문제해결의 도구가 된다.

예를 들어, 가족과 멀리 떨어져 있어서 서로 소통하기 어려운 상황에서 우리는 거리에 구애받지 않고 서로 편리하게 소통할 수 있는 상황을 공상한다. 이러한 공상은 두 가지 방식으로 해결될 수 있다. 사변적인 철학자들은 어떤 심원한 이론(=관념)을 만들어 내서 순수한 정신적 교감, 즉 '텔레파시'에 대해 이야기할 수 있다. 즉, 순수한 정신적 교감 속에서 거리는 존재하지 않는 것이라고 주장함으로써 문제를 해결(사실은 방치)한다. 반면 듀이가 옹호하는 철학자는 똑같은 공상에서 시작하되, "현재 일어나고 있는 일들을 검토하고 그 가운데 멀리 떨어진 채 의사소통을 하는 것이 어떻게 가능할지에 대한 힌트를 줄 만한 것이 없는지"(듀이, 2010: 155) 면밀하게 검토한다. 거기서 관념은 탐구와 문제해결의 도구이다.

결과적으로, 실재와 관념에 대한 이해방식의 변화는 자연을 대

하는 사람들의 태도를 변화시킨다. 이전에 자연 세계는 관조의 대
상이었다. 자연 세계는 어떤 항구적인 질서 속에서 웅장하게 그리
고 한 치의 흔들림도 없이 움직이고 있다고 생각되었기 때문에, 미
약한 인간의 힘으로 자연을 변화시킨다는 생각은 감히 할 수 없었
다. 그러나 근대 과학혁명은 자연을 다른 방식으로 바라보게 했다.
사람들은 이제 자연 또는 세계는 다양한 방식으로 조작, 가공, 변화
되는 과정에서 비로소 인식되어 가는 어떤 것이라고 믿게 되었다.
더 나아가 자연은 본질에 있어서 변화 가능한 것이고 또 인간의 목
적을 위해서 변화되어야 하는 것으로 되었다. 그러므로 이제 변화
는 쇠퇴나 타락이 아니라 진보를 의미하게 되었다.[5]

　진보주의 교육은 학생들에게 다양한 활동 속에서 참된 실재 또
는 현실을 파악하는 능력, 더 나아가 사고와 상상력을 발휘하여 문
제를 해결하는 능력을 길러 주는 데에 목표를 둔다. 듀이가 보기에,
궁극적 실재에 대한 순수한 지적 관심과 논의는 결국 사람들의 시

---

5) 그런데 여기서 생길 수 있는 오해를 한 가지 미리 언급해 두고자 한다. 위의 말은 듀이
　가 소박하고 낙관적인 진보의 신념을 가지고 있었다는 생각을 하게 한다. 그는 과학
　의 힘으로 인류의 사회와 역사를 발전시킬 수 있음을 믿어 의심하지 않는다. 그러나
　그는 과학의 발전이 자동적으로 진보를 가져오리라고 믿지는 않는다. 진보를 위해서
　는 과학 발달과 더불어 그것을 인간적인 방향으로 통제하는 데 필요한 또 하나의 계
　기가 있어야 한다고 생각하기 때문이다. 그것은 한마디로 한다면 '민주주의'일 것이
　다. 듀이는 자연과학 영역에서의 혁명적 발전과 경제적 성장에 걸맞는 인문학과 예
　술의 발전이 필요함을 역설한다. 그는 당시에 이미 전쟁, 자본과 노동의 대립, 새로
　운 과학 발전의 부작용이 등장하고 있음을 우려한다. 그가 보기에 현대의 철학은 바
　로 이러한 문화적, 도덕적 결핍을 해소하는 데서 자신의 임무를 찾아야 한다(듀이,
　2010: 159f 참조)

선을 현실로부터 돌리게 하고, 당면한 사회적 문제의 해결을 지연
하거나 방해한다.

6. 새로운 논리학: 문제해결을 위한 탐구방법

이상에서 우리는 듀이가 어떻게 경험과 이성, 실재와 관념에 대
한 전통적 견해들을 새롭게 재구성하고 있는가를 보았다. 이러한
변화는 필연적으로 논리학에 대한 새로운 이해방식을 요구한다.
전통적으로 논리학은 올바른 사고의 형식적 규칙에 대한 학문으로
이해되었다. 우리가 좋은 글을 쓰려면 기본적으로 문법을 지켜야
하듯이, 올바른 사고를 위해서는 논리적 규칙들을 준수해야 한다.
그것은 논의되는 내용과는 무관하게 항상 적용되어야 하는 순수하
게 형식적인 개념, 판단, 추론의 규칙들로 구성되어 있다. 우리는
먼저 이 규칙들을 숙지해야 하며, 이 규칙을 준수함으로써 우리의
주장 또는 결론의 타당성을 보장받을 수 있다. 이것이 전통적인 형
식논리학의 입장이었다.

그러나 듀이는 논리학이 단지 올바른 사고의 형식적 규칙에만
관여한다는 주장을 거부한다. 그 이유는 앞의 논의에서 이미 어느
정도 드러났다. 듀이에게 사고는 단지 세계에 대한 보편적인 지식
에 도달하기 위해 있는 것이 아니다. 본래 사고는 당면한 삶의 문
제를 해결하기 위해서 능동적으로 자신의 경험을 재구성하는 능
력이다. 그러므로 사고의 운동과 규칙에 대한 연구에서 중요한 것

은 어떻게 주어진 명제 사이의 형식 논리적 관계를 파악할 것이냐
가 아니라, 어떻게 하면 "경험의 재구성이 더욱 경제적이고 효율적
으로 이루어질 수 있도록 사고의 절차를 명확하게 체계적으로 정
식화"(듀이, 2010: 170)할 것이냐에 놓인다. 그러므로 듀이에게 논리
학은 사고의 형식적 규칙을 다루는 학문이 아니라 실제로 문제를
연구하고 규명하고 해결해 가는 과정에 관한 학문이다. 듀이의 말
로 하면 논리학은 '반성적인 사고' 또는 '탐구의 과정'을 다루는 학
문이다. 그러므로 듀이가 자신의 논리학을 다루고 있는 저서의 제
목은―'논리학'이 아니라―『우리는 어떻게 사고하는가?(How we
think?)』이다.

　듀이가 볼 때, 모든 학문은 인간의 경험으로부터 소재를 공급받
는다. 아무리 논리적으로 정교하고 그래서 경험적 세계와 동떨어
져 있는 것처럼 보이는 학문도 모두 구체적인 경험들로부터 발전
되어 나온 것이다. 사실 앞에서 본 듀이의 '경험' 개념에 기초할 때,
경험과 학문이 이렇게 불가분한 관계에 있다는 것은 그리 충격적
인 말은 아닐 것이다. 경험은 어떤 논리적 체계에 의해서 정리되기
를 기다리는 무기력한 재료들의 집합이 아니라, 복잡하고 정교한
질서를 내포하고 있는 과정이기 때문이다. 분과학문은―그것이 아
무리 추상적인 특성을 갖는다고 하더라도―이러한 경험에 포함된
질서와 구조가 오랫동안에 걸친 지속적인 탐구와 시행착오의 과정
을 통해 일종의 순수한 논리적 체계로서 구성된 것에 불과하다. "이
른바 규범적이고 선험적인 수학의 구조란 사실상 오랜 기간 힘겨운
경험을 통해 얻어진 영광스러운 결과이다"(듀이, 2010: 172).

이렇게 본다면 참된 논리학의 문제는 바로 "경험의 신중한 재구성에 관한 탐구에서 지성적인 방법을 발전시키고 채택하는 가능성의 문제"(듀이, 2010: 172)이다.[6] 또는 다른 말로 하면 논리학은 그리 우호적이지 않은 이 세상에서 살아가야 하는 인간들이 자신의 경험을 지성적으로 재구성하도록 인도하는 방법론이 되어야 한다. 그리고 이 방법론은 철학자의 정교한 사유로부터 직접 도출되는 것이 아니라, "다양한 과학의 성장에 대한 기록"(듀이, 2010: 170)들로부터 배워야 한다. 논리학은 철학자의 두뇌에서 튀어나오는 것이 아니라, 과학의 탐구방법에 대한 실제적인 연구로부터 나온다. 그래서 듀이는 논리학을 광대하고 고갈되지 않는 "경험적 연구의 영역"(듀이, 2010: 171)이라고 규정한다.

듀이가 『우리는 어떻게 사고하는가?』에서 상세히 다룬 사고, 즉 탐구의 이론을 여기서 자세히 살펴볼 수는 없다. 하지만 듀이가 탐구의 논리로서 제시한 '반성적 사고'가 바로 이러한 논리학의 핵심이라는 점을 지적하고 넘어가기로 한다. 주지하듯이 듀이에 따르면, 우리의 탐구 과정은 다음과 같은 과정을 거칠 때 가장 지성적인 방식으로 진행된다. 즉, 어떤 문제를 직접 지각하는 데서 시작하여 그 문제의 상황에 대해서 사실적이고 정확한 파악을 하는 데로 나아가고, 파악된 문제 상황을 해결할 다양한 가능성들 중 가장 그럴듯한 해결책, 즉 가설을 찾아내고 이 가설을 실천해 보는 과정을 거

---

6) 그리고 물론 그 논리학은 단지 수학이나 물리학 그리고 자연과학에 대해서뿐 아니라 도덕적인 정치, 사회적인 영역에서도 적용될 수 있는 논리학이어야 한다.

친다. 문제가 해결될 경우 이 가설은 일단 '진리'로 간주되며, 그렇지 못할 경우 우리는 다시 처음부터 문제를 다시 파악하거나 새로운 가설을 찾아서 문제를 해결하고자 시도하게 된다.[7]

이러한 듀이의 탐구이론에 기초해서 볼 때, 우리가 통상 '진리'라고 지칭하는 것들은 본래 문제해결의 과정에서 사용되었던, 그리고 성공적 결과를 도출했던 가설 이외의 다른 것이 아니다. 그리고 이로부터 아주 중요한 귀결이 따라 나온다. 진리는 어떤 순간에도 자신의 태생, 즉 자신이 본래 가설로서 등장했다는 사실을 부정할 수 없고 해서도 안 된다. 즉, 우리가 참되다고 간주하는 모든 개념, 이론, 체계들은 결코 초월적 지위를 갖는 절대적 진리일 수 없다. 그것은 본래 어떤 문제해결을 위한 우리의 착상 또는 가설로서 등장했고, 특정한 상황과 조건에서 문제해결의 도구로서 효력을 발휘함으로써 일시적으로 '보증된 언명 가능성(guaranteed assertibility)'을 획득한 것일 뿐이다. 상황의 변화로 인해서 더 이상 도구로서 효력을 갖지 못하게 된 지식은 수정되거나 파기된다. 지식의 본질은 도구라는 데에 있다. 그래서 듀이는 지식 또는 진리에 대한 자신의 입장을 '도구주의(instrumenalism)'라고 부른다.

그런데 여기서 주의할 점이 한 가지 있다. 듀이가 지식을 도구로 간주한다고 해서, 그가 인식 활동을 단지 어떤 주어진 목적에 봉사하는 수단이라고 보는 것은 아니다. 인식 활동은 "그 자체로서 가치가 있는 어떤 것, 즉 그 자신의 미적, 도덕적 관심을 가진 어떤 것

---

7) 이 탐구 과정에 대한 매우 자세하고 풍부한 설명은 이유선(2006)을 참조할 것.

을 수반할 때에만"(듀이, 2010: 178) 자유로우며 반성적일 수 있다. 듀이는 진리를 현금 가치(cash value)와 동일시하는 제임스의 견해에 동의하지 않는다. 듀이가 보기에 지식은 어떤 문제 상황에 대처하기 위한 도구이면서 동시에 불편부당한 객관적인 탐구의 결과이어야 한다. 만약 탐구의 과정이 어떤 주어진, 그것도 사적으로 주어진 목적을 달성하기 위한 수단에 불과하다면, 그것은 결코 우리를 진리로 인도할 수 없다. 듀이가 말하는 사고 및 진리의 도구적 성질은 "누군가가 자신의 마음에 담고 있는 어떤 사적이고 일방적인 이익을 위해 사고가 존재한다는 것을 의미"하지 않는다(듀이, 2010: 178 참조).

그러므로 문제해결의 '도구로서의 지식'과 '불편부당한 객관적 탐구'는 듀이에게서 서로 배치되는 것이 아니라 동전의 양면과 같다. 유효한 도구로서 작용할 수 있는 지식을 찾기 위해서 탐구자는 어떤 선입견이나 특정한 이익에 사로잡히지 않아야 하고, 문제를 해결하는 데 관련된 제반 사실과 단서들에 대해서 사심 없는 주의를 기울여야 한다. 이런 점에서 '반성적 탐구'의 과정에서 탐구자는 오로지 탐구의 과정 그 자체의 순조롭고 조화로운 진행에 대한 미적, 도덕적 관심을 가질 뿐 어떤 사사로운 또는 외재적인 목적을 끌어들여서는 안 된다.[8]

---

8) 만약 거기에 어떤 목적이 작용하고 있다면 그것은 오직 개인적 또는 집단적인 차원에서 행복한 삶을 교란하는 상황을 해결하여 더 진보된 또는 발전된 삶(=더 효율적인 문제해결을 가능하게 하는 삶)을 향해 나아가야 한다는 목적일 것이다. 물론 듀이는 이 발전된 삶, 더 나은 삶이 무엇인지 구체적으로 규정하지 않았다는 점에서 종종 비

그러므로 진리가 우리에게 어떤 만족을 주는 것이라고 말할 때, 듀이가 말하는 만족은 "관념, 목적, 행동 방식을 낳는 문제의 요구와 조건에 대한 만족을 의미한다. 그리고 그것은 공적이며 객관적인 조건을 포함하는 것이다"(듀이, 2010: 186). 또한 진리가 유용성을 갖는다고 할 때, 그것은 물질적인 이익을 뜻하기보다는 먼저 경험을 "재조직화"(듀이, 2010: 187)하는 데에 유용하다는 것을 뜻한다. 다시 말해 우리의 개인적, 집단적인 삶을 보다 나은 상태로 개선해 나가는 데에 도움이 된다는 것을 뜻한다. 즉, 듀이가 말하는 진리에 수반하는 만족과 유용성은 단지 사사롭고 개인적인 차원에 머무르는 것이 아니다.

7. 도덕과 윤리: 누가 도덕적인 사람인가

듀이는 도덕적 상황 역시 삶에서 부딪히는 문제 상황의 일종이라고 본다. "도덕적 상황이란 명백한 행위에 앞서 판단과 선택이 요구되는 상황"(듀이, 2010: 193)이다. 무엇이 옳고 그른지가 이미

난을 받기도 한다. 그러나 듀이의 실용주의 원리에 입각할 때, 발전된 삶은 '더 많은 문제해결과 더 많은 발전을 가능하게 하는 삶' 이상으로 구체적으로 규정될 수 없다. 이것은 어쩌면 듀이의 실용주의 철학의 고유한 장점이면서 동시에 한계라고 할 수 있다. 그러나 더 좋은 삶이 무엇인지는 어느 누구도 보편적, 절대적으로 단언할 수 없고, 단지 매 상황에서 그 속에서 살고 있는 사람들이 스스로 찾아 나가야 하는 영원한 과제로서 남는다.

명백한 때에 우리는 도덕을 들먹일 필요가 없다. 관습적으로 주어
진 명백한 원리나 규칙에 따라서 행동하면 그만이다. 그러나 서로
다른 가치와 목적 그리고 행동방식이 서로 충돌할 때 그래서 우리
가 어떻게 행동해야 할지 쉽게 판단할 수 없을 때 우리는 '사고'를
해야 하며 이로부터 올바른 판단을 내리지 않으면 안 된다. 이러한
때가 듀이가 말하는 도덕적 상황이다. 공동체의 삶이 순조롭게 진
행되는 상황에서 사람들은 도덕을 문제삼지 않는다.

다양한 가치와 선들이 충돌하는 문제 상황에서 그것을 해결하는
전통적인 방식은 고정된 관습이 제공하는 절대적인 목적이나 절대
적 선을 판정 기준으로 제시하는 것이었다. 예를 들면, 고대 아테
네 초기에 평민의 정치적 권리는 인정될 수 없는데 왜냐하면 그것
이 아테네의 확고한 관습이었기 때문이다. 그러나 자수성가한 평
민들이 민주주의를 요구하고 나섰을 때 기존의 관습은 의심스럽게
되었다. 관습이 더 이상 사회 구성원 모두에게 납득할 수 있는 기준
으로 인정되지 못 하게 되었을 때 그래서 지금까지 관습적으로 통
용되던 옳고 그름의 구분이 의심스럽게 되었을 때 이성이 관습의
자리를 대체해야 한다. 바로 이런 맥락에서 플라톤은 이성적인 근
거와 원리에 기초해서 전통적인 도덕과 정치제도를 다시 정립하려
했다.

그런데 이렇게 이성을 통해서 도덕을 정당화하려는 시도는 두 가
지 방식으로 가능하다. 하나는 플라톤의 방식이고 다른 하나는 듀
이의 방식이다. 플라톤은 "어떤 최종적인 목적이나 선, 혹은 어떤
궁극적인 최상의 법칙"(듀이, 2010: 191)을 이성의 권위에 기초하여

확립하려 했다. 주지하듯이 서양의 철학사에서 이 최종적인 목적이나 법칙이 무엇인가에 대해서는 다양한 주장들이 제기되었다. 예를 들어, 중세의 기독교 신학은 신의 의지를, 칸트는 정언명령을, 벤담은 최대다수의 최대행복을 도덕의 최종적인 근거라고 주장하였다. 그러나 그들 모두 도덕의 근거가 '단일하고 고정되어 있으며 더 이상의 정당화를 필요로 하지 않는 절대적인 것'이라는 데에서는 일치하였다.

듀이는 바로 이러한 전통적 도덕철학들의 공통기반을 공격한다. 듀이는 '고정불변한 도덕적 근거'에 대한 일치된 믿음은 이제는 사라져 버린 또는 사라져야 할 봉건적 질서와 플라톤적 철학전통의 잔여에 불과하다고 주장한다. 그 대신 듀이는 구체적 상황에 대한 이성적 분석을 통해 도덕을 정당화하는 대안적 방식을 제시한다. 듀이는 모든 도덕적 상황은 그 자체에 자신에게 타당한 도덕적 판단 기준을 지니고 있다고 주장한다(듀이, 2010: 192). 어떤 상황에서 어떻게 행동하는 것이 선(善)한가 또는 도덕적인가를 판단할 기준이 바로 그 상황에 내재하고 있다는 주장은 전통적 윤리학자들에게 충격적이다. 왜냐하면 전통적으로 윤리학자들은 특수한 상황에서의 행동은 그 외부에 존재하는 보편적인 도덕 원리나 기준에 의해서 선 또는 악으로 판정될 수 있다고 생각했기 때문이다. 도덕적 원리는 이런 저런 개별적인 특성이나 상황을 넘어서서 보편적으로 타당해야 한다는 생각은 매우 뿌리가 깊고 질기다. 그것은 아직도 우리 주변에 많이 남아 있다.

그러나 듀이가 보기에 이런 입장은 대개 고정된 편견을 강화하

고, 증거와는 무관하게 특정한 도덕적 관념을 지속시키는 폐단을
지니고 있다. 또 그것은 '보편적 선'이 과연 무엇인가를 둘러싼 "무
익하고 출구가 보이지 않는 중재가 불가능한 논쟁"(듀이, 2010: 195)
을 유발한다. 그러므로 듀이는 도덕의 영역에서도 "물리 현상에 대
한 현재의 판단에서 안전성, 엄정함, 유효함을 낳는 것으로 판정된
논리학"(듀이, 2010: 194), 즉 앞에서 본 반성적 탐구의 논리를 적용
해야 한다고 주장한다. 이 논리학은 성실한 사실 탐구와 도덕 원리
에 대한 끊임없는 재검토를 촉진함으로써 우리를 참된 도덕적 판
단으로 이끌 수 있기 때문이다.

　여기서 자연과 사회, 존재와 당위를 단적으로 구분하는 이분법
적 사고에 익숙한 독자들은 자연을 탐구하는 논리학이 도덕의 영
역에도 적용되어야 한다는 주장에 적지 아니 충격을 받을지도 모
른다. 그러나 다음과 같은 듀이의 설명을 직접 듣는다면 어느 정도
납득할 수 있을지도 모른다. "도덕적 선과 목적은 어떤 것이 이루
어져야 할 때만 존재한다. 어떤 것이 이루어져야만 한다는 사실은
현존하는 상황에 결함과 악이 존재한다는 것을 보여 주는 것이다.
그러한 악은 실제로 존재하는 특정한 악이다. 그것은 결코 다른 어
떤 악의 정확한 복제물일 수 없다. 따라서 교정되어야 하는 바로 그
결함과 곤란을 토대로 상황의 선을 발견하고, 계획하고, 획득해야
한다"(듀이, 2010: 197).

　말하자면, 듀이는 도덕 철학의 핵심과제를 선에 대한 보편적 이
론의 구성이 아니라 구체적인 도덕적 문제 상황에 대한 해결책을
찾아내는 "효과적인 탐구방법"(듀이, 2010: 197)을 마련하는 쪽으로

이전시키려 한다. 즉, 궁극적 목적과 가치에 대한 탐구를 포기하고 개별 상황 속의 악의 문제와 그 해결의 방법론에 집중하려 한다. 그렇다면 이러한 전환의 의미는 무엇인가? 듀이는 이것이 두 가지 면에서 커다란 윤리학적인 변혁을 초래한다고 말한다.

첫째로 그것은 '본질적 목적'과 단지 거기에 봉사하는 '수단적 목적' 간의 전통적 위계와 단절을 무너뜨린다. 동시에 그것은 이상적 가치와 물질적 가치 간의 단절도 무너뜨린다. 지금까지 본질적 목적은 이상적인 것에 대응되고, 수단적 목적은 현실적, 물질적인 것에 대응되어 왔기 때문이다. 반면 듀이는 어떤 이상적 가치가 그 자체로 아무리 고상하다고 해도 삶에 필요한 물질적 과제의 해결과 전혀 무관한 것이라면 그것은 "빈약한 것 혹은 게으르고 사치스러운 것"(듀이, 2010: 199)일 뿐이라고 생각한다. 반대로 생존을 위한 물질적인 활동들이 단지 이상적 목적을 달성하기 위한 외적 수단에 그칠 때, 그것은 지루한 고역이자 소외된 노동으로 전락한다. 목적과 수단, 이상과 현실 간의 이분법은 폐지되어야 한다.

둘째로 그것은 "[정직, 관용, 정의 같은] 도덕적 선과 건강, 경제적 보장, 예술, 과학 같은 자연적 선 사이의 전통적 구별"(듀이, 2010: 200)을 무너뜨린다. 실용주의의 관점에서 볼 때, 예를 들어 정직과 건강은 어떤 상황에서 "현존하는 악을 개선하는 데 기여한다는 점"(듀이, 2010: 200)에서는 똑같이 선한 것이며, 적어도 한 인간의 삶에서 양자를 분리해서 생각하는 것은 불가능하다. 다시 말하면, 어떤 구체적 상황에서 선악의 판단은 도덕적 선과 자연적 선을 모두 고려해야만 한다. "이른바 목적을 실현하려는 노력이 다른 모든 활동과 조화를 이루지 못하고 그 활동에 스며들지 않을 때, 삶은 산산조각이 날 것이다"(듀이, 2010: 196). 같은 맥락에서 자연과학과 도덕과학(또는 인문학) 간의 구분도 거부된다. 구체적인 악의 개선이라는 사실에서 볼 때, 자연과학은 단지 진리 그 자체를 위한 전문화된 활동에 그치는 것이 아니라 인간의 삶을 개선하기 위한 활동이라는 도덕적 특성을 획득한다. 이와 동시에 도덕과학은 도덕군자의 현학적이고 사변적인 특징을 벗어나 실효성을 획득해야 한다. 자연과학과 인문학은 통일되어야 한다.

여기서 보듯이 듀이의 탐구의 방법은 전통철학의 이원론과 양립할 수 없다. 듀이는 자연과학의 성공을 보장했던 탐구의 방법을 도덕의 영역에도 적용해야 한다고 주장한다.[9] 그러므로 도덕적 판단에서도 중요한 것은 상황의 필요, 조건, 장애, 자원을 자세히 조사하고 또 개선을 위한 지적인 계획을 수립하고 실천하는 것이다. 이러한 작업에서 물론 기존의 도덕적 가치, 개념, 원리, 이론들이 활용될 수 있지만 그것은 어디까지나 개별적 사례들을 탐구하고 해결하기 위한 도구이어야 한다. 그것들이 하나의 보편적인 처방이

9) 그러나 듀이가 자연과학의 방법을 도덕의 영역에 이전하여 적용하려 했다고 해석하는 것은 오해일 수 있다. 듀이는 자연과학에서 먼저 사용되어 성공을 거둔 '반성적 탐구의 절차'를 사회 및 도덕의 영역에도 적용해야 한다고 주장하는 것이다. 듀이가 보기에 이 탐구의 방법은 본래 자연과학에 고유한 것이 아니라 일반적인 학문연구의 방법론이다. 다만 이 방법은 역사적 발전과정에서 우연히―또는 상황의 우연적 조건 때문에―자연연구와 먼저 결부되었던 것일 뿐이다. 사회에서의 실험과 화학실험실에서의 실험은 '가설과 검증'이라는 기본 원칙을 제외하고는 전혀 다른 도구와 고려사항에 의해 진행되어야 한다.

나 원리로서 외적으로 적용될 때 편견과 독단의 위험이 등장한다. 새로운 상황에서 어떻게 행동하는 것이 바람직한지를 정할 때, 과거의 결정과 원리는 그다지 믿을 만한 것이 될 수 없기 때문이다. 우리는 "이미 소유하고 있는 기준과 이상을 양심적으로 사용할 의무와 더불어 더욱 발전된 기준과 이상을 개발할 의무"(듀이, 2010: 202)도 가지고 있다.

그러므로 어떤 사람이 도덕적인가 아닌가를 판단할 때, 중요한 것은 그가 어떤 고상한 덕목이나 가치를 현재 지니고 있느냐보다는 그가 과연 성찰·발전하는 삶을 살고 있느냐에 있다. 즉, 전체적 삶의 성장, 개선, 진보의 과정을 밟고 있는 사람은 도덕적이고, 그렇지 않은 사람은 비도덕적이다. 결과보다는 과정이 더 중요해진다. 이와 함께 도덕교육의 강조점도 고정된 덕목의 전달이 아니라, 매 상황에서 도덕적으로 판단하고 행동하는 능력을 형성하는 데로 이행한다.

여기서 도출되는 중요한 교육학적 함의는 '도덕화의 과정'과 '교육의 과정'은 본래 같은 것이라는 사실이다. 앞에서 보았듯이 듀이가 생각하는 도덕화는 어떤 특정한 덕목이나 가치의 습득을 뜻하는 것이 아니라, 더 나은 삶의 상태로 나아가는 연속적인 경험을 해나감을 뜻한다. 마찬가지로 교육은 현재 얻을 수 있는 최대한의 성장을 이루어 내는 과정이며, 또한 자신의 경험을 스스로 끊임없이 재구성해 가는 과정이다.[10] 그러므로 진정한 의미의 교육의 과정

---

10) 여기서 만약 누군가가 왜 교육이 그런 것이어야만 하느냐고 묻는다면, 듀이가 할 수

은 곧 도덕화의 과정을 자신 속에 포함한다.

　교육이 단지 미래에 대한 사전 준비라거나 교육은 성년이 되면서 마감된다는 생각은 거부된다. 자기와 공동체를 교화하고 성장시키는 일, 즉 교육─이것은 도덕화와 같은 뜻이다!─은 태어나서 죽을 때까지 모든 인간이 행해야 할 의무이기 때문이다. 학교뿐 아니라 모든 정치적 제도와 경제적 체제도 결국 이런 활동에 도움이 되는 한에서만 정당성을 갖는다. 그리고 듀이가 민주주의라는 제도를 옹호하는 이유도 결국 거기서 찾을 수 있다.

8. 생활양식으로서의 민주주의

　새로운 시대에 맞게 철학을 근본적으로 재구성하려는 듀이의 시도는 사회철학의 재구성으로 마무리된다. 사회를 문제 삼는 어떤 철학이든 사회가 개인들로 이루어져 있다는 사실을 무시할 수 없

있는 대답은 결국 역사의 진보와 삶의 개선은 모든 인간과 인간사회의 자연적인 목표라는 데에 있을 것이다. 즉, 듀이의 사상을 뒷받침하는 가장 궁극적인 토대는 진보주의 및 개선주의이다. 그래서 역사의 진보와 개인적, 집단적 삶의 개선은 더 이상 근거지울 수 없는 듀이 사상의 최종적 가치요 근거라고 생각된다. 그리고 듀이의 '성장으로서의 교육' 및 '경험의 재구성으로서의 교육' 같은 교육사상의 핵심적인 원리들 역시 궁극적으로는 이러한 진보와 개선의 이념으로부터 나왔음을 여기서 확인해 둘 필요가 있다. 다시 말해서 듀이의 진보주의 교육사상은 '무엇이 좋은 교육인가'의 문제를 교육이라는 제한된 영역을 넘어선 역사 및 사회 전체의 진보라는 관점에서 바라보는 데서 시작한다고 할 수 있다.

다. 기존의 사회철학이 그랬고, 듀이가 제시하려는 새로운 사회철
학도 마찬가지이다.

　듀이에 따르면, 그동안 사회철학에서 개인과 사회의 관계를 다
루는 모든 방식은 결국 세 가지로 구분된다. "사회는 개인을 위해
존재해야 한다. 혹은 개인은 사회가 정해준 목적과 삶의 방식을 따
라야 한다. 혹은 사회와 개인은 상호 관계적이고, 유기적이며, 사
회는 개인의 봉사와 복종을 요구하고, 동시에 개인에게 봉사하기
위해서 존재한다"(듀이, 2010: 213). 이 세 가지 입장 중에서 듀이의
입장에 근접한 것은 세 번째 입장, 즉 유기체적 사회관일 것이다.
실제로 젊은 시절의 듀이가 헤겔 철학의 영향 아래에서 유기체적
사회관을 지지했던 것도 사실이다. 그러나 후기에 가서 듀이는 유
기체적 사회관을 포함해서 기존의 모든 사회관을 비판하기에 이른
다. 『철학의 재구성』에서 그는 이 세 경향이 모두 "공통적인 결함"
(듀이, 2010: 214)을 가진다고 주장한다.

　이 공통적인 결함이란 무엇인가? 그것은 그것들이 미리 주어진
보편적인 개념들을 가지고 연구를 시작하며 개념들 간의 이론적인
또는 추상적인 연관을 드러내는 일에 골몰한다는 점이다. 듀이는
이러한 개념적인 연관에 대한 연구가 실제의 사회적 현상들을 이
해하는 데 어느 정도 도움이 될 수도 있음을 인정한다. 그럼에도 이
런 방식의 연구는 현존하는 사회 제도나 현상을 비판적으로 탐구
하지 않고, 단지 이미 통용되고 있는 개념과 원리를 재확인할 뿐이
다. 즉, 사회유기체론을 비롯한 기존의 사회연구들은 모두 현존하
는 사회 제도 및 문제들을 경험적이고 비판적인 방식으로 탐구하

지 못한다.

유기체적 사회론도 실제의 사회를 설명해 주는 선험적 틀로 간주되는 순간, 그것은 이미 확립되어 있는 질서를 정당화하는 이론적 장치로 변한다. 사회의 진보와 사회적 억압의 철폐를 목적으로 하는 사람들은 헤겔식의 유기체이론에서 벗어나야 한다. 듀이는 헤겔의 유기체적 사회론이 프로이센국가를 신성화하는 데 기여했던 것은 그것이 보편적인 개념적 논리를 전제한데서 오는 필연적인 결과였다고 평가한다.

유기체적 사회론이 지니는 또 하나의 문제점은 한 사회에 내재하는 현실적 긴장과 갈등을 과소평가하거나 결국 전체적 조화로 나아가는 과도적 단계로 호도한다는 데 있다. 예를 들어, 유기체적 관점에서 보면 "자본과 노동은 '실제로' 갈등을 일으킬 수 없다. 왜냐하면 양자는 서로에게 유기적으로 필요한 존재이며, 또한 전체로서의 유기체적 공동체에 대해 유기적으로 필요한 존재이기 때문이다"(듀이, 2010: 216). 그러므로 구체적으로 존재하는 현실적인 문제들은 지성적으로 탐구되지 못한 채, 단순한 경험, 욕망, 이해관계 또는 폭력을 통한 해결에 내맡겨진다.

그렇다면 듀이는 이제 사회를 어떤 방식으로 연구하고 또 다루어야 한다고 생각하는 것일까? 그것은 사회와 개인 간의 상호작용이 어떻게 구체적인 인과적 연관 속에서 진행되는가에 주목하는 방식이다. 듀이는 개인에 대해서든 사회에 대해서든 어떤 "개념적 일반론"(듀이, 2010: 221)을 가지고 접근하기를 그만두라고 요구한다. 예를 들어, 개인에게 '이기심'이나 '경쟁심' 같은 어떤 불변적인

성향과 특성을 부여하고, 그런 개인들의 관계로서 사회를 보는 것
은 잘못이다. 대신에 개인과 사회라는 두 요소가 현실적인 상황 속
에서 서로 어떻게 상호작용하는가를 경험적으로 인과적으로 탐구
하라고 요구한다.

이렇게 접근할 때, 다음과 같은 질문들이 탐구의 대상으로 떠오
른다. "정치적이든 경제적이든 이 사회적 장치가 [개인들에게] 어떤
반응을 불러일으키는가, 그리고 거기에 관여하고 있는 사람의 성
향에 그것은 어떤 영향을 미치는가? 그것은 능력을 해방시키는가?
해방시킨다면 그것은 어느 정도인가?"(듀이, 2010: 220). 개인과 사
회 그리고 양자의 관계를 아무런 고정된 전제 없이 있는 그대로 탐
구하라. 그러면 사회가 개인의 감성과 지성 그리고 인격과 도덕성
을 계발하는 중요한 수단이라는 사실을 분명히 깨닫게 될 것이다.
그러므로 사회철학은 결코 교육의 문제와 분리될 수 없다.

사회철학은 단지 효율적인 조직과 관리의 문제를 다루는 데에
그치지 않아야 한다. 사회철학은 사회가 "변화된 인격을 창조하는
유일한 수단"(듀이, 2010: 220)이라는 사실, 즉 사회의 교육적 효과
에 대해 주목해야 한다. 그러므로 어떤 사회 제도에 대한 평가는 단
지 기능과 구조의 정합성에 달려 있는 것이 아니다. 그것은 사회 제
도가 과연 물질적이고 정신적인 측면에서 개인의 잠재력을 발전시
키고 해방시키는가에 그리고 그 해방된 힘이 하나의 전체로서의
사회의 개선에 기여하는가에 달려 있다고 듀이는 주장한다.

이로부터 듀이의 교육학을 특징짓는 하나의 원리가 따라 나온
다. 즉, 개인의 도덕적 개선에 대한 관심과 사회 제도의 개혁에 대

한 정치적 관심은 서로 분리될 수 없다는 것이다. "우리는 각각의 특정한 사회적 장치가 가지고 있는 고무하고, 촉진하고, 양육하는 특별한 힘이 무엇인지 묻게 될 것이다. 정치와 도덕 사이의 오래된 분리는 근본적으로 사라질 것이다"(듀이, 2010: 220).

바로 이 지점에서 듀이의 사회철학은 교육 그리고 더 나아가 교육학이라는 영역과 조우한다. 듀이에게 사회는 단지 개인들의 기계적이고 양적인 '연합체'가 아니라 여러 작은 협회나 집단 속에서 살아가고 있는 사람들의 그리고 그 집단들의 '공동체'이다. 여기서 우리는 듀이가 '연합체'와 '공동체'를 엄격히 구분해서 사용한다는 사실에 주목할 필요가 있다. 연합체는 서로의 필요나 요구의 계산적 교환을 통해서 생겨나지만, 공동체는 오직 '의사소통'과 '공공성'에 기초하는 공통의 의미(common sense)를 통해서만 가능하다.

공동체로서의 사회는 "경험, 관념, 감정, 가치가 전달되고 공유되는 방식의 협력과정"(듀이, 2010: 227)에서 존립한다. 이러한 공동체의 존재방식을 떠나서 개인과 사회 제도를 논하는 모든 사회철학은 공허하다. 개인은 이미 하나의 완결된 개체로서 사회 속으로 들어서는 것이 아니라 타자와 경험을 공유하고 또 의사소통을 함으로써 비로소 인간으로 도야된다. 또한 사회 제도는 공동체적 생활방식으로부터 분리되는 순간 화석화되거나 자기 자신의 변화와 발전을 스스로 제약하는 모순으로 빠져든다.

듀이의 민주주의 이론은 바로 이 공동체의 존재방식으로부터 도출된다. 듀이의 '민주주의'는 공동체의 올바른 관계 방식을 지칭한다. 이렇게 민주주의를 특정한 정치적 제도로서가 아니라 공동체적 삶의 방식으로 간주함으로써 듀이는 민주주의의 새로운 차원을 분명히 드러낸다(호네트, 2001 참조). 그렇다면 듀이는 민주주의를 어떤 사회로 규정하고 있을까?

듀이는 『민주주의와 교육』 제8장에서 민주주의적 사회가 지닌 두 가지 기본 특징을 제시한다. 첫째로, 모든 단위와 층위에서 집단의 구성원들이 다수의 다양한 관심들을 공유하고 또 서로 경험을 자유롭게 교환한다는 점과, 둘째로, 서로 다른 집단들 간에서도 이와 마찬가지로 관심의 공유와 다면적인 상호작용이 이루어지고 있다는 것이다. 이러한 특징을 갖지 못한 사회가 있다면 아무리 제도적인 장치를 완비했더라도 민주주의 사회라고 말하기 어렵다. 반면 이런 특징을 많이 가지고 있다면, 어떤 정치제도를 가지고 있더라도 민주주의 사회라고 말할 수 있다.

민주적인 생활양식이 활발하고, 강력하며 광범위하게 퍼져 있는 사회는 사회적 긴장과 갈등이 대화와 토론 그리고 합의를 통해서 지속적으로 해결되며 그리하여 사회 제도와 도덕수준이 끊임없이 발전해 나가는 공동체 사회이다. 반면 이런 모습으로부터 멀리 떨어진 사회일수록 개인들은 아무런 소속감을 느끼지 못한 채 파편화되고 집단 간에는 이기적 대립과 갈등이 지배하며 결국 모든 문제가 힘의 대결을 통해서 해결된다. 다른 말로 하면 민주주의 사회는 공동체적 삶의 양식이 잘 발달되어 있는 사회이고, 비민주적인 사회는 공동체적 삶의 양식이 빈사 상태에 있는 사회이다. 반면 정치제도로서의 민주주의, 예를 들면 다수결의 원칙이나 삼권분립, 언론과 표현의 자유 등은 공동체가 자신의 문제를 해결해 가는 역사적 과정에서 성립된 것이다. 그러므로 그것은 만고불변의 가치를 갖는 것이 아니다. 듀이는 현실에 존재하는 '민주주의의 형식적인 원리와 가치', 예를 들면, 자유와 평등을 그 사회의 역사적 상황으로부터 분리시켜 그 자체로 타당한 것으로 주장하는 것은 잘못이라고 본다.

듀이의 민주주의 이론은 모든 사람들이 사회적 상호작용 속에서 자신의 잠재력과 가능성을 실현해 나갈 수 있다는 도덕적 신념에 기초한다. 아무리 현실에서 보이는 대중들의 모습이 실망스럽다고 할지라도 그것은 민주주의를 포기할 근거가 되는 것이 아니라 더 많은 민주주의를 실현시켜야 할 필요성을 보여 주는 것이다. 사실 20세기 초에 미국의 민주주의는 위기에 처해 있었다. 리프만(Walter Lipman)은 『환상의 공중』에서 고전적인 민주주의 제도가 현대사회에서는 더 이상 존립하기 어려운 이유를 분석했다. 그의 주장에 따르면, 근대의 민주주의 이론은 '자신의 이해관계를 분명히 이해하며 능동적으로 집단적 의사결정에 참여하는 합리적 개인'을 전제로 하는데, 불행히도 20세기 초 미국에서 산업자본주의 급속한 발전과 이런 개인은 사라졌다. 따라서 이제 민주주의 제도를 뒷받침할 시민 주체가 존재하지 않으므로, 민주주의도 불가능하다. 이로부터 리프만은 민주주의가 아닌 전문가 지배를 옹호하는 데로 나아갔다.

이에 대해 듀이는 당시 미국의 대중들이 복잡화되고 파편화되는 사회 질서 속에서 방향감각을 상실하고 있음을 인정하지만 그 해결책은 전문가 지배가 아니라 민주주의를 추진할 '공중'을 재발견하고 그들이 개인적으로 그리고 동시에 사회적 주체로서 자신을 자각하고 행동하도록 도와주는 것이라고 주장하였다. 이러한 과정은 교육이라는 요소를 새롭게 그리고 진지하게 고려할 때 비로소 실현될 수 있다. 활발한 사회적 탐구와 자유로운 표현을 통해서 개인들을 깊은 잠에서 깨운다는 것은 넓은 의미에서의 교육이 바로 공중을 재구성하는 기본적인 과정이라는 것을 의미한다. 듀이는 민주주의의 실현에서 교육이 갖는 중요성에 주목하였다.

이리하여 듀이에게 있어서 공동체와 민주주의 그리고 교육은 서로 분리될 수 없는 하나의 논리적 통합체로서 등장하게 된다. 민주주의는 공동체의 삶의 방식이며, 공동체는 민주주의의 '집'이다. 민주주의는 가장 교육적인 사회질서이며, 동시에 교육받은 사람들만이 민주주의를 지켜내고 발전시켜 나갈 수 있다. 그러므로 교육은 공동체가 자신을 유지시키는 본질적인 계기이며, 공동체는 자신에게 필요한 교육의 내용과 제도를 만들어 낸다.

듀이의 교육사상

1. 듀이와 진보주의 교육의 관계

조금 엉뚱해 보이는 질문에서 시작해 보자. 과연 듀이는 진보주의 교육학자라고 할 수 있는가? 그의 교육사상과 실천은 '진보주의 교육'의 범주 아래에 속하는 것인가? 상식 수준에서 볼 때 이 물음에 대한 답은 자명하다. 일반적으로 듀이는 진보주의 교육을 대표하는 학자로 알려져 있기 때문이다. 그러나 좀 더 깊이 들어가서 생각하면, 이 질문은 나름대로 물어볼 가치가 있다. 듀이는 자신을 흔쾌히 '진보주의 교육'의 깃발 아래 두려하지 않았고 때로는 진보주의 교육과 교육학을 비판했으며, 학자들 사이에서도 듀이를 과연 '진보주의 교육자'로 분류할 수 있는가 대해 이견이 있기 때문이다.[1]

그러나 이 물음은 무엇보다도 '진보주의 교육'이라는 개념이 매우 불분명하기 때문에 생긴다. 노리스는 만약 미국의 가장 유능한 교육학자 100명에게 진보주의 교육이 무엇인가라고 묻는다면 100명 모두 다른 정의를 답으로 제시할 것이며, 그러나 그 어느 것도 전적으로 틀리거나 맞다고 할 수 없다고 말한다(Norris, 2004: 9 참조). 이것은 진보주의 교육이라는 용어가 현재 얼마나 다양한 의미로 이해되고 있는가를 잘 보여 준다.

이돈희 교수에 따르면, 진보주의 교육은 "성인 중심으로 교육을 계획하고 운영하는 전통적인 교육에 반대하는 아동 중심의 교육" 또는 "서양에서 19세기에 전개되었던 '신교육운동'과 19세기 말과 20세기 초기에 발달한 심리학의 영향으로 소위 '아동 중심'을 특색으로 하는 미국의 교육운동"(이돈희, 1983: 123)이다. 여기서 보듯이 우리나라에서 진보주의 교육은 교사 및 지식 중심인 전통적 교육의 대척점에 서 있는 '아동 중심 교육'을 의미한다.[2] 이것은 비단 우리

---

1) 진보주의 교육을 아동 중심 또는 대안적인 교육으로 이해할 때, 듀이를 진보주의교육자로 분류하기 어렵다. 이것은 다음과 같은 카플란의 말에서도 잘 드러난다. "듀이의 사상을 진보주의 교육과 연결시키려는 경향이 종종 있지만, 듀이 자신은 전통적 교육과 진보주의적 교육 간의 구분이 별 의미가 없다고 주장했다. 중요한 것은 그 교육이 어떤 사회적 비전과 행동의 가능성을 구현하고 있는가이다"(Kaplan, 1997: 43; Norris, 2004: 15에서 재인용). 여기서 카플란은 듀이가 자신의 교육사상의 고유한 특성을 '사회적 비전 및 행동의 가능성'에서 찾았다는 점을 강조하고 있다.
2) 원래 아동 중심이라는 개념은 엘렌 케이가 1900년에 발간한 『아동의 세기』를 서평하면서 라이너 마리아 릴케가 썼던 말이다. 릴케는 이 책의 핵심이 "아동으로부터(vom Kinde aus)"에 있다고 말하였는데, 이로부터 이 개념은 19세기 말 20세기 초 미국을 포함하여 서구유럽에서 널리 확산된 개혁교육운동의 슬로건이 되었다. 그리고

나라에만 해당하는 것이 아니다. 제3장에서 보았듯이 미국에서도 1930년대 이후로 '진보주의 교육'이라는 용어의 의미는 대체로 '아동 중심'과 '활동을 통한 학습'을 강조하는 교육과 동일시되었다.

  듀이는 과연 이러한 의미의 진보주의 교육자인가? 1930년 말에 듀이는 당시의 '아동 중심적' 진보주의 교육을 강하게 비판하면서 그것은 자신이 생각하는 진보주의 교육과 다른 것이라고 선언했다. 진보주의 교육에 대한 듀이의 비판은 주로 '경험'의 교육적 의미를 분명히 하는 것을 중심으로 진행되었다. 듀이는 경험의 개념을 명확히 함으로써 '아동 중심', '활동을 통한 배움', '개성 존중'이라는 개념의 의미를 좀 더 분명하게 만들려고 하였다. 듀이가 보기에 미국의 진보주의적 교사들은 이러한 개념들에 대해서 오해했거나 불명료하게 사고했기 때문에 진보주의 교육의 참된 의미를 실현하지 못했다.

  이렇게 볼 때, 듀이의 교육론과 진보주의 교육이 서로 긴밀히 연관되는 동시에 내적인 긴장 관계에 있음은 분명하다. 듀이가 진보주의 교육의 형성과 발전에 큰 역할을 했음은 부인할 수 없다. 하지만 듀이의 교육사상과 진보주의 교육사상은 서로 다른 원리에 기초하고 있으며, 따라서 분명하게 구분해야 한다고 주장하는 교육학자들도 있다. "듀이는 진보주의자들과 여러 가지 점에서 공통점을 가

  이 개념은 실제로 미국의 진보주의 교육운동에도 강한 영향을 미쳤다. 그러나 진보주의 교육의 가장 중요한 특징을 과연 아동 중심이라는 데서 찾아야 하는가에 대해서는 의문의 여지가 많다.

지기는 하지만 …… 몇 가지 점에서 다르다"(이돈희, 1983: 127). 이돈희 교수는 이 차이점은 다음과 같이 설명한다.

"전통주의자들이 인간의 이성을 중시하고 낭만주의적 진보주의자들이 감성을 강조한 데 대하여 듀이의 지력은 이성과 감성의 이분적인 것의 어느 하나에 귀착되는 것이 아니었다. 그리고 전통주의자들이 사회에 객관적으로 주어진 문화, 즉 외적 조건을 중시하고 진보주의자들이 아동의 내적 조건을 중시한 데 비하여 듀이는 인간유기체의 성장을 환경과의 상호작용을 통한 경험의 재구성으로 설명하였다"(이돈희, 1983: 127).

그러므로 듀이와 진보주의 교육의 긴장 관계를 분명히 하는 일은 듀이의 교육사상의 정확한 위치를 파악하는 데 도움이 된다. 이를 위해서는 듀이가 『경험과 교육』이라는 책에서 자신이 생각하는 '진보적인 교육'의 개념을 어떻게 규정하고 있는가를 살펴볼 필요가 있다.

듀이는 『민주주의와 교육』(1916)을 발표한 이래 교육학에 대한 연구보다는 철학과 심리학 쪽에 더 큰 관심을 기울였다. 그로부터 약 20년 뒤에 듀이는 다시 본격적인 교육학 관련 저작을 발표하는데 이것이 『경험과 교육』(1938)이다. 듀이가 이 저작을 쓴 이유는 무엇이었는가? 그것은 당시의 미국 학교에서 실행되고 있던 진보주의 교육을 비판하기 위해서였다. 그렇다면 20세기 초에 미국 진보주의 교육의 씨앗을 뿌렸던 그가 그 연장선에 있는 30년대의 진보주의 교육을 강력하게 비판한 이유는 무엇이었을까? 이것은 적어도 1930년대 말에 진보주의 교육이 처했던 위기와 관련이 있다.

듀이가 『경험과 교육』을 발표한 것과 같은 해인 1938년에 보드 (Boyd Bode)는 『기로에 선 진보주의 교육』이라는 제목의 책을 발표하였다. 이 책에서 그는 당시의 진보주의 교육이 위기에 봉착했다고 보고, 이 위기를 극복하기 위한 진보주의 교육의 올바른 방향을 제시하려 하였다.[3] 1930년대의 진보주의 교육에 대한 듀이의 비판은 먼저 당시의 진보주의 교육의 긍정적 측면을 살펴보는 데서 시작된다.

듀이는 당시의 진보주의 교육이 전통적 교육에 대한 정면 비판이라는 점에서는 나름의 의의가 있다고 본다. 전통적 교육은 "본질적으로 위로부터, 혹은 밖으로부터 무엇을 부과하는 것을 특징으로 한다. 이는 이제 겨우 조금씩 성숙해 가면서 성장하고 있는 사람들에게 성인의 기준과 내용과 방법을 부과하는 것이다. 그 사이의 간격은 매우 크기 때문에 배우고 행동하도록 요구되는 내용과 방법은 아이들로서는 감당하기에 생소한 것이다"(듀이, 이돈희 역 1992, 49). 이런 방식의 교육에서는 어쩔 수 없이 주입과 강요가 주된 부분을 차지한다. 이런 교육으로는 학생들을 변화하는 미래에 대처하게 만들 수 없다.

----

3) 보드가 이 책을 통해서 전하고자 하는 핵심적인 메시지는 진보주의 교육이 단지 교육의 효과적인 방법론이나 내용 선정의 원리로서만 간주될 때 생겨나는 문제점과 위험이다. 그는 진보주의 교육이 자신의 온전한 모습을 회복하려면, 다시 민주주의의 발전 및 사회진보의 이념과 긴밀한 연관성을 회복해야 한다고 주장한다(Bode, 1938: 13 참조). 그의 논의의 근저에는 진보주의 교육은 사회, 정치적인 진보성을 떠나서 단지 교육의 영역 속에 갇히는 순간 자신의 본질을 배반한다는 생각이 깔려 있다.

진보주의 교육은 바로 이런 전통적 교육에 대항하기 위하여 새
로운 교육원리들을 제시하였다. 듀이가 보기에 그것은 개성의 표
현과 계발, 자유로운 활동, 경험을 통한 학습, 직접적이고 살아 있
는 매력을 가진 목적을 달성하기 위한 수단으로서의 의미를 지니
는 기술과 그 습득, 현재의 생활에서 주어지는 기회에 대한 최대
의 활용, 변화하는 세계와의 친숙 등으로 요약된다(듀이, 이돈희 역,
1992, 50). 오늘날에도 진보주의 교육자들은 종종 이러한 교육학적
원리를 옹호한다.

그런데 듀이가 보기에 이러한 원리를 신성시하거나 금과옥조인
것처럼 따라서는 안 된다. 그런 태도는 프래그머티즘 철학의 원리
와 정면으로 배치된다. 교조적 태도는 자신이 믿는 원리에서 벗어
나는 모든 지식, 태도, 입장을 무조건으로 거부하는 데로 귀결된
다. 마찬가지로 1930년대의 진보주의 교육은 단지 전통적 교육의
원리를 전면적으로 비판하고 부정함으로써 자신의 교육학적 정체
성을 마련하려는 잘못된 길로 들어섰다. 그 결과 진보주의 교육은
학교 현장의 실제적 맥락을 충분히 고려하지 못한 채, 더 나아가 교
육의 사회적이고 정치적인 맥락을 외면한 채 추상적 교육학적 원
칙들을 고집하는 데에 머물렀다.

진보주의 교육은 단지 전통적 교육의 반대자가 되어서는 안 된
다. 듀이에 따르면, 참된 진보주의 교육은 개인의 경험을 단지 개인
의 경험에 머물게 해서는 안 되며 그것을 사회적 경험, 즉 보편적인
삶의 질서와 조화시켜야 한다.[4] 그러므로 교사의 외재적 권위에
대한 거부는 교육에서 권위가 사라져도 좋다는 뜻은 아니다. 교육

에서 학생의 자유를 강조하는 것도 교육이 어떤 종류의 통제도 없이 진행될 수 있다는 뜻이 아니다. 또 학생의 개별적인 경험을 강조하는 것도 학생에게 다양한 사회적 접촉을 겪게 하는 것과 배치되는 것이 아니다(듀이, 이돈희 역, 1992, 51).[5]

그러나 당시 진보주의 교사와 교육자들은 진보주의 교육의 정체성을 단지 전통적 교육에 대한 반대에서 찾았고, 진보주의 교육을 몇몇 교육적 원리의 실현으로 단순화시킴으로써 자신의 철학적 기반을 스스로 와해시켰다. 이것은 진보주의 교육이 자신의 고유한 교육 방식을 적극적으로 개발하고 건설하지 못하게 방해하였다.

『경험과 교육』에서 듀이는 올바른 진보주의 교육을 위한 철학적 기반을 재건하려 한다. "개인을 통한 학습이라는 원리를 깨뜨리지 않고 어떻게 이러한 [활발한 사회적] 접촉을 성립시킬 수 있겠는가?"(듀이, 이돈희 역, 1992, 51f) 이 물음을 규명하려면 "개인적 경험 가운데서 작용하고 있는 사회적 요소를 이해할 수 있게 하는 잘 정리된 철학"(듀이, 이돈희 역, 1992, 52)이 필요하다. 듀이는 이러한 철학의

---

4) 이것은 사실 듀이에서만 보이는 태도는 아니다. 칸트나 헤겔도 역시 교육의 역할은 개인의 사적인 욕구와 욕망을 사회의 보편적 질서로 통합(=도야)해 가는 과정이라고 이해하고 있다. 그리고 대체로 위대한 교육사상가들은 다양한 강조점과 상이한 방식으로 이긴 하지만 개인의 자유와 사회적 질서 간의 균형을 교육의 핵심적인 과제라고 생각했다.

5) 듀이가 보기에 중요한 것은 교육에서 어떻게 자유와 강제, 주관적-개인적 측면과 객관적-사회적 측면이 내적으로 조화되고 통합될 수 있는가의 문제이다. 그리고 이것은 칸트가 교육의 가장 어려운 문제를 자유와 강제의 통일 또는 '어떻게 강제 속에서 자유를 가르칠 것인가'의 문제를 제기한 이래 근대 교육학의 핵심적인 문제였다.

기초를 '경험'의 의미를 해명하는 가운데 마련한다.

현실의 진보주의 교육은 '경험'을 강조하는 것 자체가 어떤 긍정적인 교육적인 효과를 낳는다고 생각했다. 그러나 따지고 보면 전통적 교육에서든 진보적 교육에서든 학생은 어떤 종류의 것이든 경험을 하지 않을 수 없다. 중요한 것은 경험 자체가 아니라 어떤 경험을 하느냐에 달려 있다. 듀이가 보기에 모든 교육은 학생들에게 '교육적' 경험을 하게 하는 데에 그 본질이 있다. 듀이가 전통적 교육을 비판하는 것은 그것이 아예 경험을 제공하지 않기 때문이 아니라, 교육적 경험을 제공하지 못하기 때문이다. 그러므로 진보주의 교육과 전통적 교육을 나누는 것은 아동 중심이냐 교과 중심이냐 따위의 외적 특징이 아니라, '교육적 경험'을 제공하느냐의 여부에 달려 있다. 그러므로 "모든 것은 경험의 질에 달려 있다"(듀이, 이돈희 역, 1992, 56).

그렇다면 교육적으로 유의미한 경험이란 도대체 어떤 경험을 말하는가? 교육적으로 유의미한 경험은 두 가지 성질을 가져야 한다. 하나는 그 경험이 그 자체로서 학생들에게 즐거움을 준다는 것이고, 다른 하나는 그 경험이 단순한 즐거움을 넘어서 학생이 장래에 하게 될 새로운 경험들을 유의미하고 올바른 방향으로 인도하는 데 도움이 된다는 것이다. 전자가 '아동의 흥미 중심'의 원리라면 후자는 '경험의 계속성'의 원리라고 할 수 있다.

교사의 과제는 바로 이러한 두 가지 특성을 동시에 갖는 경험을 만들어 내는 것이다. 듀이는 학생들에게 즐거운 경험을 제공하는 데에만 시야가 제한된 진보주의 교육을 비판하고 동시에 학생들에게 미래의 삶에 유용한 경험을 제공하는 데에만 시야가 제한된 전통적 교육을 비판한다. 진보주의 교육은 이 둘 사이의 양자택일이 아니라 양자를 종합할 수 있는 경험, 즉 학생에게 즐거움을 주면서 학생을 미래의 삶에 대해 준비시킬 수 있는 경험을 찾아내고 제시하는 데에 핵심이 있는 것이다.

이런 점에 주목할 때 1930년대 말 미국의 진보주의 교육은 일면적이고 편파적이었다. 참된 진보주의 교육은 앞에서 말한 '교육적 경험'이 가능할 수 있는 교과 내용, 교수 방법, 학교 제도 등등에 대해서 매우 세밀한 계획을 마련하지 않으면 안 된다. 학생들이 먼저 주체적으로 어떤 흥미나 요구를 해 올 때만 비로소 진보주의 교사는 교육을 시작할 수 있다는 생각은 거부된다. 물론 진보주의 교육은 과거의 전통적 제도나 방식을 거부하지만, 그렇다고 무정부주의에 빠져서는 안 된다. 진보주의 교육은 새로운 교육제도와 교수방식을 만들어 내야 한다. 그리고 이를 위해서 진보주의적 교육은 강력하고 설득력 있는 '교육철학'의 뒷받침을 필요로 한다. 철학은 "적절한 교육의 방법과 교재를 선택하고 조직하는 데 적극적인 방향감을 줄 수 있는 짜임새 있는 경험의 이론을 시도"(듀이, 이돈희 역, 1992, 58)함으로써 진보주의 교육을 뒷받침해야 한다.

2. 아동 중심과 사회진보의 결합

　듀이의 교육철학을 담고 있는 『민주주의와 교육』의 제1장은 교육의 근본적인 과제가 학생들을 기존의 사회적 질서 속으로 인도하는 데 있다는 점을 분명히 하고 있다. 이것은 듀이가 아동 중심적인 진보주의 교육자들처럼 자유, 개성 또는 자기실현 자체를 교육의 근본 과제로 생각하지 않았다는 것을 단적으로 보여 준다. 듀이는 고립된 개인이 가지고 있는 자유와 개성이 그 자체로 가치를 갖는다고 생각하지 않았다. 듀이가 보기에 개성, 인격, 자유, 자립성은 사회의 연속성과 발전이라는 맥락과 연결되어야만 구체적으로 규정되고 실현될 수 있다.

　하지만 크레민이 상세히 분석하고 있듯이, 1930년대의 진보주의 교육은 전통적인 교육과의 첨예한 대결과정에서 '아동 중심'이라는 측면을, 그리하여 아동의 개성과 자유라는 가치를 일면적으로 강조하는 편향을 보였다. 어쩌면 이런 일은 과거의 완고한 틀을 깨고 새로운 것을 제시하고 실현하려는 사람들이 종종 범하기 쉬운 일반적 오류에 속하는 것이다. 그것은 굽은 것을 펴려다가 반대 방향으로 굽히는 오류이다.

　듀이는 1930년대에 진보주의 교육이 범한 편향을 교정하기 위해서 개입하지 않을 수 없었다. 이러한 편향으로 인해서 진보주의 교육은 내외부로부터의 비판에 직면하였고 동시에 교육적 활력을 상실해 가는 듯이 보였기 때문이다. 그러므로 1930년대 과도한 아동 중심으로 빠져들었던 진보주의 교육은 듀이가 실현하고자 했던 진보주의 교육을 오해했던 것이다. 듀이에게 진보주의 교육은 낭만적인 아동중심주의를 넘어서서, 개인과 사회의 변증법적 상호작용을 강조하는 교육 또는 민주주의적 생활방식을 길러 주는 교육을 의미한다. 『경험과 교육』에서 듀이는 고립된 개인의 자율성과 개성을 넘어서 있는 사회적이고 공공적인 맥락을 강조함으로써 진보주의 교육의 사회적 측면을 회복하려 했던 것이다.

듀이는 진보주의 교육의 구성요소에 대해서 이렇게 정리한 적이 있다. "1. 다양성에 대한 존경: 모든 개인은 그 자신의 능력, 관심, 사상, 욕구, 문화적 정체성에서 인정받아야 한다. 2. 비판적이고 사회적으로 헌신하는 지성: 이것은 개인이 공동체의 일에 대해 집단적 노력을 통해서 공동선을 달성하기 위해 효과적으로 이해하고 참여할 수 있도록 하는 것을 뜻한다"(Eryaman & Bruce, 2015 참조). 첫 번째 요소인 '다양성에 대한 존경'은 '아동중심주의'와 연결될 수 있다. 여기에는 다음과 같은 매우 광범위한 교육적 접근들이 포함된다. "구성주의 학습, 탐구기반 교수, 열린 교실, 배려, 전인 교육, 다문화 교육, 장소기반 교육, 노작 교육, 발견학습, 프로젝트수업, 통합교과교육, 문제기반 접근 등등"(Eryaman & Bruce, 2015: 5) 이다. 두 번째 요소인 '비판적이고 사회적으로 헌신하는 지성'은 민주주의를 통한 사회진보에 대한 지향을 보여 준다.[6]

---

6) 에리어맨과 브루스는 이 두 가지 요소를 진보주의 교육의 기본적인 특성으로 본다. "진보주의적 충동은 개인과 타자의 성장의 상호의존성에 대한 탐구이다"(Eryaman & Bruce, 2015: 8).

진보주의 교육에서 이 두 가지 요소는 종종 분리된다. 그러나 이 둘은 깊이 상호의존하고 있다. 더 나은 사회를 건설하는 것은 의식 있고 참여적이고 책임 있는 행위자를 요구하는데, 이런 행위자는 개별화되고 자기주도적인 학습을 통해서 생겨난다. 동시에 개인 들은 공동체의 일에 적극적으로 참여함으로써 개성의 실현을 위한 환경을 얻고 "미적이고 영적이며 문화적인 성장"(Eryaman & Bruce, 2015: 5)을 이룰 수 있다.

듀이의『나의 교육학적 신조』는 다음과 같은 말로 시작한다. "나 는 모든 교육은 개인이 인류의 사회적 의식에 참여함을 통해서 진 행된다고 믿는다. 이 과정은 거의 탄생과 더불어 무의식적으로 시 작되며 의식을 형성하고 명료하게 하며 습관을 형성하고 사고를 연습하게 하며 느낌과 정서를 일깨움으로써 개인의 힘을 지속적으 로 형성한다"(듀이, 1897). 교육은 개인이 인간 사회의 물질적, 의식 적 삶에 참여하는 활동이며 그 속에서 개인은 의식, 습관, 사고, 정 서를 획득해 나간다. "교육은 사회적 진보와 개혁의 근본방법"(듀 이, 1897)이다.

그러므로 듀이가 교과서적 지식과 교사의 일방적 수업에 기초하 는 전통적 학교를 비판하고, 학생의 흥미와 자발성에 주목해야 한 다고 주장할 때 그것은 그 자체로 타당한 교육 원리로서가 아니라 (듀이, 2002: 93-106 참조) 개인과 사회를 통합할 수 있고 더불어 양 자를 동시에 개선, 발전시킬 수 있는 교육의 방식으로 이해되어야 한다. 교육은 아이들의 흥미와 관심, 아이들의 인지적 정서적 구조 를 기초로 해서 진행되어야 한다. 그래야 아이들의 개성과 자율성을 길러 줄 수 있다. 하지만 이런 요소 자체가 교육의 궁극적인 목표는 아니다. 교사는 아동의 개성과 자율성을 사회의 부조리와 적폐를 해결하는 데 도움이 되도록 이끌어야 한다. '아동 중심'은 학생들이 교육의 과정에서 능동적 참여와 사회적 책임 그리고 비판의 능력을 배워야 할 필요성으로부터 정당화되는 것이다.

듀이에서 교육의 방향은 기본적으로 공동체의 진보를 향해 있는 것이다. 마찬가지로 교사의 역할은 더 이상 지식의 전달이 아니라 학생이 세계 또는 공동체와 활발히 접촉하도록 도와주는 매개자의 기능을 수행하는 것이다. 그리고 여기서 매개자의 역할은 단지 학생을 자유로운 활동 속에 놓아두는 것과 다르다. 듀이의 교사는 자신이 지니고 있는 더 많은 경험과 지식을 기초로 학생들이 공동체의 발전을 위해 필요한 태도와 지식을 습득하도록 지도해야 한다.

학교에서 학습은 학생이 세계와 상호작용하는 가운데 등장하는 새롭고 낯선 경험을 기존의 경험과 연결시켜 해명하고 해결하는 과정이 되어야 한다. 학생들은 교사의 세밀한 관여 아래서 스스로 문제를 발견하고 또 해결해야 한다. 이러한 자기 활동은 아동의 자의와 변덕에 휘둘리지 않는데, 왜냐하면 세심하게 고안된 학습의 맥락은 그 자체로서 학생에게 사회적 규율과 가치를 강제하기 때문이다.

이렇게 교육이 개인의 개성적 자유와 사회 전체의 복지 간의 조화로운 통합을 실현함으로써 사회진보에 기여해야 한다는 생각이야말로 듀이 교육사상의 핵심이다.

3. 학교이론: 학교와 사회변화

이상에서 우리는 듀이의 '아동 중심' 교육사상이 사회진보의 이념과 긴밀히 연관되어 있음을 살펴보았다. 그 과정에서 우리는 이미 필요한 경우마다 학교의 사회적 기능에 대해서도 간략히 언급했다. 거기서 이미 알 수 있듯이, 듀이가 학교를 사회진보의 중요한 매체로 간주하고 있다는 것은 분명하다. 물론 듀이에게 학교는 학생의 인성과 도덕성을 체계적으로 의도적으로 계발할 수 있는 유일한 사회적 장소이며, 기획된 교육 이론이나 정책을 실제적으로 검증한다는 의미에서 교육적 실험의 장소이기도 하다. 또 학생들이 단지 지식의 수용자로서가 아니라 탐구자로서 실험적인 방식으로 학습을 해 나가는 장소라는 의미도 갖는다. 그러나 학교가 사회변화 또는 사회진보에 기여해야 한다는 것은 듀이의 학교론에서 본질적인 요소라고 할 수 있다. 앞에서 보았듯이 듀이가 교육의 핵심적 기능을 사회진보에서 찾은 이상 이것은 당연한 귀결이다.

그러나 사회의 개혁과 진보에서 학교가 수행할 수 있는 역할에 대한 듀이의 평가는 1930년대를 전후로 변화했다는 것에 주목할 필요가 있다. "많은 저작에서 듀이는 사회적 변화를 달성하는 데 기여하는 사회적 센터로서의 학교의 중요성을 지속적으로 강조한다. 그래서 듀이가 사회 개선에 대한 학교의 기여를 '지나치게 낙관적으로', 심지어 '순진하게' 평가했다는 비판은 가능하다. 그러나 이 문제에 대한 듀이의 입장은 대공황을 전후로 변화되었다. 1934년의 한 논문에서 그는 학교가 '새로운 사회질서'의 창조자일 수 없음을 명확히 한다"(Lee, 2013: 124). 즉, 적어도 대공황 이후 듀이는 명시적으로 학교가 사회개혁의 주요한 동력이라고 생각하지 않게 된다. 그렇다면 후기의 듀이는 학교의 진보적 역할을 완전히 부정했을까?

계몽주의의 대표자 중 한 사람인 칸트(Immanuel Kant)는 교육의 가장 중요한 문제는 "자유로의 강제(Zwang zur Freiheit)", 즉 어떻게 강제를 통해서 자유를 가르칠 것인가라고 말했다. 진보를 최고의 가치로 삼았던 계몽주의자들이 교육의 본질을 '자유와 강제의 통일'에서 찾았던 것은 우연이 아니다. 교육을 사회 진보의 맥락에서 생각하는 사람은 언제나 개인의 개성과 자유를 사회적 보편성의 강제와 결합시켜야 한다는 과제를 떠맡는다. 왜냐하면 그는 학생에게 이미 존재하는 사회적 질서를 일방적으로 전달해서도 안 되고 그렇다고 학생이 고립된 자아세계에 머물도록 허용해서도 안 되기 때문이다.

이와 동일한 같은 문제가 학교의 역할과 기능을 다루는 데서도 등장한다. 학교가 사회개혁 및 진보의 매체라면, 학교는 현존하는 사회의 질서를 성장세대에게 가르치는 동시에 그것을 개선할 수 있는 능력을 가진 자유롭고 비판적인 인간을 양성해야 한다는 이중적 과제를 떠맡는다. 듀이는 연속적인 문제해결 과정으로서의 삶을 상정하고 교육은 학생들이 장차 사회 속에서 이러한 문제해결의 삶을 살 수 있도록 도와주는 역할을 해야 한다고 보았다. 그러기 위해서 학교는 기존 사회의 축소판이면서도 동시에 기존 사회의 불합리한 구조를 비판할 수 있는 요소를 포함해야 한다. 그래야 학생은 사회적 삶 속으로 유입되면서 동시에 사회적 삶의 변화를 일으키는 주체가 될 수 있다. 학교는 사회적 삶과 유리된 상아탑이어서도 안 되지만, 그렇다고 직접적인 삶의 공간과 동일해서도 안 된다. 학교와 사회는 서로 분리되어서도 안 되고, 서로 동일해도 안 된다. 양자는 길항의 균형 관계를 유지해야 한다.

학교가 삶의 맥락으로부터 분리되는 순간 교육은 공허해지고 단순한 지식전달로 전락한다. 학생의 인성 형성에 가장 큰 영향을 발휘하고 있는 것은 결국 현실의 삶이다. 단지 교과서와 그 속의 추상적 지식을 교사의 강의를 통해 가르치는 것은 학생을 교육으로부터 소외시킬 뿐 아니라, 학생의 인성과 지성 그리고 실천능력을 올바로 발전시킬 수 없다. 그러므로 학교는 학생이 살고 있고 또 살아갈 삶의 현실을 수용하고 그 필요성에 부응하도록 조직되어야 한다. 그러나 동시에 학교는 학교만의 장점이라고 할 수 있는 '장기간에 거친 계획적 교육'을 통해서 일상적 삶이 무계획적으로 형성해 가는 학생의 인성을 공동체의 발전에 적합한 방향으로 조정, 전환시켜가는 역할을 하여야 한다.

학교가 학생들을 더 민주적이고 공동체적인 사회를 이루어 나가도록 준비시키려 한다면 학교 자체가 협동적인 공동체의 모습으로 조직되어야 한다. 물론 이 협동적 공동체는 현실 사회에서는 단지 왜곡되고 불완전한 형태로만 존립하는 것이다. 그러나 만약 보다 완전한 형태의 공동체로서의 학교에서 성장하고 교육받은 학생들이 사회로 진출한다면, 그것은 결국 기성 사회의 완고한 불평등 구조를 무너뜨리는 데 기여하게 될 것이다.

다시 말해서 듀이는 학생들이 학교를 통해서 자신의 운명을 스스로 만들어 가는 주체적인 인간이 되기를 기대했고, 이를 통해서 인간적인 삶을 가로막는 요소들이 제거되고, 불평등한 사회적 관계들이 교정되어 나가리라고 기대했다. "학교를 아이들을 수용하여 이런 작은 사회 속의 일원이 될 수 있도록 훈련하여, 그들에게 봉사 정신이 깃들게 하고, 효과적인 자기 지도능력을 갖도록 할 때, 우리는 아주 심원하고 살맛 나는 사회, 가치 있고, 애정이 넘치고, 조화를 이룬 사회를 보장받게 될 것이다."(듀이, 2016: 39)

듀이는 학교는 '부당한 특권과 부당한 착취'에 대항하고 사회진보를 촉진하는 역할을 하는 곳이라고 생각한다. 듀이가 학교와 사회의 연관성을 강조했을 때 그것은 산업사회의 경제적 요구나 학생의 출세를 염두에 두고 있는 것이 아니다. 학교가 사회적인 요구에 부응해야 한다고 했을 때, 그것은 단지 유능한 '산업역군'이 아니라, 현실 사회의 부조리에 대항할 수 있는 "용기 있는 지성"(Dewey MW9: 329)을 겸비한 직업인을 길러 내야 한다는 뜻이다. 또 학교 교육을 통해서 학생들이 "자신의 경제적 사회적 경력의 주인"이 되어야 한다고 말할 때, 그는 교육이 개인적인 성공의 수단을 제공하는 것임을 뜻하지 않았다(Bohnsack, 2005: 75). 그것은 사회적인 관점에서 지성적으로 행동하는 주체적 능력을 갖는다는 것을 뜻했다. 듀이에게 교육과 학교의 활동을 규정하는 변수로서의 사회는 민주적이고 공동체적인 사회를 뜻하는 것이다. 그의 교육은 아직 실현되지 않은, 그러나 실현되어야 하고 실현될 수 있는 좀 더 개선된 사회적 질서와 관계한다.

다음 인용문은 듀이의 진보적 학교관을 압축적으로 묘사하고 있다. 학교는 "수업을 통해서 단지 수동적으로 환경세계의 특수한 문제들을 다룰 뿐 아니라 직접적으로 생산적이다. 이것은 학부모와 지역공동체의 학교에 대한 더 강화된 관심과 더불어 역으로 학교가 지역공동체의 복지에 참여하는 것을 요구한다. 이를 통해서 정치교육의 새로운 개념이 등장한다. …… 듀이는 이미 20세기로의 전환기에 진보적 학교들에 대해 보고했다. 이 학교들에서는 학생 모둠들이 지자체, 전화 및 우편 체제, 도로청소 등에 대해서 연구하고 사회적인 연구를 수행한다. 그리고 스스로 문제점의 해결과 개선을 위해 고심한다. 이리하여 학교는 단순히 사회적 관계에 '적응'하는 제도이기를 중단하고 '저항', 더 나아가 사회적 진보에서의 모종의 지도적 역할을 맡고자 한다"(Bohnsack, 2005: 141).

그러나 사회 제도의 한 부분인 교육이 과연 자신을 움직이고 있는 제도 자체를 변화시킬 힘이 있을까? 학교는 과연 사회개혁 및 진보의 목적에 기여하는 학생들을 길러 낼 수 있었을까? 태내사회로서의 학교가 과연 현실의 완고한 특권과 불평등의 구조를 개혁하는 데 기여할 수 있을까?

앞에서도 말했듯이 사회개혁에서 학교의 역할에 대한 듀이의 답은 시간적으로 편차가 있다. "1920년대 말까지 듀이는 사회개혁의 주요하고 기초적인 동인으로서의 학교에 대한 깊은 신뢰를 유지한다"(Lee, 2013: 125). 학교는 사회의 진보와 개선, 개혁을 이루어 낼 수 있는 가장 중요한 요소로 간주된다. 학교에 대한 이 전폭적 신뢰는 이 당시 듀이가 자본주의 체제와 민주주의 사회 간의 내적 긴장에 충분히 주목하지 않았기 때문으로 보인다. 그는 학교가 작은 공동체로서 민주적인 삶의 기회를 제공한다면, 학교를 마친 학생들이 사회에 나가서 기존 사회의 부조리나 억압을 비판하면서 공동체적인 사회질서를 이루어 나갈 것으로 믿었다. 그는 자본주의 사회의 내재적 경향성이 학교와 대중의 공동체적 지향에 대해 파괴적 영향을 미칠 수 있다는 점에 대해서는 별로 주목하지 않았다. 이런 점에서 이 시기에 듀이의 학교관은 지나친 낙관주의의 혐의를 받을 여지가 있다.

그러나 『민주주의와 교육』을 발표한 이후 듀이의 학문적 관심은 점차 교육을 넘어서 좀 더 구체적인 사회, 정치적 문제로 옮겨 갔다. 1932년의 한 논문에서 그는 학교가 개혁의 주체로서의 역할을 제대로 수행하지 못한다는 점을 지적한다. "듀이는 학교가 '개인이 현존하는 사회질서의 도덕적 결함을 보도록 또 조건을 개선하는 데 대한 능동적 관심을 갖도록 준비시키는' 자신의 중요한 기능에서 '현저히 그리고 비참하게' 실패했다고 탄식한다"(Lee, 2013: 130). 그리고 실패는 학교 자신의 타성 때문이기도 하지만, 더 중요한 것은 산업과 경제의 반–민주주의적 영향력이 강력하기 때문이라고 진단한다.

후크(Sydney Hook)는 1929년경 듀이가 자신의 정치적 관점을 수정할 필요를 느꼈다고 주장한다. "생애의 대부분의 기간 동안 듀이는 …… 자본주의의 기본적 악이 전통적 진보주의에 의해서 제거될 수 있다고 확신했다. 그러나 1929년 대공황이 터지기 이전에 일련의 예지적인 논문에서 듀이는 대전환을 이룬다. 그는 사회주의자들의 진단이 정당함을 인정했다"(Hook, 1939: 165; Lee, 2013: 133에서 재인용). 듀이는 자본주의 체제 자체, 더 나아가 자본주의 체제에서 부와 권력을 쥔 집단이 민주주의의 실현에 어떻게 저항하는가에 대해 날카롭게 분석, 비판했다.[7] 마침내 듀이는 자본주의에 대한 '사회적 통제' 또는 '모든 자연 자원 및 자연적 독점물, 지대, 기초 산업의 사회화', 공정 조세를 통한 국부의 평등한 재분배, 사회복지 정책 확대, 사회화된 경제 또는 계획 경제를 위한 정치적 행동 등을 통해서 민주주의를 달성할 필요가 있음을 주장하게 되었다(Lee, 2013, 139-141 참조).

요약하면 듀이는 학교가 사회개혁, 즉 민주주의 실현의 주요한 동인이라는 생각을 포기하고, 사회개혁의 동력은 사회 자체로부터 와야 한다는 생각으로 이행했다. 그럼에도 학교의 진보적 역할이 완전히 부정되는 것은 아니다. 듀이는 학교가 단지 지배계급의 통치 수단이라는 견해를 거부한다. 학교는 다양한 세력과 경향들이 서로 충돌하는 지점이다. 다시 말해 학교는 어떤 사회 집단이 자신의 사상과 가치를 전파할 수 있는 곳이다. 현실에서 비민주적 집단이 학교를 장악하고 있다고 해서, 학교가 언제나 그들의 지배 아래 놓일 필연성은 없다. 문제는 진보적인 세력과 교사들이 어떻게 협

---

7) 듀이의 비판점은 다음과 같다. 첫째, 자본주의는 사회를 다시 노동계급과 화이트칼라 계층(특히 고위행정직과 기업가들)으로 분할한다. 둘째, 자본주의는 부의 불평등을 심화시킨다. 셋째, 자본주의는 분열을 심화함으로써 공동체적 삶 자체를 붕괴시킨다. 넷째, 무제한한 개인적 이윤추구 속에서 필연적으로 공황과 대량실업이 발생한다(Lee, 2013, 133-136 참조).

력해서 자신을 정치세력화하고 그리하여 학교를 변화시킬 것인가에 놓인다. "간단히 말해서 듀이의 핵심적인 전술은 교사와 교육자들이 학교를 지배적인 경제적 세력으로부터 되찾는 데 있다"(Lee, 2013: 143).

이러한 상황은 진보주의 학교와 교사의 역할에도 변화를 가져온다. 듀이는 학교의 교육과정에서 사회의 부조리나 모순을 직접 다룰 필요성에 대해 언급한다. "경제적 생산적 구조, 자본과 노동의 관계에 대한 비판적 이해, 실업의 원인과 규모, 정부정책이 기업이나 경제계의 이익에 휘둘리는 현상, 정부와 정치적 기구 및 노조 뒤에 서 있는 힘의 원천과 본질 등에 대한 비판이다. 뿐만 아니라 역사수업에서의 민족적인 편협성을 제시하고, 사회수업에서 사회적 문제를 은폐함으로써 학생들이 산업사회의 문제와 정치적 부당함에 대해 무지하게 만들고 거짓 선전에 맡겨지도록 하는 현실을 제거하는 것도 거기에 포함된다"(Bohnsack, 2005: 76).

여기서 생기는 문제 중 하나가 '교의의 직접적 전달', 즉 교화(indoctrination)의 문제이다. 듀이는 학교가 사회의 억압과 부조리를 직접적으로 다룰 필요성을 주장하면서도, 아무리 옳은 주장이라도 교사가 학생들에게 관념이나 이론을 직접 전달하는 것은 비민주적인 방식이라고 비판한다. 이런 점에서 듀이는 카운츠(Geoge Counts)나 브라멜드(Brameld)의 재건주의와 입장을 달리한다. 적어도 후기의 듀이는 학교가 단지 지배질서의 재생산에 복무한다는 견해도, 학교가 학생들에게 사회개혁의 아이디어와 대의를 직접적으로 선전해야 한다는 견해도, 또 과거에 자신이 생각했듯 학교가 직접적으로 사회를 민주적 공동체로 개혁할 수 있다는 견해도 받아들이지 않는다. "학교는 사회개혁의 주된 동인은 아니지만, 여전히 중요한 참여자들 중 하나이다"(Lee, 2013: 144).

4. 흥미이론

1) 학습동력으로서의 흥미

주지하듯이 듀이의 교육철학은 그의 프래그머티즘에서 나온다. 그리고 프래그머티즘은 변화하는 세계에서 자신의 생존을 위해 환경과 끊임없이 대결해야 하는 생물학적 유기체로서의 진화적 인간관에 기초하고 있다(이유선, 2010: 57-59 참조). 듀이는 인간의 마음, 지성, 언어, 과학 그리고 도덕 등이 모두 치열한 생존투쟁의 과정에서 수단으로서 생겨나온 부산물이라고 간주한다. 그렇다고 듀이가 인간의 지성, 학문과 문화를 무가치한 것으로 보는 것은 아니다. 듀이는 다만 모든 문화적인 성취를 현실로부터 분리시켜 신성화하고 그럼으로써 기존 질서를 고정시키려는 시도를 거부할 뿐이다. 그는 과학과 문화 그리고 도덕은 원래 삶의 문제해결을 위한 도구로서 생겨난 것임을 분명히 하려 한다.

이런 진화론적 관점에서 볼 때, 흥미는 독립적인 심리적 현상이 아니라, 삶의 문제의 해결이라는 맥락 안에 있는 것이다. 인간은 언제나 상황 속의 인간이며, 하이데거의 '세계내존재(In-der-Welt-

sein)'처럼 이미 세계와 엮여 있는 존재이다. 따라서 상황 속의 인간
은 변화하는 세계에 대해 무관심할 수 없고, 항상 세계에 대해 어떤
관심과 실천적 관여(engagement)의 태도를 가질 수밖에 없다. 이런
점에서 흥미는 인간의 삶에서 본질적이며 구성적인 요소이다.[8] 같
은 맥락에서 듀이는 흥미를 다음과 같이 정의한다. "흥미, 관심은
자아와 세계가 어떤 변화 발전하고 있는 상황 속에서 서로 관여하
고(engaged) 있음을 의미한다".

그러나 교육자들은 종종 흥미를 이러한 삶의 연관으로부터 분리
시킴으로써 잘못된 방향으로 나아간다. 즉, 교육자는 교육내용을
선정함에서 있어서, "단순히 사물이 개인적 이익이나 손해, 성공이
나 실패에 어떤 영향을 끼치는가의 관점"(듀이, 이홍우 역, 2008: 208)
에서 출발한다. 이럴 경우에는 그 선정된 내용이 학생들에게 실제
로 흥미를 끌 수 있는가는 별개의 문제로 다루어져야 한다. 동시에
교육자는 흥미의 문제를 단지 학생의 개인적 쾌감이나 고통에 관
한 문제로 간주하게 된다. 따라서 교육자는 무미건조한 학습 자료
에 유혹적인 면을 가미하는 것, 또는 다른 말로, 쾌감을 뇌물로 해
서 학생의 흥미를 이끌어 낼 수밖에 없다.

듀이에 따르면, 일상 언어에서 흥미는 세 가지 의미를 지닌다.
첫째, 인간 활동의 능동적이고 충동적인 본성의 표현이며(능동적

---

8) 모든 흥미와 관심을 떠난 순수한 철학적, 종교적 관조 또는 과학의 가치중립적 관점
  은 듀이가 보기에 하나의 인위적이며 허구적인 상황이 아니면, 하나의 특정한 관점을
  불법적으로 보편화시킨 것이다.

측면), 둘째, 욕구하는 대상 또는 결과와 불가분하게 연관되어 있고 (객관적 측면), 셋째, 어떤 대상이나 가치에 대한 개인의 마음의 쏠림 (정서적 측면)을 의미한다(듀이, 이홍우 역, 2008: 207).[9] 우리가 흥미를 삶의 실천적 문제해결이라는 맥락 속에서 볼 때, 이 세 가지는 흥미 개념 속에서 동시적으로 작동하고 있다. 흥미는 단지 마음의 쏠림과 같은 주관의 정서적 상태를 의미할 뿐 아니라 주체와 대상 간의 객관적인 연결을 포괄하는 개념이다. 따라서 교육에서 흥미의 문제를 해결하기 위해서 우리는 일상적 의미의 흥미에 포함된 세 가지 사태가 온전히 작동할 수 있는 기제를 찾아내야 한다. 이 기제는 주관의 상태와 대상의 특성 그리고 이 양자의 연관이 서로 분리되지 않고 하나의 종합을 이룰 때 작동한다. 흥미에 대한 듀이의 논의는 이러한 기제를 교육적으로 재구성하는 데에 핵심이 놓인다.

먼저 듀이에 따르면, 교육은 학생의 현재 상태와 능력에서 출발하여 교사가 의도하는 도야된 상태로 학생을 이끌어 나가는 활동이다. 그리고 학생의 현재 상태와 교사의 목적이라는 양극단 사이에는 요구되는 행동, 극복해야 할 문제, 사용해야 할 도구가 가로놓여 있다. 이것들을 단계적으로 겪어 나감으로써 학생은 교육된 인간으로 성장할 수 있다. 듀이는 이 중간 단계에 놓여 있는 모든 것들을 '흥미'라고 부른다. 흥미는 말 그대로 'inter-est', 즉 사이에 있는 것이다. 학생의 현재의 활동이 예견되고 의도된 목표로 발전하

---

9) 이에 대해서는 듀이의 『흥미와 노력』 제2장 "직접적 흥미와 간접적 흥미"에도 좀 더 자세한 형태로 서술되어 있다.

는 것은 바로 '사이에 놓인 것', 즉 흥미에 의존한다.

　전통적 교육자는 성숙한 인간이 되기 위해 학생이 마땅히 배워야 할 것을 선정하여 학생과 교육의 목표 사이에 놓는다. 이때 사이에 있는 것 또는 '흥미'는 학생 개인의 정서적 쏠림과 분리된 것 또는 무관한 것이기 쉽다. 그래서 전통적 교육자는 흥미의 종합적 의미를 파괴한다고 듀이는 비판한다. "현재의 경향을 완성시키기 위한 '수단'이 된다는 것, 활동을 하는 사람과 그의 목적 '사이에' 있다는 것, 즉 '흥미'가 있다는 것, 이것은 모두 동일한 것을 다른 이름으로 부르는 것이다"(듀이, 이홍우 역, 2008: 210).

　교육에서 흥미의 다양한 측면들이 자동적으로 결합되는 것은 아니다. 다시 말해 배워야 할 내용에 대해서 학생들이 자동적으로 흥미를 느끼는 것은 아니다. 듀이가 말하고 싶은 것은 '일의 활동적인 과정과 욕구된 객관적 결과 그리고 개인의 마음의 쏠림'이라는 흥미의 요소들이 서로 조화되는 어떤 지점, 영역이 분명히 있다는 사실이다. 여기서 교육자의 중요한 역할은 흥미의 다양한 측면들이 서로 유기적으로 맞물려 움직이는 이 영역을 찾아내고 그런 상황을 연출하는 데에 놓이게 된다. 학교가 학생에게 당위적으로 흥미를 요구하는 것들은 동시에 사실적으로도 흥미로운 것이어야 한다.

　물론 이런 시도들이 항상 성공하지는 못한다. 학생들의 반응은 항상 교사의 의도를 벗어날 가능성을 갖는다. 이런 상황에서 교육자들은 흔히 외적인 첨가물을 통해서 학생들의 관심이 가르치려는 대상에 쏠리도록 하려 한다. 그러나 이렇게 외적인 첨가물을 통해서 흥미를 유발하는 것은 잘못된 시도이다. 교사는 교육의 현장을

조직하는 사람으로서 양식(良識)을 통해서 학생들에게 필요한 내
용을 찾아내는 동시에 이 내용과 학생의 객관적 연관성을 학생들
에게 자각시켜야 한다.

아무리 '객관적으로' 필요한 교육내용이라 하더라도 그 '필요성'
이 학생의 마음을 통해 지각되지 못한다면 흥미는 성립할 수 없
다.[10] 이때 외적이고 인공적인 수단을 가미하여 흥미롭게 만들려
는 시도는 학생들이 지식을 그것이 사용되는 맥락 속에서 배워야
한다는 교육의 본래적 요구에 어긋난다. 여기서 알 수 있듯이, 듀이
는 단지 '즉각적인 재미를 느끼는' 주관적–심리적 상태로서의 흥미
를 거부한다. 듀이에서 흥미는 개인이 어떤 목적 또는 결과를 달성
하기 위해서 외부의 대상이나 사실에 관심을 갖게 될 때 성립한다.
따라서 '아동의 흥미'에서 출발한다는 듀이의 언급은 새겨서 들어
서 한다. 그것은 아동의 마음과 가르칠 대상 그리고 의도된 교육적
결과라는 세 가지 요소의 중첩영역에서 등장하는 '흥미'에서 출발
해야 한다는 말이다.

따라서 흥미는 다음과 같은 경우에 학습의 동력이 된다. 아동의
마음과 마땅히 가르쳐야할 교육내용 사이에 객관적으로 놓여 있
는 연관, 즉 흥미를 학생들이 실제로 지각할 수 있게 만들어야 하

---

10) 여기서 듀이의 '잠재적 흥미'의 개념이 등장한다. 아동의 마음과 가르칠 대상 사이에
는 객관적인 연관이 있다하더라도 아동이 그 연관을 지각하지 못한다면 양자의 사
이에 있는 것, 즉 흥미는 '잠재적인' 흥미에 머무른다. 반면 아동이 이 연관을 지각한
다면 '잠재적 흥미가 지각되어' 있다고 말할 수 있다. 후자의 경우는 아동의 적극적
관여와 활동을 이끌어 낼 수 있는 반면, 전자에서는 그렇지 못하다.

며, 그러기 위해서는 구체적 상황 속에서의 학습을 조직해야만 한다. 왜냐하면 흥미는 본래 상황적 존재로서의 인간의 특성이며, 또한 구체적 상황 속에서만 흥미의 다양한 측면이 서로 분리되지 않고 유기적으로 결합될 수 있기 때문이다.

2) 도야하는 힘으로서의 흥미

듀이에서 흥미는 학습동기를 제공하는 교수학습의 수단 이상의 의미를 갖는다. 듀이는 흥미 개념을 교수학습의 영역에 제한하지 않고 더 넓은 의미의 '교육', 더 나아가 '도야(discipline, 의지의 훈련)'와 연관하여 논의한다. 듀이가 흥미를 논의하면서 도야 또는 인성교육이라는 주제를 연관시키고 있는 것은 헤르바르트의 '교육적 수업' 이론과의 미묘한 연관성을 보여 준다. 듀이의 흥미에 대한 논의는 흥미가 단지 수업의 성공을 위한 도구를 넘어서, 의지의 훈련을 통해서 도야된 인간을 기르는데 기여한다는 점을 강조하고 있다.

이 맥락에서 듀이는 흥미를 직접적 흥미와 간접적 흥미로 나눈다. 이 구분을 이해가 위해서는 먼저 흥미의 심리학적 기제가 무엇인지를 파악해야 한다. "흥미는 근본적으로 자기 표현활동, 즉 초기의 경향성을 구체화함으로써 일어나는 성장의 한 형태이다"(듀이, 2010: 31). 이 말에 의하면, 흥미는 자기를 표현하는 활동이며 그 결과 초기의 경향성이 구체적 형태를 띠면서 학습자의 성장이라는 결과에 도달하는 과정이다.

이 과정에서 학습자의 활동이 그 자체로 학습자에게 만족을 주

는 경우가 있다. 이 경우에는 활동을 통해 도달하게 될 미래의 목표
가 별도로 설정될 필요가 없으며, 수단과 목적이 분리되지 않는다.
이때의 흥미를 듀이는 직접적 흥미라고 부른다. 반면 "이전에는 알
지 못했던 관계나 연관을 찾아내게 되면서 그 자체로는 무관심했
거나 거부감을 주었던 대상들이 때로는 흥미로워지기도 한다"(듀
이, 2010: 32). 이런 경우에는 어떤 사물에 대한 흥미가 그 자체로부
터 온 것이 아니라 그 사물을 포함하는 더 큰 전체적 연관이나 의미
맥락에서 온 것이기 때문에 그 흥미를 간접적 또는 매개된 흥미라
고 부른다. 간접적 흥미는 학생이 흥미로운 과제의 해결을 위해서
필요한 여러 가지 학습 내용을—비록 그것이 자신에게 직접적 흥
미의 대상이 아니라 할지라도—능동적이고 적극적으로 배우도록
만든다. 이 과정에서 학생은 자신의 취향이나 욕구를 억누르고 달
성해야 할 목표를 향해서 자신의 모든 자원과 능력을 발휘하는 강
인한 마음을 가지게 된다.

여기서 듀이는 간접적 흥미가 의지의 훈련, 즉 도야와 연관된다
는 점을 강조한다. 이를 좀 더 정확히 이해하기 위해서 먼저 듀이
의 '의지' 개념을 살펴 볼 필요가 있다. "분명히 의지에는 두 가지 요
소가 있다. 하나는 결과의 예견이요, 또 하나는 예견된 결과가 얼마
나 그 사람을 강하게 사로잡고 있는가 하는 것이다"(듀이, 이홍우 역,
2008: 211). 듀이에게 의지란 '어떤 결과에 대한 지적이고 반성적인
예견에 기초해서 그 결과를 얻고자 하는 진지한 열망'이다. 결과에
대한 지성적인 반성 없이 한번 주어진 목표이기에 끝까지 밀고 나
가려는 사람은 '완고하고 고집 센' 사람일지언정 의지가 강한 사람

은 아니다. 또 의지가 약하다는 말은 어떤 사람이 상황에 대한 깊은 성찰 없이 자의적인 목표를 세워놓고 그것을 달성하려는 가운데서 생기는 어려움들을 불평하면서 수시로 다른 방향으로 행동을 바꾸는 것을 의미한다. 또 목표가 애매하거나 불분명하여 집중하지 못하는 사람도 의지가 약하다는 평가를 받게 된다.

이렇게 자기의 행동에 대해 신중히 사고하며 지성적으로—다시 말해 주어진 상황을 전체적으로 고려하고 일의 달성과정을 합리적으로 분석하여—계획된 목표를 향해서 꾸준히 나아가는 행동방식을 가진 사람은 의지가 강한 사람이며 도덕적으로 도야된 사람이다. 이런 사람들은 대체로 "지적으로 선택한 행동을 추진하는 동안에 방해, 혼란, 곤란을 당했을 때 그것을 견디는 힘"(듀이, 이홍우 역, 2008: 212)을 발휘하는데 이것이 바로 '도야된' 사람들의 본래적 특성이다. 그리고 이러한 강한 의지라는 특성은 다름 아닌 '간접적 흥미'에서 유래하는 것이다. 따라서 헤르바르트에서와 마찬가지로 듀이에서도 흥미와 도야, 즉 의지의 훈련은 서로 배치하는 것이 아니라 상호 연관되어 있다.[11] 우리는 직간접적인 흥미를 통하여 아이들이 꿋꿋하게 학습에 전념할 수 있게 할 수 있다.[12]

---

11) 물론 이 연관이 방식은 양자에게 서로 다를 것이다. 헤르바르트에서 흥미는 그것의 다면성을 통해서 도덕성의 함양에 기여한다면, 듀이에서는 흥미는 주어진 상태로부터 목적하는 다른 상태로의 이행하려는 실천적 행위 과정 속에서 도덕성의 함양에 기여한다.

12) 그리고 동시에 이러한 훈련된 의지력의 강화를 통해서 학생들에게 필요한 흥미를 쉽사리 불러일으킬 수 있다.

3) 듀이 흥미 개념의 교육학적 의의

듀이는 자신의 흥미 개념의 교육학적 의의를 다음과 같이 제시한다.

첫째, 새로운 흥미 개념은 교육방법에 있어서 획일화된 수업의 가능성과 실효성을 부정한다. 교육의 과정에서 학생들의 흥미는 핵심적인 역할을 차지하지만, 그 흥미의 내용과 특성은 개인마다 다를 수 있다. 그러므로 "자연적인 적성, 과거 경험, 삶의 계획 등"에 따라서 동일한 교재나 수업내용도 각 학생들에게 서로 다른 자극을 주기 마련이다. 따라서 교육은 개별 학생들과 연관하여 그들의 특수한 능력, 욕구, 선호를 충분히 고려하지 않으면 안 된다.

둘째로, 듀이의 흥미 개념은 교육철학에 대해서 매우 가치 있는 통찰을 제공한다. 그의 흥미 개념은 '학생의 마음과 배워야 할 사실' 또는 '학생과 교과'를 분리하는 이분법을 반박한다. 양자를 분리할 때 교과(subject matter)는 이미 완성된 어떤 것이고 마음은 단지 그것을 수용하는 매체로 간주된다. 그러나 흥미의 존재는 이런 생각이 착각임을 보여 준다. 왜냐하면 흥미의 존재는 인간의 마음이 결국 "결과를 예견하고 그 예견된 바에 비추어 현실 조건을 조사하는"(듀이, 이홍우 역, 2008: 215) 활동 또는 기능이라는 사실을 보여 주기 때문이다. 완결된 것 그래서 수동적으로 수용해야 할 것으로서의 교과는 마음의 능동적인 본성과 전혀 맞지 않는다.

이렇게 마음이 대상(타자)과 상호작용하는 일련의 정신적인 활동과 같은 것이라면 교사의 핵심적인 과제는 학생들로 하여금 기꺼이 마음을 쓰게 만드는 흥미로운 활동자료를 찾아내는 데 있다. 이것은 학생들을 목적적 연관 속으로 인도하는 과정과 이 목적의 달성을 위해서 학생들이 필요로 하는 학습 내용을 교과 내용으로 설정하는 과정으로 이루어진다. 이럴 때 교과 내용과 학생의 마음은 흥미(inter-est)를 통해서 연결된다. 따라서 "한편으로는 사물이나 주제, 그리고 또 한편으로는 유목적적인 활동의 성공적 수행 사이의 이러한 연관이야말로 교육에서의 흥미에 관한 진정한 이론의 알파와 오메가이다"(듀이, 이홍우 역, 2008: 220).[13]

5. 교육과정의 심리화

듀이의 교육과정 이론은 객관적 교과와 주관적 경험의 내재적 연관을 핵심으로 한다. 듀이의 교육과정 이론의 특성을 파악하기 위해서 먼저 교육과정 구성의 기본 유형들을 살펴볼 필요가 있다.

---

13) 듀이는 학교에서 흥미를 통해서 학생들의 도덕성과 인성을 도야하는 일이 쉽지 않을 것이라고 예상한다. 왜냐하면 자유방임적 경제 질서에서 사람들의 흥미는 자신의 목전의 편협한 이익으로 축소되며, 현실의 상황을 협동적으로 바꾸어 나가는 데 필요한 대중들의 의지는 약화되기 때문이다. 그러나 듀이는 이로부터 교육에 대한 비관론에 떨어지지 않는다. 그는 그럴수록 교육에서 흥미와 도야의 연관을 정확히 인식하고 그것을 학교에서 실행하는 것이 중요하다고 주장한다. 물론 이러한 교육의 재조직은 한꺼번에 달성될 수 없고, 점진적이고 단계적인 방식으로 이루어 질 수밖에 없다. 그러나 그러한 교육의 재조직에 대한 강렬한 '흥미'를 우리가 공유할 수 있다면 결코 불가능한 일도 아니다. "그 재조직의 과업을 과감하게 시작하여 집요하게 추진해 나가는 것이 우리의 할 일이다"(듀이, 이홍우 역, 2008: 224).

세일로(Saylor)와 알렉산더(Alexander)는 교육과정 구성의 기본 유
형을 크게 네 가지로 나누어 제시한다.

먼저, 대부분의 학교에서 채용하고 있는 원리는 교과를 중심으
로 가르쳐야 할 지식과 경험을 조직하는 방식이다. 이 방식에 의해
서 수립된 교육과정에서는 지식의 유기적 체계를 학습하고 연구하
는 경험이 교육의 목적을 달성하기 위해서 사용하는 주요한 방법
이다. 이때 이 지식의 유기적 체계를 조직하고 배열하는 방식은 매
우 다양할 수 있다. 그러나 대부분의 교과 중심 교육과정 학자들은
교과의 모학문이 지니고 있는 지식의 구조에 주목한다. 물론 이 지
식의 구조는 학년과 학교 등급에 맞게 조정되고 세분될 것이다. 그
럼에도 이런 접근의 핵심은 다음과 같다. "교육과정은 전적으로 분
과학문에서 오는 지식으로 구성되어야 한다. 왜냐하면 분과학문이
지식을 교수 가능한 형태로 드러내기 때문이다. …… 교육은 확립
된 분과학문을 포괄하는 조직된 지식의 풍요한 몸체를 산출한 탐
구의 과정을 교사의 지도 아래 반복하는 것으로 생각되어야 한다."
(Saylor & Alexander, 1966: 172) 여기서는 그때까지 달성된 지식 체
계의 전달과 반복에 초점이 놓인다.

두 번째로는 기본적인 삶의 활동들을 내용 조직의 토대로 삼
는 방식이다. 이번 방식으로 교육내용을 구성해야 한다는 주장을
명백하게 제시한 사람은 스펜서(H. Spencer)이다. 스펜서는 다음
과 같은 다섯 가지 삶의 활동 영역을 이야기한다. "자기보존에 직
접 도움이 되는 활동, 삶의 필수품 획득을 보장함으로써 간접적으
로 자기보존에 도움을 주는 활동, 후손을 양육하고 훈육하는 필요

한 활동, 적절한 사회적 정치적 관계의 유지에 관련된 활동, 취미와 감정의 만족에 종사하는 레저의 삶을 구성하는 활동"(Saylor & Alexander, 1966: 145) 이 태도는 청소년이 앞으로 사회에서 잘 살아가도록 교육하기 위해서는 그가 앞으로 환경적 조건에 반응할 때 사용해야만 하리라고 예상되는 행위능력을 제공하는 것이 중요하다는 주장에 근거한다. 여기에는 학습자에게 여러 행동방식을 포섭하는 보다 일반화된 행동의 원칙과 개념을 제공하여 새로운 상황에서도 효과적으로 반응하게 하는 일도 포함된다. 삶의 활동의 범주들을 교재 조직의 방법으로 사용하려 했던 가장 광범위한 시도는 1930년대 다수의 주 교육청에 의해서 이루어졌다. 이 움직임의 지도자는 캐스웰(H. L. Caswell)이었다(Saylor & Alexander, 1966: 174 참조).

셋째는 학습 내용의 조직에서 학습자의 요구, 문제, 흥미 그리고 경험 등을 기준으로 삼는 태도이다. 이 태도는 기성세대가 만들어 학생들에게 일방적으로 강요하는 전통적인 교육과정 이론을 거부한다. 이런 맥락에서 듀이는 새로운 학교에서 수업의 출발점은 학습자가 이미 경험한 것이어야 한다고 주장한다. 그러나 듀이가 여기서 학생의 경험에 대한 고려를 수업의 '시작'에 제한한다는 사실에 주목할 필요가 있다. 그는 학생의 경험에 대한 고려가 결국 학생의 성장을 위한 것임을 강조한다. 그리고 이 성장에는 많든 적든 전통적인 문화나 학문적 성과에 대한 체계적인 앎도 포함되어 있을 수밖에 없다. 1920년대와 1930년대의 진보주의 교육자들은 이 점을 오해 또는 외면했기 때문에 지나치게 비구조화된 교육과정, 즉 학생이 스스로 원하고 선택한 학습 내용만을 가르치는 사태가 도래했던 것이다. 교육과정이 구조화되지 않은 만큼, 학생의 학습경험의 본질은 행해진 교육에 대한 사후적인 해명을 통해서만 결정될 수 있게 된다(Saylor & Alexander, 1966: 177).

넷째는 교육과정을 직업적인 활동을 향해서 조직하는 방식이다. 위의 3가지 접근이 일반교육을 위한 것이라면 여기서의 접근은 특수한 직업을 희망하는 사람을 위한 교육에 대응하는 것이다. 직업 영역을 위한 교육과정은 이론과 실천을 포함한다. 이론적 측면에서는 사실적 정보, 원리, 개념 그리고 일반규칙 등이 기본적으로 직업적 활동에 필요한 한도 내에서 교수된다. 실천적 측면에서는 학생들은 직업 활동을 직접 수행하며 그 내용은 실천적 직업 수행에서 행해지는 기초적인 활동들로 구성된다(Saylor & Alexander, 1966: 179f).

이상의 네 가지 유형 중에서 통상 진보주의 교육의 모델로 지목되는 것은 세 번째의 접근방식, 즉 학습자 중심의 접근일 것이다. 학습자 중심의 진보주의 교육과정은 다양한 측면에서 비판을 받았다(Saylor & Alexander, 1966: 179). 그중 대표적인 것은 학생의 요구나 흥미를 교육적 경험의 조직 원리로 사용하는 교육과정은 교과의 체계적 지식, 교과에 고유한 발견의 방법 그리고 교과에 대한 깊은 이해를 전달할 수 없다는 비판이다. 그러나 이 비판은 1930년대의 아동중심 진보주의 교육에 대해서는 타당할 수 있지만, 듀이의 교육과정 이론에 대해서는 정당하다고 보기 어렵다. 듀이처럼 진보주의 교육이 아동 중심뿐 아니라 사회적 진보라는 또 하나의 관점을 본질적으로 지닌다고 본다면, 이미 도달한 인류의 사회·문화를 계승하는 것은 사회의 연속성 유지와 발전을 위해서 필수적인 요소라고 할 수 있다.

교육과정에 대한 듀이의 생각은 이미 1890년대 미국에서 벌어졌던 전통적인 '교과 중심 교육과정론'과 개혁적이지만 낭만적인 성향의 '아동 중심 교육과정론' 간의 격론을 배경으로 해서 표출되었다(Brubacher, 1962: 303f). 전통주의자인 W. T. 해리스(Harris)는 학교는 인류가 지금가지 축적한 문명의 지혜를—이것은 대체로 교과 속에 포함되어 있다—체계적으로 가르쳐야 한다고 주장했다. 반면 아동중심교육론자인 스탠리 홀은 무엇을 가르칠 것인가의 문제는 사회적인 표준 또는 교과의 논리적 체계가 아니라 어린이의 자연적이고 자유로운 발전에 따라야 한다고 주장했다. 전통주의는 아동중심주의를 성인의 권위와 책무를 무책임하게 방기하는 것이라고 비판하였고, 아동중심주의는 전통주의가 지루하고 상투적이며 권위적인 교육을 통해 어린이의 고유한 개성을 말살하려 한다고 비판하였다.

듀이가 보기에 이 논쟁은 잘못된 이원론에 사로잡혀 있다. 두 입장은 모두 어린이의 주관적 '경험의 영역'과 가르쳐야 할 객관적 '교과(subject matter)'를 전적으로 상이하며 양립 불가능한 요소로 이미 전제하고 있다는 점에서 일치한다. 다시 말해, 어린이의 경험세계와 교과 사이에 메울 수 없는 심연이 가로 놓여 있다고 생각한다.

듀이가 보기에 전통주의자는 아동의 미성숙과 미완성에만 주목하고, 거기에 잠재된 성장 가능성을 간과한다는 점에서 오류를 범하고 있다. 그래서 전통주의자는 아동의 우연적이고 초보적인 흥미를 교과의 내용과 연결시키려는 노력을 게을리 한다. 그는 아동의 흥미는 학교에서 가르쳐야 하는 교과와 연결될 수 없다고 생각하기 때문이다. 그러나 그는 체계적 교과지식들도 인류가 야만 상태에서 문명 상태로 발전하는 과정에서 겪은 경험의 산물이라는 사실을 놓치고 있다.

경험에 기초해서 획득된 피상적인 지식들은 더욱 심화된 경험의 과정을 통해서 추상적인 원리와 방법에 따라 과학적으로 정교하게 체계화되었다. 따라서 체계화된 교과는 우리의 일상적인 경험의 세계로부터 상당히 멀어져 있는 것처럼 보인다. 수학의 세계는 일상 경험과 이질적이고 낯선 것처럼 보인다. 그럼에도 그것이 인간 삶의 어떤 구체적 경험과 활동으로부터 발전해 나왔다는 것은 불변의 사실이다. 따라서 체계화된 교과지식이 추상적이어서 아동의 경험과 무관해 보인다고 하더라도, 그것을 재구성하여 어린이의 실제 경험세계와 결부시키는 일은 원칙적으로 가능하다. 다만 양자를 매개할 수 있는 교육적 경험을 찾아내는 작업이 거기서 요구될 뿐이다.

반면 아동중심주의자들은 어린이가 현재 지니고 있는 잠재력과 흥미를 그 자체 자기충족인 원리 또는 목적으로 간주한다는 데서 오류를 범하고 있다. 듀이가 보기에 어린의의 주관적인 선호와 직접적 흥미를 신성시하여 거기서 교육의 방향과 내용을 찾는 것은 낭만주의적인 태도이다. 교사가 해야 할 중요한 일 중 하나는 학생의 주관적 선호와 흥미를 활용하여 인류가 지금까지 이룩한 과학,

역사, 예술의 세계로 입문(initiation)시키는 것이다. 여기서 흥미는 어떤 새로운 것을 학습하고 경험하기 위해서 열려 있는 마음상태를 의미할 뿐이다. 흥미의 가치는 충족 그 자체에 있는 것이 아니라, 교육적으로 요구되는 학습과 경험을 추동하는 동력을 제공한다는 데 있다. 아동중심주의자들은 이런 사실을 간과하고 있다.

이렇게 해서 아동 중심이냐 아니면 교과 중심이냐의 이원론은 극복된다. 두 입장은 서로 양립 불가능하거나 모순되는 것이 아니라 상호보완적이며 동전의 양면처럼 서로 연관된다. 조금 길지만, 『아동과 교육과정』에서 듀이의 말을 직접 들어 보자.

"교과를 이미 완성되어 고정된 형태의 아동의 경험 밖에 존재한다고 보는 생각을 버려야 한다. 또한 아동의 경험을 이미 확정된 것으로 보는 생각을 버리고, 이를 유동적이고 맹아적이며 생기가 넘치는 것으로 보아야 한다. 그럴 경우에 우리는 아동과 교육과정이 동일한 연장선상에 존재하는 두 개의 극점에 불과하다는 사실을 깨달을 수 있다. 두 점이 하나의 직선을 형성하는 것과 마찬가지로 아동의 현재의 관점과 교과목이 다루는 사실들 및 진리들이 수업의 활동을 형성한다. 그것은 아동의 현재의 경험에서 시작하여 우리가 교과목이라고 부르는 조직화된 진리의 체계가 대표하는 경험을 향하여 나아가는 계속적인 재구성의 과정이다"(듀이, 엄태동 편저, 2001: 146).

이상에서 아동의 경험과 교과를 수업에서 연결시키는 일이 원리적으로 가능함이 입증되었다. 그렇다면 다음으로 등장하는 물음은 '어떻게 실제로 양자를 수업에서 하나의 과정으로 통합시킬 수 있

는가?'라는 실제적 적용 방법의 문제이다. 이 문제에 대한 듀이의
대답은 체계적 교과를 '심리화(psychologize)'하라는 것이다. 심리
화는 교사가 교과를 학문적이고 논리적인 체계에 따라서가 아니라
어린이의 흥미와 활동을 중심으로 재구성하여 가르치는 것을 의미
한다.

　이것이 가능한 이유는 교과가 이미 인간의 삶의 경험이나 활동
을 대변하고 있기 때문이다. "예를 들어, 문법이란 우리가 정확하
게 말하고 싶을 때 행하는 방식이 아니고 무엇이란 말인가? 기하학
의 파이 공식은 원의 면적을 구할 때 행하는 방식이 아니고 무엇이
란 말인가? 그러므로 교육과정 논쟁의 핵심은 교육과정의 성격을
어떻게 보아야 하느냐가 아니었다. 문제의 핵심은 그것을 어떻게
조직화할 것인가에 있었다"(Brubacher, 1962: 304).

　전통주의자들은 아이들이 교과를 그 모 학문의 엄밀한 학문적
체계와 순서에 따라서 배우기를 기대한다. 왜냐하면 그런 체계를
떠나서는 교과의 고유한 내용과 논리를 배울 수 없다고 생각하기
때문이다. 그러나 경험과 사유의 경험이 일천한 아이들은 교과에
체계화된 경험세계를 받아들일 준비가 되어 있지 않다. 교과의 논
리적 체계는 아동의 직접적인 경험세계와 완전히 단절되어 있기 때
문에 아동에게 낯설게 느껴진다. 그때 아동은 자기가 배우는 것의
의미를 이해할 수 없다. 그는 단지 단순한 정보나 파편적 지식을 억
지로 배우게 된다. 그러므로 교사는 한편으로 어린이가 자신의 경
험세계와 연관시킬 수 있고 그래서 흥미를 느낄 수 있는 문제 상황
을 구성해야 하며, 다른 한편으로 이 문제 상황을 해결하는 과정에

서 어린이가 교과의 체계적인 지식과 보편적 방법을 배워 나가도록 해야 한다. 이렇게 해서 심리적 주체인 어린이와 논리적 객체인 교과는 수업의 '교육적 경험'을 통해서 서로 연결될 수 있게 된다.

그러므로 교과를 아동의 관점에 따라서 '심리화'하라는 요구는 단지 아동 중심의 교육을 주장하는 것이 아니다. 동시에 그것은 교육과정에서 교과의 고유한 논리적 체계를 방기해야만 한다는 말도 아니다. 듀이에서 논리는 초월적이거나 영속적인 원리가 아니라, 경험을 적합하게 재구성하기 위한 지성적인 방법이며 따라서 주어진 맥락과 상황에 따라서 변화 가능한 것이다. 그러므로 어떤 논리적 체계도 최종적이거나 유일하게 타당한 것일 수 없다. 논리는 주어진 상황에서 경험의 합리적 재구성을 위한 수단일 뿐이다.

예를 들어, 화학자는 자신의 연구의 필요성에 맞게 화학의 연구 성과들을 논리적으로 구성하고 체계화한다. 그러나 화학 교사의 목적은 화학이라는 교과의 지식과 방법을 학생들에게 전달하는 데 있다. 그의 목적은 화학자와 다르다. 화학 교사는 학생의 경험 발달의 주어진 단계와 국면에 맞게 화학을 재구성해서 가르칠 필요가 있다. 그러므로 여기서 교과를 심리화한다는 것은 교육과정의 조직을 아이들의 변덕과 자의에 맡긴다는 것이 아니다. 그것은 어른 또는 과학자에게 적합한 논리가 아닌 어린이의 경험세계에 적합한 방식으로 교과를 재논리화 또는 재구성한다는 말로 이해되어야 한다.

그러므로 진보주의적 교육자들이 교과의 논리적 조직과 체계를 경시하고 오직 학생의 심리적인 조건, 즉 학생의 경험과 흥미 그리고 요구를 중요하게 생각했던 것은 교과의 '심리화'를 오해한 것이다. 거기서 진보주의 교육자들은 아동의 개인적 경험과 주관적 흥미를 신성한 것으로 여겼다. 그러나 듀이는 '낭만적인' 아동 존중에 입각해서 심리화를 주장한 것이 아니다. 그가 거부한 것은 어른들이 후속세대를 일방적으로 어떤 고정된 교과의 논리체계로 인도하는 방식의 교육이다. 그런 교육은 아동의 개성과 자발성을 억압할 뿐 아니라, 아동을 민주적 시민 주체로 길러낼 수 없다. 아동의 개성과 교과의 논리적 체계는 민주주의 또는 공동체의 발전을 위해서 서로 결합되어야 한다. 어린이의 흥미와 욕구를 존중하는 교육은 동시에 사회적 삶의 개선과 발전에 연결되는 한에서 유의미한 것이었다.

어린이의 경험세계는 제한적이다. 어린이는 자신이 접촉한 것과 선호하는 것을 위주로 한 경험세계에 갇히기 쉽다. 그러므로 어린이가 필요한 교육적 경험을 하기 위해서는 교사의 숙고된 계획이 필요하다. 교사는 학습자가 제한된 경험세계에서 출발하면서도 그것을 넘어서서 점차 보다 넓고 심오한 교과의 세계, 학문의 세계로 나아가도록 교육과정을 조직해야 한다. 이때 관건이 되는 것은 교과를 아동의 마음에 주입하는 것이 아니라, 아동이 스스로 자신의 경험을 통해서 스스로 교과의 심오한 세계로 나아가는 것이다. 교사가 이렇게 간접적인 방식으로 아직 주관적인 경험세계에 머물러 있는 어린이를 공적인 사회적 세계로 인도하려면 교사는 고도로 숙련된 전문가여야 한다. 그는 가르치는 교과에 통달해야 하고, 아동 심리와 경험세계를 이해하고 있으며, 객관적인 교과 내용을 어

린이의 경험의 일부분으로 만드는 데 필요한 상황을 생각해 내고
또 그것을 학생에게 부과하는 창의성과 기술이 있어야 한다.

　교과의 '심리화'는 듀이의 진보주의 교육의 초점이 아동에 대한
낭만적인 관점이 아니라 사회진보의 관점에 서 있음을 보여 준다.
주체적이고 자립적인 방식으로 보편적인 질서와 접속한 학생들만
이 새로운 질서를 만들어 갈 수 있다. 어린이가 교육의 과정에서 주
로 복종과 인내를 경험하게 하는 것은 사회진보의 이념과 양립할
수 없다. 이런 점에서 교육과정의 심리화는 '교육을 통한 사회진보
의 기초적 전제'를 마련하는 일이라고 할 수 있다. 그런데 듀이가
일찍이『아동과 교육과정』(1903)에서 '교육과정의 심리화'를 역설
했음에도 불구하고 그것은 아직도 학교 현장에서 실현되지 못하고
있다.

6. 교육과 실험

1) 실험적 교육학

　20세기 초반 미국의 진보주의 교육이나 유럽의 개혁교육운동에
서 공통적으로 보이는 특성 중 하나는 '실험적 태도'이다. 즉, 20세
기 초 대안적 교육을 추구했던 대다수 교육자들은 교육에 대한 철
학과 비전을 실천에 옮기는 동시에 그것의 정당성을 검증하려 했
다. 아이디어를 가진 사람이 그것을 실천에 옮기려 하는 것은 교육

의 역사에서 종종 보이는 현상이다. 플라톤의 아카데미나 아리스 토텔레스의 뤼케이온은 자신의 교육적 아이디어를 실천에 옮긴 결과일 것이다. 그런데 20세기 초의 진보적 또는 개혁적 교육자들은 실천적 태도를 넘어서 '실험적 정신'을 지니고 있었던 점에 주목할 필요가 있다.

듀이가 자신의 철학을 '실용주의'보다는 '실험주의'로 부르기를 원했다는 점을 고려할 때, 미국의 진보주의 교육이 강한 실험정신을 가졌던 것은 어쩌면 당연한 일이다. 또한 유럽의 개혁교육학자인 페터슨(P. Peterson)도 자신의 교육실천의 중요한 의미를 개혁적인 교육의 실현에서 뿐 아니라 일종의 학문적 실험이라는 데서 찾았다. 이러한 진보주의 교육의 실험정신은 근대 계몽주의의 합리적 과학정신 및 이에 근거한 교육실천의 과학화라는 과제와 연결되어 있다.

일반적으로 서양교육사에서 교육학을 최초로 학문적 토대 위에 올려놓은 사람으로 헤르바르트를 꼽는다. 『일반교육학』의 서론에서 그는 교육학이 독립된 학문으로 자기를 정립할 필요성을 제기하였고, 실제로 실천철학과 심리학에 기초하여 교육의 학문적 토대를 제공하려 하였다. 그러나 교육을 학문적 토대 위에 정립할 필요성을 처음으로 제기했던 사람은 철학자였던 칸트(Kant)였다. 칸트는 쾨니히스베르크 대학에서 몇 차례 교육학을 강의했다. 그의 교육학 강의를 들은 테오도어 링크(Rink)는 강의 노트를 바탕으로 하여 『칸트 교육학 강의』라는 책을 칸트의 생전에 발간하였다.[14] 이 책은 그 신뢰성에 대한 논란에도 불구하고 칸트의 교육에 대한 견해를 살펴 볼 수 있는 소중한 자료임에 틀림없다.

　여기서 우리의 관심사는 칸트가 교육학에서의 '실험'을 강조했다는 데 있다. 칸트는 교육이 아직 임기응변적이고 기계적인 '교육술'(Erziehungskunst)의 수준에 머물러 있다고 비판하고, 이제 교육을 반성적인 학문, 즉 교육학으로 발전시켜야 한다고 주장한다. 그는 교육이 학문적 토대 위에 서기 위해서는 분명한 '교육 이념'의 설정과 '실험적 방법'의 적용이라는 두 가지가 반드시 필요함을 역설하고 있다. 교육학은 실제의 교육실천이 과연 교육이념('인간성의 모든 소질의 완전한 실현')에 접근하고 있는지를 이론과 실천의 지속적인 피드백을 통해서 성찰해가는 학문이어야 한다. 칸트는 이러한 실험적 교육이 진행되는 사례로서 당시 유명한 개혁학교였던 바제도프(Basedow)의 '범애학교'를 언급하고 있다. 칸트는 교육학이 단지 그럴듯한 비전과 이론을 제시하는 데 그쳐서는 안 되고, 그 비전과 이론을 실제로 실행하고 그 결과를 검증하는 과정을 거쳐 정당화되어야 한다는 점을 분명히 한다.

　칸트의 교육적 실험에 대한 요구는 우연찮게도 그의 후임으로 쾨니히스베크 대학에 부임한 헤르바르트가 대학 부설학교를 설립하고 운영함으로써 실현된다. 헤르바르트가 과연 칸트의 교육학 강의에서 직접 영향을 받아 ―역사상 최초라고 추정되는― 사범

---

14) 이 책의 편저자라 할 수 있는 링크(Rink)는 생전의 칸트에게 책 내용에 대한 감수를 받았다고 주장하지만 과연 칸트가 이 책의 내용을 세밀히 검토했는지는 불확실하다. 많은 학자들은 이 책의 내용이 과연 칸트의 말을 얼마나 충실히 전달하고 있는지에 대해서 의문을 제기한다.

대학 부설학교를 만든 것인지는 확실하지 않다. 적어도 헤르바르트가『칸트 교육학 강의』를 읽었을 가능성은 다분하다.

헤르바르트는 대학 부설학교에서 자신의 교육적 수업의 아이디어를 실천에 옮겨 그 정당성을 확인해 보려했으며 동시에 교사지망 대학생들에게 교육적 수업의 목표와 방법을 직접 가르치려 하였다. 그의 학교가 과연 얼마나 실험적인 성격을 가졌는지는 좀 더 깊은 연구가 필요하다. 하지만 그는 나중에 프로이센 정부에 보낸 서신에서 대학 부설학교에서의 실천을 기초로 자신의 교육학이 완성되었다고 선언했다.

칸트가 점화시킨 실험적 교육의 아이디어는 특히 19기 말과 20세기 초의 대안적인 교육운동에서 강하게 표출되었다. 수많은 개혁교육자 또는 진보주의 교육자들이 새로운 교육 이념과 프로그램을 제출하였고 그 프로그램에 기초한 학교를 세워 실험적 교육을 하였다. 그리고 이러한 교육실천은 종종 자체적인 학문적인 검토와 검증을 거쳐 보다 발전된 교육 이념과 프로그램을 구성하는 데로 나아갔다. 듀이 역시 자신의 교육신조와 사상을 실험학교를 통해서 확인하고 보완하려했다.

그러므로 듀이의 교육학을 가로지르는 붉은 실 중 하나는 근대의 실험정신이라고 할 수 있다. 듀이는 자연에 대한 연구에서 사용된 근대 과학의 방법을 지성적이고 윤리적인 그리고 심지어는 미학적이며 종교적인 문제들에 대해서도 적용해야 한다고 주장했다. 그럼에도 듀이를 '과학주의'라고 비판하기 어려운 이유는 그가 '과학'을 매우 넓은 의미에서 사용하기 때문이다.

듀이에게 '과학'은 문제를 지성적으로 해결하려는 태도 이외의 다른 것이 아니다. "그에게 있어서 과학이란 하나의 과학적 태도 혹은 정신을 일컫는 것으로서 모든 문제를 지성적으로 해결하려는 태도를 가리킨다. 그리고 과학적으로 문제를 해결한다는 것은 자연과학의 내용을 통해서 문제를 해결한다는 것이 아니라 과학적인 정신, 즉 지성적인 방법을 통해 문제를 해결해 나간다는 것을 의미한다"(조경민: 1). 여기서 지성적인 방법이란 곧 실험의 방법, 즉 주어진 문제를 해결할 수 있는 합리적인 가설을 세우고 그것을 실제로 적용하여 검증해 보는 과정을 반복함으로써 더 나은 삶을 향해 나아가는 방법이다.

듀이는 근대 자연과학이 이러한 실험적인 방법을 통해서 비약적인 성공을 거두었다는 점에 주목한다. 그는 철학이나 교육학도 이제 실험적 학문으로 변모되어야 한다고 생각한다. 즉, 이제 철학은 궁극적이고 절대적인 실재를 다룬다는 생각을 포기하고 인간의 현실적 삶에서 등장하는 도덕적이며 실천적인 문제를 실험적으로 해결하는 지적인 도구로 재구성되어야 한다. 이것은 교육학에 대해서도 타당하다. 교육학은 이성적으로 추론되고 정당화된 교육 이념이나 원리 그리고 방법에 따라서가 아니라 칸트가 『교육학 강의』에서 제시한 실험의 정신에 따라서 작업해야 한다.

2) 시카고대학교 부설 실험실 학교

듀이는 시카고대학교에 부임하는 조건으로 대학 부설 실험학교의 설립을 요구했다. 그의 요구는 대학 당국에 의해 수용되었으나, 실질적인 지원은 미약하고 불충분했다. 그는 많은 어려움을 뚫고 실험실 학교 설립을 추진하면서 이렇게 말했다. "학교는 추상되고 통제된 사회적 삶의 한—실험적—형식이다. 철학과 교육이 실험학문이 되려 한다면, 학교의 건립이 그 출발점이다." 이러한 실험적 교육학의 착상에 기초해서 1896년 시카고 대학 부설 실험실 학교(laboratory school)가 개교했다. 처음에는 16명의 학생과 두 명의 교사로 시작했는데, 1903년에는 140명의 학생을 23명의 교사가 10명의 보조교사와 함께 가르칠 정도로 성장했다. 당시 듀이의 실험실 학교는 미국의 학부모들과 매스컴의 커다란 주목을 받았다. 실험실 학교는 듀이의 심리학과 민주주의 철학 그리고 진보적 교육사상을 검증하고 수정, 보완하는 실험실의 역할을 하였다. 동시에 이 학교에서 학생들은 완결된 지식을 전수받는 수동적인 학습자가 아니라, 주체적이고 발견적인 학습자로서 존재했다.

실험실 학교에서 수업의 중심은 듀이가 '과업(occupation)'이라고 부른 것이 놓여 있었다. 과업은 학생들이 일상적인 삶에서 실제로 수행하는 일 또는 그와 관련된 것들로서 학생들이 교사의 교육적 의도에 따라서 수행하는 활동을 뜻한다. 과업을 통해서 학생들은 장차 사회의 당당한 구성원으로서 살아가는 데에 필요한 지식과 기능을 습득한다. 실험실 학교에서 학생들은 11개 또래 집단(4세에서 15세의 학생들)으로 나뉘어서 각 연령 집단에 적합한 과업들을 수행했다. 듀이 학교에서 실제로 수행했던 '과업'은 다음과 같다.

가장 어린 학생들(4~5세)은 요리, 바느질, 목공 등 가정의 일상생활과 연관된 작업을 했다. 6세 학생들은 교실 한구석에 커다란 모래판을 설치한 뒤 그것은 똑같이 분배하는 과업, 분배된 자기의 땅에 각자의 모델 농장을 만드는 과업을 수행했고 동시에 학교 운동장에서 밀과 면화를 직접 재배하여 거기서 나온 수확물을 시장에 내다 파는 과업을 수행했다. 7세 학생은 교실에 동굴 같은 것을 만들고, 원시시대 동굴인의 삶을 그대로 재현하는 과업을 수행했다. 8세 학생은 고대 페니키아인들의 상업 활동, 로빈슨 크루소나 마르코 폴로, 마젤란, 콜럼버스 같은 모험가의 삶을 탐구하는 과업을 수행했다. 9세 학생은 자기 지역의 역사와 지리를 공부했고, 10세 학생은 미국의 개척시대를 연구하였고 초창기 미국의 가옥을 재현했다. 그 이후, 학생들의 작업은 특정한 역사 시대를 넘어서 해부학, 전자기학, 정치경제학, 사진과 같은 보다 학문적인 과업을 수행하였다. 어느 해에는 13세 학생들이 학교 안에 적당한 회의 장소가 없다는 점에 착안해서 스스로 클럽하우스(clubhouse)를 짓는 일을 추진했다. 그리고 클럽하우스를 건설하는 과업은 전교생이 참여하는 협동적인 프로젝트가 되었다.

실험실 학교의 수업은 듀이가 말한 '교육과정의 심리화'가 의미하는 바를 구현하고 있다. 하나의 예를 든다면, "어린이는 요리하고, 바느질하고, 나무와 연장을 이용하여 단순한 공작을 한다. 이러한 활동을 둘러싸고 쓰기, 읽기, 셈하기 등이 포도송이처럼 매달려 있다(Mayhew & Edwards, 1936)."그러므로 과업은 단지 기술이나 기능을 익히기 위한 것이 아니라 교과를 학생들의 경험과 연결시키는 매개체이다.

이 매개체를 통해서 학생들은 읽기, 쓰기, 셈하기와 같은 기본 기술 뿐 아니라 점차로 고차적인 교과 내용을 학습해 나간다. 실험실 학교의 학생들은 과업을 수행하는 과정에서 새로운 지식과 기능에 대한 필요성을 느끼고, 특정한 분야(교과)를 배워야겠다는 동기부여를 얻게 된다. 바로 그때 교사는 집중적인 도움을 제공한다. 따라서 실험실 학교에서 교과는 그 자체 목적으로 가르쳐지지 않았고, 언제나 어떤 문제의 해결이나 활동을 위한 수단으로서 가르쳐졌다.[15]

이렇게 볼 때, 듀이가 단지 학생들에 다양한 경험을 제공하는 데 머무르며 거기서 어떤 목적이 달성되는 지에 대해서는 무관심했다는 비판은 근거 없는 것이다. 실험실 학교의 분명한 목표 중 하나는 학생들이 교과의 세계에 성공적으로 입문하는 일이었다. 듀이는 인류의 축적된 지식과 경험을 결코 경시하지 않았으며, 학생들

---

15) 실험실 학교의 교사였던 캐더린 메이휴와 안나 에드워드는 나중에 이 학교의 교육과정에 대한 상세한 보고서를 출간하였다. 이 보고서에는 듀이의 교육 이론이 어떻게 실행에 옮겨졌는가가 자세히 나와 있다. 그 예를 하나 살펴보자. 앞에서도 말했듯이 6세 학생들은 교실에 모델 농장을 짓고, 운동장에는 밀을 심었다. 이때 모델 농장을 짓는 일은, 예를 들어 분수를 배울 수 있는 기회를 제공했다. "모형 농장은 여러 경작지로 그리고 주택과 헛간을 짓기 위해서 분할되어야 했다. 아이들은 1피트짜리 자를 측정 단위로 사용했고, '4와 2분의 1'이 무엇인지를 이해하게 되었다. 자를 사용하는 데 더 익숙해지면서 반 피트, 4분의 1 피트, 인치를 알게 되었고 그래서 더 세밀한 측정이 가능해졌다. …… 농가를 지을 때는 4개의 기둥이 필요했고 똑같은 길이의 슬레이트 6~7개가 필요했다. 슬레이트를 잴 때 어린이들은 종종 자의 한쪽을 슬레이트의 끝에 정확히 맞추어야 한다는 사실을 잊곤 했다. 그래서 측정을 두세 번 반복되어야 했다. 그러나 다른 벽을 만들 때는 일이 더 빨리 그리고 더 정확히 진행되었다."

이 인류가 달성한 과학, 역사, 예술의 수준 높은 세계에 입문하기를 원했다. 또한 그들이 읽기, 쓰기, 셈하기, 과학적으로 생각하기, 자신을 세련되게 표현하기를 배우기를 원했다. 하지만 그 학습의 과정이 학생들의 자발성과 흥미를 동력으로 해서 진행되기를 요구했다.

듀이는 처음부터 실험실 학교는 '공동체적 삶의 형태'를 취해야 한다고 보았다. 이것은 실험실 학교가 개인의 개성만이 강조되는 아동 중심의 공간이 아님을 뜻한다. 실험실 학교의 학생들은 민주주의적이고 협동적인 삶의 태도와 규율을 자연스럽게 몸에 익혔다. 더불어 자신과 삶과 직접적 연관된 과업을 수행하는 가운데, 점진적으로 학문과 예술에 대한 이해를 높여 나갔다. 교사들은 학생들에게 학문적인 체계를 전달하려는 목표를 가지고 있었다.[16] 그러나 이 학문적 체계는 장기간에 걸친 학교 수업의 조직에서 일종의 나침반과 같은 역할을 했을 뿐, 직접적인 학습대상으로 등장하지 않았다.

실험실 학교는 학생들에게 실험실의 과학자와 같은 능동적 탐구를 권장한다는 점에서 실험적일 뿐 아니라, 듀이가 자신의 교육사

---

[16] 그러나 듀이 학교의 교육이 학생의 실천적이고 경험적인 '과업' 수행에서 기초해서 "전문화된 학문적 지식"으로 인도한다는 이상적 목표를 달성했는가에 대해서는 의문의 여지가 있다. 듀이 학교에서 학생의 경험에 기초해서 교과수업을 전개한다는 생각은 본작에 따르면 단지 부분적으로만 실현되었다. 그 증거로서 본작(Bohnsack)은 1904년 학교가 문을 닫았을 때, 가장 학년이 높은 학생들이 중등이나 고등수준의 교과수준을 도달하지 못했다는 사실을 든다(Bohnsack, 2005 UTB: 92f).

상을 실제로 적용해 보고 그로부터 다양한 교육적인 질서와 법칙
을 탐구해 내고 이를 통해 새로운 교육의 이론과 방법들을 마련해
나가려 했다는 점에서도 실험적이었다. 듀이 실험실 학교는 어떤
완결된 대안적 교육의 이념을 실천하고 적용하는 장소가 아니라,
새로운 교육에 대한 가설을 실행해 보고 그것이 과연 원래 의도했
던 것과 합치되는 지를 검증해 나가는 반성적 탐구의 장소였다.

　듀이는 1896년경에 이미 자신의 교육 이론의 대체적 얼개를 완
성시킨 상태였다. 그의 실용주의 또는 실험주의에 입각해서 볼 때,
이제 필요한 것은 자신의 이론을 검증하고 평가하는 작업이었다.
"듀이는 대학의 교육학자들이—실험실에서 작업하는 자연과학자
나 공학자와 달리—자신의 이론의 실현가능성을 검증하고 경우
에 따라서 수정하며 또한 실천적 실험을 통해서 새로운 지식에 도
달할 할 기회가 없다는 점을 심각한 결핍으로 느꼈다"(Schreider,
2001: 203).

　실험실 학교는 교육학의 이론적인 연구를 교육현장의 실천적 요
구와 접촉시켜 상호적인 피드백을 가능하게 하고 그리하여 새로
운 교육이론을 실험적으로 발전시키는 장소여야 했다.[17] 더불어 듀

---

17) 같은 맥락에서 듀이는 초등학교에서 가장 필요한 것은 "건전한 심리학에서 나오
　　는 그러면서도 경험의 결정적인 검증 아래서 상세하게 다듬어진 방법의 제시"
　　(Hendley, 1986: 17)라고 믿었다. 그러나 듀이의 교육적 실험이 과연 정확한 연구
　　방법론에 기초해서 진행되었는가에 대해서는 비판이 제기된다. 재건주의자 H. 러
　　그(Rugg)는 실험실 학교의 교사들이 자신의 교육 실천에 대해 체계적이고 비판적
　　으로 평가하지 못했다고 비판한다. 실험실 학교의 교사인 "메이휴와 에드워즈는 학
　　교를 방문한 교육자, 부모 또는 졸업생들이 학교의 성공에 대해 말했던 단편적 언급

이는 실험실 학교를 통해 공교육 전반의 개혁을 촉진시키려 했다.
"실험실 학교는 어떤 원리들을 교육의 기초로서 입증하려 했다. 그
것은 새로운 실험적 사고노선의 사례로 기능하고 그리하여 대중에
게 교육제도의 유사한 변화가 필요함을 설득하며, 이러한 변화를
시작할 수 있는 이론과 실천을 겸비한 전문가를 훈련하고 또 실험
의 결과를 다른 교사들도 알 수 있도록 출판함으로써 공고육에 간
접적 영향을 미칠 것으로 생각되었다"(Hendley, 1986: 17).

들을 수집했다—그것도 30년 후에. 그러나 이 자료는 모두 듀이에 우호적이며, 내
가 보기에는 교육적 결과에 대한 비판적 평가에는 기여하는 바가 없다. 재건주의 교
육의 추종자들은 …… 듀이 그룹이 졸업생의 삶에 실험실 학교 교육이 어떤 영향을
미쳤는지에 대해 체계적이고 객관적인 연구를 행하지 않았다는 데 유감을 표할 것
이다"(Hendley, 1986: 20).

제**6**장

맺음말

19세기 말에서 20세기 초에 걸쳐 급속한 산업화를 이루었을 때, 미국의 교육은 두 개의 서로 모순되는 과제에 직면했다. 즉, 한편으로 발전하는 산업 자본주의에 필요한 인재를 양성해서 공급해야 한다는 과제와 다른 한편으로 산업 자본주의가 초래한 극심한 불평등과 인간소외 문제를 새로운 민주주의적 질서를 통해서 해결해야 한다는 과제와 대결해야 했다. 19세기까지의 전통적 교육과 교육제도로는 이러한 요구에 대처할 수 없다는 사실은 분명했다. 따라서 미국인들은 전통적인 방식의 교육을 근본적으로 개조해야 하는 과제에 직면했다.

넓은 의미에서 보면, 이러한 과제에 직면하여 미국 교육의 개혁과 혁신을 위해서 노력했던 교육자들은 모두 진보주의자라고 할 수 있다. 그들은 적어도 큰 틀에서는 미국 진보주의 시대의 보편적

사회 이념을 공유했다. 그러나 앞에서도 말했듯이 진보주의 교육
은 서로 상이한 때로는 대립하는 두 개의 과제에 직면했다. 한편에
서는 학교 제도와 행정 그리고 교육과정을 새로운 사회의 경제적
필요에 맞추어 합리적으로 재구성할 필요가 있었고, 다른 한편에
서는 심화된 경제적 불평등의 해소와 위기에 처한 민주주의의 활
성화를 위해서 학생들의 개성을 존중하고 그들의 자발성과 주체성
을 길러 주어야 할 필요가 있었다.

　이 당시의 사회주의자였던 버거(Victor Berger)는 이러한 상황의
정치적인 의미를 분명하게 드러내 준다. 그는 1915년 일간지 〈밀
워키 리더(Milwaukee Leader)〉에서 다음과 같이 말했다. "현재 두
개의 모순되는 사상이 교육계의 패권을 위해서 싸우고 있다. 하나
의 노선은 자본가에 의해서 추진되고 있는데, 이들은 학교는 '효율
적이고', 잘 분류되어 있고, 정확한 시간 질서에 따르며, 명령계통
이 잘 서 있는 그리고 표준화된 임금 노예들이 일하고 있는 공장으
로 만들려고 한다. 정치적 급진주의자와 진보적 시민들이 주도하
는 다른 노선은 변화하는 사회 질서에서 전적으로 다른 학교관을
반영한다. 이 노선은 특권에 봉사하는 교육이 아니라 학교를 사회
적 삶의 일부로 만들고 아동의 자유로운 발달을 촉진하는 데에 집
중한다. 이 두 모순되는 세력은 유치원에서 대학에 이르기까지 전
교육계에서 충돌하며 경쟁하고 있다"(Reese, 1986: xix 참조).

　교육학자들은 전자를 행정적 진보주의, 후자를 교육적 진보주
의라고 부른다. 이 두 노선은 정치적 입장은 달랐지만 기존의 교육
제도 및 학교의 비효율성과 권위주의에 대해 반대한다는 점에서는

일치했다. 이런 점에서 초기에 이 두 노선은 진보주의 깃발 아래서 공존하고 협력할 수 있었다. 19세기 말 미국 교육의 시대적 한계를 비판하면서 교육과 제도의 개혁을 주장한다는 점에서 두 노선 모두 진보주의적이라고 할 수 있었기 때문이다. 그러나 전자는 주로 제도와 행정적인 측면의 개혁에 주목한 반면 후자는 인간형성이라는 교육의 본래적 가치와 교사-학생의 인간적 관계에 주목했다. 20세기 초두에 이 두 노선은 명확히 구분되어 있기보다는 협조적 긴장 속에서 서로 뒤섞여 있었던 것으로 보인다. "진보주의 교육운동은 처음부터 다원적이고, 종종 모순되는 특성을 지니고 있었다" (Cremin, 1964: x).

19세기 말의 전통적 교육을 개혁하려고 협력했던 두 노선은 미국사회가 분화되고 모순과 갈등이 심화되면서 점점 다른 길을 걷기 시작했다. 양자가 한 지붕 아래서 공존할 수 없음이 분명해졌다. '행정적 진보주의'는 점점 더 교육을 시장과 기업의 논리에 복속시키고, 효율성과 교육표준 그리고 제도적인 책무성을 강조하는 입장과 결합되었다. 이 과정에서 '진보주의 교육'의 의미도 변화되어 갔다. 점차로 진보주의 교육은 효율성과 표준을 강조하는 '행정적 진보주의'를 배제하고, 듀이의 프래그머티즘에 기초하는 '교육학적 진보주의'를 의미하게 되었다.

크레민의 『학교의 변형(The Transformation of the School)』은 진보주의 교육의 흥망성쇠를 잘 보여 준다. 원래 진보주의 교육은 20세기 초 진보적 사회운동의 대의 아래서 출발했으며, 민주주의적 질서의 재건이라는 정치적 목표와 결합되어 있었다. "사실, 진보주의 교육은 미국적 삶의 약속, 즉 인민에 의한 인민의 인민을 위한 정부라는 이상을 19세기 후반 이후 등장한 새로운 그러나 당혹스런 도시 산업 문명에 적용하려는 광범한 휴머니즘적 노력의 일부로서 시작되었다"(Cremin, 1964: viii). 그러나 1920년대 이후 진보주의 교육은 진보적 사회 이념과 멀어지면서 사회적 정치적 목표를 외면한 채, '아동 중심 또는 활동 중심'을 강조하는 교육으로 변모했다. 이에 대한 반성과 반발로서 1930년대에는 진보주의 교육의 정치적 맥락과 의미를 강조하는 재건주의가 등장했다. 재건주의는 진보주의 교육이 '아동 중심'을 넘어서 '사회의 진보적 개혁'에 다시 초점을 맞추어야 한다고 보았다.

요약하면 듀이의 프래그머티즘을 계승한 진보주의 교육은 '아동 및 활동 중심'과 '사회개혁 및 민주주의의 실현'이라는 두 요소의 긴장 속에서 다양한 색깔을 띠며 발전했다. 크레민은 이 두 요소가 진보주의 교육에 본질적인 요소라는 점을 강조하고 있다. 그는 『학교의 변형』에서 아동 중심의 진보주의 교육이 사회적 진보라는 정치적 대의와 분리되면서 자신의 동력과 개혁성을 상실했다고 주장한다. 그리고 진보주의 교육 내의 급진적 분파인 재건주의는 이러한 '아동 중심'에 편향된 진보주의 교육의 한계를 극복하려 시도했으나, 지나친 이념적 성향과 구체성의 결핍으로 인해 역시 대중으로부터 외면당했다고 설명한다.

듀이가 그렸던 민주주의와 교육의 결합은 현실의 교육에서는 실현되지 못했다. 특히 제2차 세계대전 이후 시작된 동서 체제경쟁 속에서 진보주의 교육은 미국 교육의 담론과 실천에서 밀려났다.

1960~1970년대의 변혁적 사회운동의 분위기 속에서 진보주의 교육이 잠시 부각되기도 했지만, 1980년대 이후 다시 효율성과 표준 그리고 책무성을 강조하는 전통적인 성향의 교육이 교육정책과 학교 현장에 주된 영향을 미쳤다. 진보주의 교육의 이념은 국가 수준의 교육정책에서 별로 환영받지 못했다. 진보주의 교육은 주로 대학의 교사교육 영역에서 활발히 논의되었고, 일부 진보적 교사들의 마음에 각인되었다. 그러나 대학에서 진보주의 교육의 세례를 받은 교사들도 학교 현장에 들어가서는 다시 표준화와 효율성을 추구하는 교육정책 아래서 다시 전통적 교육의 영향 아래로 휩쓸려 들어갔다.[1]

이런 상황에서 진보주의 교육을 지지하는 현대의 교육자는 어떻게 자신의 비전을 관철시켜 나갈 수 있을 것인가? 이미 선정된 지식체계와 기능을 효율적으로 전달하는 데 집중하는 전통적 교육을 어떻게 개성적이고 민주적인 인간을 양성하는 데 집중하는 진보적 교육으로 변화시킬 것인가? 교육의 본질적인 목적과 의미를 위협하는 산업계의 거센 요구에 대항애서 어떻게 학생들의 개성과 인격을 지켜낼 것인가? 진보주의 교육은 마치 사막에 꽃을 피우려는 일처럼 낭만적인 시도에 머물 것인가? 아니면 AI가 인간의 많은 일을 대체해 가는 21세기에서 다시 교육을 재구성하는 이론과 실천

---

1) 과연 진보주의 교육이 완전히 종언을 고했는가는 현재 논쟁거리이다. 래버리는 진보주의 교육은 단지 허망한 꿈으로 남았다고 평가한다. 반면, 헤이즈는 『진보주의 교육운동사』의 후반부에서 1980년대 이후 지금까지 다양한 교육 영역에서 진보주의 교육의 유산이 아직도 살아 있음을 보여 준다.

으로 발전되어 갈 수 있을 것인가?

이런 물음에 답하는 것은 이 책의 범위를 벗어나 있다. 다만 인간의 삶이 운명적으로 모순 속에 있는 것과 마찬가지로, 교육에서도 사회적 유용성과 필요성을 강조하는 전통적 교육과 아동의 개성적인 성장을 통한 사회진보를 강조하는 진보적 교육의 긴장관계는 운명적인 듯이 보인다. 지난 100여 년간에 걸친 양자의 '전쟁' 그리고 더 나아가 고대 그리스 이후 현재까지 서양교육의 역사는 강제가 지배하던 시기가 지나면 자유를 강조하는 시대가 등장하는 순환적 변동에서 자유롭지 못했다. 이런 점을 고려할 때, 헤이즈가 제안한 진보적 교육과 전통적 교육의 "화해"는 흥미롭다. 헤이즈는 진보주의 교육의 긍정적인 요소들이 더 많은 학생에게 도달할 수 있게 하려면, 진보주의 교육과 전통적 교육이 오랜 전쟁을 일단 중단하고 휴전을 함으로써 두 가지 접근방식을 유연하고 자유롭게 교실 현장에 적용할 것을 제안한다. 그는 이러한 '휴전'을 통해서 진보적 교육이 공교육의 흐름 속으로 광범위하게 유입되는 긍정적 결과를 낳을 수 있다고 생각한다(Hayes, 2006: 157).[2] 그러나 동시

---

2) 어떻게 두 개의 대립적인 노선이 하나의 수업에서 통합될 수 있겠는가라는 회의적 입장을 의식한 듯, 헤이즈는 이러한 종합이 사실은 현실 수업에서 이미 부분적으로 존재하고 있음을 강조한다. "전통적인 파닉스 중심의 읽기 프로그램과 전체 언어 옹호자(advocates of whole language) 간의 수십 년 묵은 논쟁의 역사는 이러한 통합의 청사진을 제공한다. 오늘날 많은 초등학교 읽기 프로그램은 두 가지 접근방식을 모두 사용한다. 즉, 수업에서 교사들은 전통적인 기초 독본을 사용하고 또 별도의 교재에서 나온 단어들로 철자법을 가르친다. 그리고 학생들에게 새로 나온 단어를 알려주고 발음하게 하는 음운론적 접근을 강조한다. 그러나 동시에 교사는 단어를 파악

에 그것이 단순한 절충에 그치지 않을 수 있는 구체적인 방안이 마
련되지•않는다면 "화해"는 그리 전망이 밝지 않은 대안일 것이다.
향후 진보주의 교육의 미래를 생각할 때, 가장 기본적인 원칙으로
삼아야 할 것은 다시 듀이의 말에서 찾을 수 있다.

듀이는『경험과 교육』의 서문에서 다음과 같이 말했다. "이러한
(혼란스런) 사회 상황이 나타나게 된 것은 특정 주의(ism)나 관점을
고수하면서 교육문제를 바라다보는 데에 있다고 할 수 있습니다.
그러므로 새로운 교육운동의 앞날을 염려하는 사람들은, 진보주의
운동을 주장하는 사람들까지 포함하여, 교육에 관한 무슨, 무슨 '주
의'의 입장에서가 아니라 '진정한 의미의 교육이 무엇인가?' 하는
문제의식을 가지고 교육현실과 교육이론을 검토해야 합니다"(듀
이, 박철홍 역, 2002: 83). 새로운 교육의 앞날을 염려하는 교육자는
어떤 고정된 입장이나 이론을 전제하지 않아야 한다. 그는 오로지
문제상황으로부터 그리고 참된 교육을 실행하려는 허심탄회한 자
세로부터 출발해야 한다.

이제 중요한 것은 급변하는 현대 사회에서 학생들의 계속적 '성
장'과 민주주의적인 사회진보를 지속적으로 가능하게 하는 새로운
교육, 새로운 진보주의 교육을 모색하는 것이다. 듀이의 말을 들어
보자. "근본적인 문제는 …… 무엇이 도대체 교육의 이름에 맞는
것인가 하는 물음이다. 나는 진보적이라는 명칭이 붙어 있다는 이

하기 위해 문맥을 단서로 이용하게 하고, 학생들이 스스로 독서하도록 장려하기 위해
학급문고를 활용하며, 그 책들로부터 철자법 연습용 단어나 어휘를 선택한다. 이러
한 복합적 접근법은 많은 학교에서 자주 나타나고 있는 듯하다"(Hayes, 2006: 158).

유로 해서 어떤 목적이나 방법을 선호하지 않는다. …… 우리가 원하고 필요로 하는 것은 순수하고 단순한 의미의 교육이다. [강조는 필자] 그리고 우리는 교육이란 무엇이며 그런 교육이 단지 구호나 이름이 아니라 현실이 될 수 있도록 하려면 어떤 조건을 마련해야 하는가를 밝히는 데 전념할 때 확실하게 그리고 빠르게 진보를 달성할 수 있을 것이다"(Hayes, 2006: 160).

여기서 듀이는 순수하고 단순하게 교육을 사고할 때 가장 빠르게 '진보'를 달성할 수 있다고 강조한다. '순수하고 단순한 의미에서 교육'은 어떠한 고정된 이론이나 이데올로기에 사로잡히지 말고, 인간이 자신을 둘러싼 사회적, 자연적 환경과 대결하면서 성장 진보해가는 과정을 촉진하는 것이라 할 수 있다. 듀이에게 '진보'는 협소한 교육의 영역을 넘어서 정치적 의미의 진보, 즉 사회적 현안의 민주적 해결과 모든 개인과 인류의 복지 증진을 의미한다. 그러므로 진보주의 교육은 더 나은 미래라는 인류 보편적인 목적을 향해서 성찰적으로 자신을 매 순간 새롭게 규정해 나가야 한다. 진보주의 교육은 역동적으로 변화해 가는 사회적 관계를 반영하면서 동시에 거기에 합목적적으로 개입하는 이중적 맥락 속에서 교육을 사고하려는 태도이며, 따라서 스스로 계속 진보해 나가는 역동적인 것이어야 한다. 지속적으로 진보하지 않는 진보주의 교육은 생각할 수 없다. 그러므로 진보주의 교육의 진정한 '진보성'은 모든 고정되고 완결된 원리와 이론을 넘어서, 항상 새롭게 더 나은 인류의 미래를 준비하기 위해 어떤 교육이 필요한가를 숙고하는 과정에서 비로소 확보된다.

● 참고문헌

듀이(2002, 박철홍 역). 아동과 교육과정·경험과 교육. 서울: 문음사.

듀이(2008, 이홍우 역). 민주주의와 교육. 서울: 교육과학사.

듀이(2010, 이유선 역). 철학의 재구성. 서울: 아카넷(대우 학술 총서 601).

듀이(2010, 조용기 역). 흥미와 노력—그 교육적 의의. 대구: 교우사.

듀이(2014, 정창호·이유선 역). 공공성과 그 문제들. 서울: 한국문화사.

듀이(2016, 송도선 역). 학교와 사회. 경기: 교육과학사.

러셀(2009, 서상복 역). 서양철학사. 서울: 을유문화사.

메난드(2001, 김동식 외 역). 프래그머티즘의 길잡이. 서울: 철학과 현실사.

번스타인(1995, 정순복 역). 존 듀이 철학입문. 서울: 예전사.

성열관(2018). '오늘날 미국에서 진보주의 교육은 어떤 방식으로 남아 있
    는가?' in 진보주의 교육의 세계적 동향. 한국교육연구네트워크 엮음.
    249-270.

송선희(1994). '듀이의 사회개조사상의 형성배경.' in 교육철학, 제12집, 99-
    114.

이돈희(1983). '교육사 및 교육철학의 연구.' in 한국 교육학의 성장과 과제.
    한국정신문화연구원.

이돈희(1992). 존 듀이 교육론. 서울: 서울대학교 출판사(대학고전총서 10).

이유선(2006). 듀이와 로티: 미국의 철학적 유산 프래그머티즘. 서울: 김영사.

이유선(2010). '실용주의 철학에 대한 이론적 고찰.' in 동서사상, 제8권, 51-84.

이윤미(2015). '1930년대 미국의 중등교육 개혁.' in 한국교육사학, 37(4), 131-161.

임현식(1998). '실용주의에 나타난 행위와 사고의 상관성.' in 교육과학연구, 제28집, 61-76.

정창호(2012). '한국 교육개혁에 빌레펠트 실험실학교가 주는 시사점.' in 교육의 이론과 실천, 17(1), 71-93.

한국교육연구네트워크(2018). 진보주의 교육의 세계적 동향: 한국의 혁신교육, 다시 세계 진보교육을 말하다. 서울: 살림터.

호네트(2001). '듀이의 민주주의론.' in 메난드(김동식 외 역).

Apel, H. J. (1974). *Theorie der Schule in einer demokratischen Industriegesellschaft*. Düsseldorf.

Benner, D. & Oelkers, J. (2004). *Historisches Wörterbuch der Pädagogik*. Weinheim und Basel.

Bode, B. H. (1938). *Progressive Education at the Crossroad*. New York: Newson & Co.

Böhm, W. (1994). *Wörterbuch der Pädagogik*. Stuttgart: Alfred Kröner Verlag.

Bohnsack, F. (1976), *Erziehung zur Demokratie*. Ravensburg: Maier.

Bohnsack, F. (2005). *John Dewey. Ein Pädagogischer Porträt*. Weinheim/ Basel: UTB.

Bowen, J. (2003). *A History of Western Education-Vol. III The Modern West*. London: Routledge.

Brameld, T. (1950). *Patterns of Educational Philosophy-A Democratic Interpretation*. World Book Company.

Brubacher, J. S. (1962). *Modern Philosophies of Education (3rd ed.)*. New York: McGraw-Hill Book Company, Inc.

Bury, J. B. (1932). *The Idea of Progress: An Inquiry into its Origin and Growth.* New York: Dover Publications.

Butts, R. F. & Cremin, L. A. (1953). *A History of Education in American Culture.* New York: Holt, Rinehart and Winston.

Cremin, L. A. (1964). *The Transformation of the School: Progressivism in American Education.* 1876-1957. New York: Vintage Books.

Dewey, J. (1916). *Democracy and Education.* New York: Macmillan.

Dewey, J. (1915). *The Public and its Problems.* Illinois University Press.

Dewey, J. (1930). How Much Freedom in New School, in Works, Vol. LXVI

Dewey, J. (1937). The Challenge of Democracy to Education. *Progressive Education*, Vol. XIV, No 2. The Association of Progressive Education.

Dewey, J. (1938). *Experience and Education.* New York: Collier Books.

Dewey, J. (1958). *Experience and Nature.* New York: Dover Publications, Inc.

Eberhart, C. (1995). *Jane Addams.* Rheinfelden und Berlin: Schäuble.

Evans, R. W. (2020). *Fear and Schooling: Understanding the Troubled History of Progressive Education.* New York: Routledge.

Guthrie, J. W.(Ed.) (2003). *Encyclopedia of Education (2nd ed.).* New York: Thomson Gale.

Häcker, H. O. & Stapf, K. H.(Ed.) (2009). *Dorsch Psychologisches Wörterbuch.* Huber, Bern.

Hayes, W. (2006). *The Progressive Education Movement.* Lanham · New York · Toronto · Plymouth. UK: Rowman & Littlefield Education. (심성보 외 역,『진보주의 교육운동사: 진보주의, 학교개혁에 여전히 유효한가?』. 서울: 살림터.)

Hendley, B. P. (1986), Dewey, Russel, Whitehead – Philosophers as

Educator, Carbondale and Edwarsville: Southern Illinois University Press.

Koschmann, T. (2000), The Physiological and the Social in the Psychologies of Dewey and Thorndike: The Matter of Habit. In Fishman, B. & O'Connor-Divelbiss (Eds.), *Fourth International Conference of the Learning Sciences*(pp. 314-319). Mahwah, NJ: Erlbaum. (http://www.umich.edu/~icls/proceedings/pdf/ Koschmann.pdf에서 2018.08.28.에 인출)

Labaree, D. F. (2005). Progressivism, Schools and Schools of Education: An American Romance. *Pedagogica Historia*, Vol. 41, pp. 275-288.

Lee, S. H. (2013). John Dewey's View and Social Reform. 미국학, *36*(2), pp. 123-150.

Link, A. S. & McCormick, R. M. (1983). *Progressivism, Arlington Heights.* Ill.: Harlan Davidson, Inc.

Lonard, T. C. (2011). Religion and Evolution in Progressive Era Political Economy: Adversaries or Allies? *History of Political Economy 43*(3), 429-469.

Mayhew, K. C., & Edwards, A.C. (1936). The Dewey School of The University of Chicago 1896-1903. D. Appleton-Century company, inc.

Mirick, G. A. (1923). *Progressive Education.* Boston: Houghton Mifflin Company.

Mollenhauer, K. (2008). *Vergessene Zusammenhänge: Über Kultur und Erziehung,* Beltz Juventa. (정창호 역, 『가르치기 힘든 시대의 교육』, 서울: 삼우반.)

Norris, N. D. (2004). *The Promise and Failure of Progressive Education.* Maryland: The Rowman & Littlefield Publishing.

Nugent, W. (2010). *Progressivism-A Very Short Introduction.* Oxford

University.

Parker, F. W. (1894). *Talks on Pedagogics: An Outline of the Theory of Concentration.* New York: E. L. Kellog.

Ravitch, D. (2000), *Left Back: A Century of Battles Over School Reform.* New York: Touchstone.

Reese, W. J. (1986). *Power and the Promise of School Reform-Grassroots movements during the Progressive Era.* Boston: Routledge & Kegan Paul plc.

Rugg, H. & Schumaker, A. (1928). *The Child-centered School-An Appraisal of the New Education.* New York: World Book Company.

Saylor, J. G. & Alexander, W. M. (1966). *Curriculum Planing for Modern School.* New York: Holt, Rinehart and Winston, Inc.

Spring, J. (1986). *The American School: 1642-1985.* New York: Longman.

Tenorth, H. & Tippelt, R. (2007). *Beltz Lexikon Pädagogik.* Beltz.

Thorndike, E. L. (1924). *Mental Discipline in High School Studies. Journal of Education Psychology, 15*(1). 1-22.

Warren, H. C. (1919). *Human Psychology.* Boston: Houghton Mifflin Company.

Westbrook, R. B. (1993). John Dewey *Prospects. The Quarterly Review of Comparative Education*, Vol. XXIII, No. 1, 277-291.

Williams, D. D. (1945). *The Perplexity and the Opportunity of the Liberal Theology in America. The Journal of Religion, 25*(3), 168-178.

Zilversmit, A. (1993). *Changing Schools: Progressive Education Theory and Practice*, 1930-1960. University of Chicago Press.

● 찾아보기

내용

저 자 소 개

정창호(Jeong Chang-Ho)
고려대학교 문과대학 영어영문학과
고려대학교 대학원 철학과(철학박사)
독일 Hamburg 대학교 교육학과(철학박사)
고려대학교 교육문제연구소 연구교수
경기대학교 교직학과 초빙교수
현 고려대학교 철학과 강사

〈저서〉
『교육사상가의 삶과 사상 1』(공저, 살림터, 2023)
『(교사를 위한) 교직윤리』(공저, 교육과학사, 2014)

〈논문〉
「인성교육과 민주시민교육을 위한 소크라테스적 담화」(철학·사상·문화, 2019)
「다문화교육의 반성적 기초로서의 상호문화철학」(교육의 이론과 실천, 2017)
「위험사회에서의 교육의 책임과 역할에 대한 성찰」(교육의 이론과 실천, 2014)
「한국 교육개혁에 빌레펠트 실험실학교가 주는 시사점」(교육의 이론과 실천, 2012)
「연습의 교육적 의미에 대한 고찰」(교육의 이론과 실천, 2012)
「한국의 다문화교육을 위한 철학적 모색-존 듀이의 철학을 중심으로」(공동, 철학
연구, 2014)

교육의 역사와 철학 시리즈 ⑨

진보주의 교육사상
Pedagogical Progressivism

2024년 2월 15일 1판 1쇄 인쇄
2024년 2월 20일 1판 1쇄 발행

지은이 • 정창호
펴낸이 • 김진환
펴낸곳 • ㈜**학지사**
　　　　　04031 서울특별시 마포구 양화로 15길 20 마인드월드빌딩
대표전화 • 02-330-5114　　팩스 • 02-324-2345
등록번호 • 제313-2006-000265호

홈페이지 • http://www.hakjisa.co.kr
인스타그램 • https://www.instagram.com/hakjisabook

ISBN 978-89-997-3061-0　93370

정가 17,000원

출판미디어기업 **학지사**

간호보건의학출판 **학지사메디컬** www.hakjisamd.co.kr
심리검사연구소 **인싸이트** www.inpsyt.co.kr
학술논문서비스 **뉴논문** www.newnonmun.com
교육연수원 **카운피아** www.counpia.com
대학교재전자책플랫폼 **캠퍼스북** www.campusbook.co.kr